Gerhard Hartmann / Gisela Baltes

Mit den Heiligen von Tag zu Tag

topos premium
Eine Produktion der Verlagsgemeinschaft topos plus

Gerhard Hartmann / Gisela Baltes

Mit den Heiligen von Tag zu Tag

Ein kalendarisches Lexikon

topos premium

Verlagsgemeinschaft topos plus
Butzon & Bercker, Kevelaer
Don Bosco, München
Echter, Würzburg
Matthias Grünewald Verlag, Ostfildern
Verlag Friedrich Pustet, Regensburg
Tyrolia, Innsbruck

Eine Initiative der
Verlagsgruppe engagement

www.topos-taschenbuecher.de

Bibliografische Information der Deutschen Nationalbibliothek
Die Deutsche Nationalbibliothek verzeichnet diese Publikation in der Deutschen Nationalbibliografie; detaillierte bibliografische Daten sind im Internet über http://dnb.d-nb.de abrufbar.

ISBN: 978-3-8367-0054-2

Umschlagabbildung: Vittore Carpaccio „Sechs Heilige“, um 1500.
Einband- und Reihengestaltung: Finken & Bumiller, Stuttgart
Satz: SATZstudio Josef Pieper, Bedburg-Hau
Herstellung: Friedrich Pustet, Regensburg
Printed in Germany

Inhalt

Vorwort

In diesem Band werden 561 Heilige und Selige in 512 Lebensbildern beschrieben.[1] Darüber hinaus gibt es 53 Erläuterungen zu beweglichen Festen sowie Herren- und Marienfesten. Sie alle sind nach dem Kalendarium, beginnend mit dem 1. Januar, gereiht. Die Leserinnen und Leser können daher täglich verfolgen, welcher Heiligen gedacht wird und welche Feste im Christentum bzw. in der katholischen Kirche gefeiert werden. Das Leben der betreffenden Heiligen bzw. Seligen wird kurz skizziert und ihr Wirken, das für die Heilig- bzw. Seligsprechung wohl maßgeblich war, hervorgehoben. Mindestens eine Person pro Tag wird beschrieben, an manchen Tagen sind es – historisch gereiht – zwei oder drei, wenn es wichtige Heilige bzw. Selige gibt, die nicht unberücksichtigt bleiben sollen. Bei Erwähnung eines anderen Heiligen im Text wird in eckiger Klammer auf dessen Gedenktag verwiesen.

Bei Heiligen, denen Patronschaften zugewiesen wurden und/oder an dessen Gedenktagen es Lostagsprüche (Bauern- bzw. Wetterregeln) gibt, werden diese – allerdings nicht vollständig bzw. nur beispielhaft – angeführt. Wer mehr über diese Lostagsprüche wissen will, findet diese in dem Band Haberstich/Hartmann „Wie Heilige unser Wetter bestimmen“ (siehe Literaturverzeichnis).

Am Ende eines jeden Tages werden – ebenfalls historisch gereiht – weitere Heilige bzw. Selige aber auch bekannte Gestalten des Alten Testamentes mit Namen und Lebensdaten angeführt, die jeweils an diesem Datum ihren liturgischen Gedenktag haben. Es sind dies insgesamt 1023 Namen. Zusammen sind also in diesem Band fast 1600 Heilige und Selige registriert. All diese sind auch im alphabetischen Register angeführt. Anhand dieser Übersicht können die Benützer einen Heiligen an dessen Gedenktag finden.

Als Lebensbild oder kurze Erwähnung am Ende eines Tages wurden nur solche Personen aufgenommen, die kanonisch heilig- oder zumindest seliggesprochen wurden; weiter auch solche, die aufgrund eines Martyriums oder eines herausragenden Lebens seit jeher unbestrittenerweise als Heilige verehrt wurden und werden. Prominen-

1 Die Differenz ergibt sich aus dem Umstand, dass oftmals zwei Heilige in einem Lebensbild behandelt werden, z. B. Kosmas und Damian.

tes Beispiel dafür ist Hildegard von Bingen, die offiziell nie kanonisiert wurde.

Ausgehend von der Praxis der frühen (römischen) Kirche, wo man der Märtyrer an ihren Gräbern an deren Todestag gedachte, hat sich dieser als Gedenk- oder Festtag im Laufe der Zeit herausgebildet, jedoch nicht immer. Die Kalenderreform von 1969/70 im Gefolge des II. Vatikanischen Konzils hat sich auch dieser Frage angenommen und versucht, die Gedenktage der Heiligen und Seligen an deren Todestag festzusetzen, wenn sich dieser historisch nachweisen lässt. Daher kam es damals zu zahlreichen Verschiebungen von Heiligen-Gedenktagen, die aber bei vielen Menschen Unverständnis ausgelöst haben, wenn dadurch ihr althergebrachter Namenstag verlegt wurde. Auch manche Lostagsprüche haben sich dadurch verschoben und ihre Geltung bzw. Sinnhaftigkeit verloren. Aus diesem Grund wurde daher bei im deutschen Sprachraum stark verankerten Heiligen deren bisheriger Gedenktag im sog. Regionalkalender beibehalten,

In diesem Band werden daher in der Regel die Heiligen bzw. Seligen an jenem Tag angeführt, wie er aufgrund der Kalenderreform 1969/70 festgelegt wurde. Lediglich bei den erwähnten genehmigten Abweichungen für den gesamten deutschen Sprachraum (nicht für eine einzelne Diözese) werden die betreffenden Heiligen an diesem Tag angeführt. Gab es Verschiebungen aufgrund der Kalenderreform 1969/70 oder des genannten Regionalkalenders, so werden in der Regel diese Umstände im betreffenden Lebensbild erwähnt.

Der Vorname eines Menschen und die Vornamensgebung haben im christlichen Kulturkreis eine besondere Bedeutung. Daher wurden bei der Auswahl der Heiligen bzw. Seligen für die Lebensbilder sowie bei deren Nennung jeweils am Ende eines Tages die derzeit gängigen Vornamen berücksichtigt. Das alphabetische Register versucht auch, Kurz- und Sonderformen von Vornamen mit Verweis anzuführen. So kann der vorliegende Band bei der Wahl der Vornamen für die Kinder eine gute Hilfe sein.

Köln und Kevelaer am Gedenktag der hll. Albertus Magnus und Leopold von Österreich 2018

Abkürzungsverzeichnis

ahd.	althochdeutsch
Bf.	Bischof, Bischöfe
Btm.	Bistum, Bistümer
böhm.	böhmisch
byz.	byzantinisch
dt.	deutsch
dt.-spr.	deutschsprachig
Dtl.	Deutschland
Ebf.	Erzbischof, Erzbischöfe
Ebtm.	Erzbistum, Erzbistümer
Enz.	Enzyklika
err.	errichtet
Err.	Errichtung
FBf.	Fürstbischof
FBtm.	Fürstbistum
FEbf.	Fürsterzbischof
FEBtm.	Fürsterzbistum
frz.	französisch
Gft.	Großfürst
griech.	griechisch
Hz.	Herzog
Jh.	Jahrhundert
Kft.	Kurfürst
Kg.	König(e)/in
Kgr.	Königreich
Ks.	Kaiser, Kaiserin
lat.	lateinisch
Mgf.	Markgraf
mhd.	mittelhochdeutsch
Östr.	Österreich
östr.	österreichisch
röm.	römisch

(B) = Autorin der Biografie ist Gisela Baltes
(H) = Autor der Biografie ist Gerhard Hartmann

Die Lostagsprüche und Wetterregeln sowie die Patronate der Heiligen sowie die zusätzlichen Nennungen von Heiligen an den Gedenktagen stammen von Gerhard Hartmann.

1. Januar

Hochfest der Gottesmutter Maria

Am ersten Tag des Jahres wird das Hochfest der Gottesmutter Maria begangen. Dieses entstand in Rom im 7. Jh. Später gedachte man an diesen achten Tag (Oktav) nach Weihnachten (wobei man den 25. Dezember als ersten Tag mitzählt) der Beschneidung sowie erst später der Namensgebung Jesu (Lukas 2,21). Bei der Kalenderreform von 1969/70 wurde dieses Marienfest wieder eingeführt. Das Fest der Namensgebung Jesu wird nun am 3. Januar begangen (siehe dort). 1967 hat Papst Paul VI. den Neujahrstag zum Weltfriedenstag erklärt. (H)

Für den 1. Januar gibt es Bauernregeln, u. a.: „Am Neujahrstag kalt und weiß, wird der Sommer später heiß", „Strahlt Neujahr im Sonnenschein, wird das Jahr wohl fruchtbar sein".

Euphrosyne von Alexandrien (Jungfrau; um 415–um 470) – Fulgentius von Ruspe (Bf.; um 467–532) – Clarus von Vienne (Abt: um 590–660) – Frodobert von Troyes (Abt; um 600–673) – Wilhelm von Dijon (Abt; 962–1031) – Odilo von Cluny (Abt; um 962–1049)

2. Januar

Basilius der Große

Basilius der Große (um 330–379) war eine der herausragenden christlichen Persönlichkeiten des 4. Jh. Er, sein Bruder Gregor von Nyssa *[10. 1.]* und sein Freund Gregor von Nazianz der Jüngere sind die „drei Kappadozier", die die Trinitätslehre verteidigten und zum Abschluss brachten. Zunächst wollte Basilius wie sein Vater Redner und Anwalt werden, entschloss sich dann aber für das Mönchsleben. 355 gründete er ein Kloster in einer einsamen Gegend in Kappadozien. Gemeinsam mit Gregor von Nazianz verfasste er dort zukunftsweisende Mönchsregeln (Basilianerregeln), die zusätzlich zu Gehorsam, Gebet und körperlicher Arbeit ein intensives Bibelstudium vorsahen. 364 wurde er Priester, 370 Ebf. von Cäsarea (dem heutigen Kayseri,

Türkei). Er setzte sein ganzes Vermögen für die Armen ein und rief verschiedene Sozialwerke ins Leben (Spitäler, Altenheime, Armenspeisung). Sein hartnäckiger Kampf gegen den Arianismus war schließlich erfolgreich, so dass sich seine an den Grundsätzen des Konzils von Nizäa orientierte Dreifaltigkeitslehre durchsetzte. Bis zur Kalenderreform von 1969/70 war der 14. Juni sein Gedenktag, an dem es eine Bauernregel gibt (siehe dort). (B)

Er ist Patron der Kinder und der ostkirchlichen Mönche sowie der Seefahrt.

Gregor von Nazianz

Gregor (der Jüngere) (329–390) war ein hervorragender Redner, Schriftsteller und Dichter und zählt zu den großen Theologen der frühen Kirche. Als einer der „drei Kappadozier" bekämpfte er erfolgreich den Arianismus. Er war der Sohn des Bf. Gregor (des Älteren) von Nazianz, der ihn 361 zum Priester weihte. Obwohl Gregor die Verantwortung hoher Ämter scheute, übergab ihm Basilius 372 die Leitung des Btm. Sasima (Kappadokien). Die Ausübung dieses Amtes scheiterte jedoch am Widerstand der anderen Bischöfe. Nach dem Tod seines Vaters (374) verwaltete Gregor dessen Bischofsamt in seiner Heimatstadt. 379 übernahm er die Leitung der kleinen nizänischen Gemeinde von Konstantinopel. Von einer späteren Ernennung zum Bf. von Konstantinopel trat er zurück, nachdem diese Wahl angefochten wurde. Er kehrte in seine Heimatstadt zurück, wo er sich bis zu seinem Tod seiner literarischen Tätigkeit und der Auseinandersetzung mit den theologischen Fragen seiner Zeit widmete. Bis zur Kalenderreform von 1969/70 war der 9. Mai sein Gedenktag. (B)

Makarios von Alexandria (der Jüngere)

Im Zuge der Kalenderreform 1969/70 wurde sein Gedenktag auf den 19. Januar festgelegt (siehe dort). Für den 2. Januar gibt es jedoch Bauernregeln, u. a.: „Wie das Wetter an Makarius war, so wird der September: trüb oder klar", „Makarios, der weiß bestimmt, was das ganze Jahr so bringt".

Telesphorus (Bf. von Rom, Märtyrer; † 136) – Isidor von Ägypten (Bf.; 4. Jh.) – Adalhard von Corvey (Abt; um 751–826) – Dietmar (Bf. von Prag; † 983)

3. Januar

Heiligster Name Jesu

Der Name Jesus bedeutet „Jahwe ist Heil". Seit dem 15. Jh. ist in der Westkirche die Verehrung des Namens Jesu nachzuweisen. Besonders Bernardin von Siena *[20. 5.]* und Johannes Capestrano *[23. 10.]* setzten sich dafür ein. Papst Clemens VII. erlaubte 1530 dem Franziskanerorden das Fest des Allerheiligsten Namens Jesu. 1721 wurde es dann in der ganzen lat. Kirche eingeführt. Bis zur Kalenderreform 1969/70 wurde es am Sonntag zwischen dem 1. und dem 5. Januar gefeiert, und wenn es in dieser Zeit keinen gab, dann am 2. Januar. Danach wurde es nicht mehr begangen. Papst Johannes Paul II. *[22. 10.]* legte jedoch 2002 den Gedenktag „Heiligster Name Jesu" für den Allgemeinen Römischen Kalender auf den 3. Januar fest. (H)

Genoveva

Genoveva (um 422–502) war die Tochter eines röm.-gallischen Patriziers in Nanterre, legte das Gelübde der Jungfräulichkeit ab und ging im Alter von 16 Jahren nach Paris. Die Legende berichtet von zahlreichen Wundertaten, die sie vollbracht haben soll, und Taten der Nächstenliebe. Auch soll sie den Frankenkönig Chlodwig I. bekehrt haben. (H)

Sie ist Patronin u. a. der Frauen, Hirten, Winzer, Hutmacher; gegen Augenleiden, Fieber, Blattern, Aussatz, Pest und Trockenheit. Für diesen Gedenktag gibt es folgende Bauernregel: „Bringt Genoveva uns Sturm und Wind, so ist uns Waltraud [9. 4.] oft gelind."

Anterus (Bf. von Rom; † 236) – Irmina von Oeren (Hermine) (Klostergründerin; † um 708) – Adula von Pfalzel (Adela, Adele) (Äbtissin; † um 734

4. Januar

Angela von Foligno

Angela von Foligno (1248–1309) entstammte einer wohlhabenden umbrischen Familie und war um 1300 eine bekannte Mystikerin. Die ersten 40 Jahre ihres Lebens führte sie ein normales Familienleben, war verheiratet und hatte mehrere Kinder. Dann änderte sie ihren Lebensstil, wurde Terziarin der Franziskaner und gründete in Foligno einen Dritten Orden. Nachdem ihr Mann und ihre Kinder verstorben waren, verschenkte sie ihren Besitz, lebte als Büßerin und trug Krankheiten und Schmerzen mit großer Geduld. (H)

Rigobert von Reims (Bf. von Reims; † vor 743) – Elisabeth Anna Bayley Seton (Gründerin der Sisters of Charity, USA; 1774–1821)

5. Januar

Eduard der Bekenner, König von England

Eduard (1003–1066) war der letzte angelsächsische Kg. Er war politisch schwach, förderte aber die Kirche. So gründete er u. a. die Benediktinerabtei St. Peter, die heutige Westminster Abbey in London, wo er auch begraben ist. Persönlich lebte er sehr bescheiden, unterstützte die Armen und war tiefreligiös. Für die weitere Verbreitung des Christentums in England war er sehr wichtig. (H)

Johann Nepomuk Neumann

Johann Nepomuk Neumann (1811–1860) wuchs im böhmischen Prachatitz (Prachatice) auf, studierte in Budweis (České Budějovice) sowie im Prag und trat 1831 in das Budweiser Priesterseminar ein. Der Priesterüberschuss in seiner Heimat bewog ihn, nach Amerika auszuwandern, wo er 1836 zum Priester geweiht und in der Nähe von Buffalo für die Seelsorge an Deutschen eingesetzt wurde. 1840 trat er in den Redemptoristenorden ein und wurde 1848 Vizeprovinzial des Ordens in den USA. 1852 ernannte ihn Pius IX. *[7. 2.]* zum Bf. von Philadelphia. Seine besondere Sorge galt den sozial Schwachen. In einer guten Schulbildung sah er den Schlüssel für eine Verbesserung der sozialen Verhältnisse. So gründete er in den acht Jahren bis zu seinem Tod nahezu hundert Pfarrschulen. Er führte den Bau der Kathedrale weiter, err. ein Priesterseminar und gründete zahlreiche Pfarreien. Der „kleine Bischof", wie die Leute den 1,60 m großen Mann liebevoll nannten, lebte anspruchslos und bescheiden. Sein rastloser Einsatz für die ihm anvertrauten Menschen führte schließlich dazu, dass er tot auf der Straße zusammenbrach. (B)

Ämiliana (Emilie) (Nonne; † um 570) – Gerlach von Houthem (Einsiedler; † um 1172/77) – Roger von Todi (Franziskaner; um 1180–1273)

6. Januar

Erscheinung des Herrn – Heilige Drei Könige

Bei diesem Fest steht das „Erscheinen“ (Epiphanie, Theophanie) von Jesus Christus im Mittelpunkt, das sich im Besuch der Magier bzw. in ihrem Überbringen der Gaben konkretisiert hat. Seit dem Mittelalter sind die „Heiligen Drei Könige“ Teil der Volksfrömmigkeit, besonders seit der Überführung ihrer Gebeine 1164 nach Köln. Biblisch (Matthäus 2,1–12) ist aber von Magiern (μαγοί) die Rede, nicht aber von Königen. Auf die Zahl drei kam man deswegen, weil diese drei Geschenke überbrachten: Gold, Weihrauch und Myrrhe. Kanonisch Heiliggesprochen wurden die drei Könige nie, und die Geschichten über sie sind ausnahmslos Legenden. Aus dem noch heute geübten Brauchtum ist besonders die Segnung der Häuser bekannt: C + M + B – *Christus mansionem benedicat* (Christus segne das Haus) –, im Volksmund als Namen der Könige gedeutet: Kaspar (Caspar), Melchior und Balthasar. Kinder und Jugendliche ziehen in diesen Tagen als Sternsinger von Haus zu Haus, singen und sagen Sprüche auf, zeichnen den Segen auf die Türen und sammeln für die Mission. Ebenso sind die Heiligen Drei Könige unverzichtbare Figuren bei den Krippen. (H)

Für diesen Tag gibt es Bauernregeln, u. a.: „Ist bis Dreikönig kein Winter, folgt keiner mehr dahinter“, „Ist Dreikönig hell und klar, gibt's viel Wein in diesem Jahr“.

Julian

Julian († um 304 oder 311) und seine Frau Basilea lebten in Ägypten in jungfräulicher Ehe zusammen und erlitten unter Ks. Diokletian das Martyrium. Bis zur Kalenderreform 1969/70 war ihr Gedenktag der 9. Januar. (H)

Für diesen Tag gibt es die Bauernregel: „St. Julian bricht das Eis, oder er bringt's mit von seiner Reis'."

Wiltrud von Bergen (Biltrud) (Äbtissin; † um 995) – Gertrud von Traunkirchen (Äbtissin; † um 1050) – Erminold von Hirsau (Abt; 1035–1121) – Pia von Quedlinburg (Klausnerin; † um 1200) – Gertrud van Oosten (Mystikerin; um 1300–1358)

7. Januar

Valentin

Valentin (um 400–475), der Patron des Btm. Passau, missionierte die Gegend um Passau und war einer der ersten Bischöfe dieser Stadt. Allerdings hatte er wenig Erfolg. So musste er schließlich Passau verlassen und wirkte dann als Wander-Bf. in Rätien und Südtirol. Seine Gebeine kamen zuerst nach Meran, später nach Trient und wurden schließlich 764 von Herzog Tassilo III. nach Passau übertragen. (B)

Er ist u. a. Patron der Bienenzüchter, der Reisenden und Verlobten.

Raimund von Peñafort

Raimund (um 1175–1275) war einer der bedeutendsten Rechtsgelehrten des Mittelalters und trat 1222 in den Dominikanerorden ein. Im gleichen Jahr verfasste er die Statuten des neugegründeten Mercedarierordens *[24. 9.]*, der sich die Befreiung christlicher Sklaven aus muslimischer Gefangenschaft zur Hauptaufgabe machte. 1230 rief ihn Papst Gregor IX. als Rechtsberater und Pönitentiar nach Rom. In dieser Zeit verfasste Raimund eine Sammlung päpstlicher Rechtsentscheidungen und eine Sammlung von Richtlinien für Beichtväter, die das Bußwesen des Hochmittelalters maßgeblich beeinflussten. 1238–1240 war er dritter Ordensgeneral des Dominikanerordens und überarbeitete die Statuten des Ordens. Bis zur Kalenderreform von 1969/70 war der 23. Januar sein Gedenktag. (B)

Lucian von Antiochien (Priester, Märtyrer; um 250–312) – Rein(h)old von Köln (Mönch, Märtyrer; 10. Jh.) – Knud Lavard (Hz. der Wenden, Märtyrer; 1096–1131)

8. Januar

Severin von Noricum

Severin (um 410–482) war ein Mann des Ausgleichs und der praktischen Nächstenliebe. Er lebte arm und anspruchslos und kam zur Zeit der Völkerwanderung als Laienmönch in die röm. Provinz Noricum (Gebiet zwischen Passau und Wien). Dort bemühte er sich um Vermittlung zwischen der ansässigen röm. Bevölkerung und den aus dem Norden und Osten andrängenden Germanen. Tatkräftig half er den unter den Kriegswirren leidenden Menschen und bemühte sich um die Integration der Germanen. Die Klöster, die er gründete (z. B. in Passau, Lorch an der Enns und Mautern), sollten Menschen und Land neuen Halt geben. Seine Gebeine ruhen in Frattamaggiore bei Neapel. Der Wiener Stadtteil Sievering erinnert an ihn. (B)

Er ist Patron u. a. der Gefangenen, der Winzer und Leineweber sowie für Fruchtbarkeit der Weinstöcke. An seinem Gedenktag gibt es die Bauernregel: „Wenn's Sankt Severin gefällt, dann bringt er mit die groß Kält'."

Erhard von Regensburg

Erhard (um 700) war wahrscheinlich Missionsbf. in Regensburg. Seine genauen Lebensdaten sind unbekannt, möglicherweise stammte er aus dem Frankenreich. Außerdem war er im Elsass missionarisch tätig und gründete dort mehrere Klöster. Der Legende nach soll er die von Geburt an blinde elsässische Herzogstochter Odilia *[13. 12.]* geheilt haben. Erhard wurde bzw. wird vor allem im Elsass, aber auch in Niederbayern und Österreich stark verehrt. Dort gibt es bis heute in der Steiermark den Wallfahrtsort St. Erhard (Fischbacher Alpen). (H)

Er ist Patron u. a. der Krankenhäuser, Schmiede, Bäcker und Schuhmacher, gegen Augenleiden, Pest und Viehkrankheiten. Eine seiner Attribute bei bildlichen Darstellungen ist die Axt, worauf sich die Bauernregel bezieht: „St. Erhard mit der Hack, steckt Wintertage in den Sack."

Laurentius Justinianus

Laurentius Justinianus (Lorenzo Guistiniani) (1381–1455) wurde 1451 der erste Patriarch von Venedig. Überliefert ist sein asketischer und einfacher Lebensstil. Bis zur Kalenderreform 1969/70 war der 5. September sein Gedenktag, für den es eine Wetterregel gibt (siehe dort). (H)

Gudula von Brüssel (Büßerin; um 650–712) · Heinrich von Arnsberg (Prämonstratenser, Klostergründer; † 1200)

9. Januar

Maria Theresia von Jesus

Maria Theresia von Jesus (1576–1622) hieß mit bürgerlichen Namen Alix Le Clerc, stammte aus Remiremont in den Vogesen und gründete 1603 den Orden der „Chorfrauen Unserer Lieben Frau" (nach der Augustiner-Regel). Dieser widmete sich besonders der Ausbildung und Erziehung junger Mädchen. In Nancy err. sie das Mutterhaus und war auch die erste Oberin des Ordens, für den sie mit großem Einsatz wirkte. Ein Jahr vor ihrem Tod gab sie aus Erschöpfung die Leitung ab. (H)

Hadrian von Canterbury (Abt; † 709) – Eberhard von Schäftlarn (Prämonstratenser, † 1160) ·

10. Januar

Paulus der Einsiedler

Bereits vor der Kalenderreform 1969/70 war der 15. Januar sein Gedenktag (siehe dort). Für den früheren 10. Januar gibt es Bauernregeln, u. a.: „Ist der Paulustag gelinde, gibt's im Frühjahr raue Winde", „Bringt Sankt Paulus Wind, regnet's geschwind".

Gregor von Nyssa

Gregor von Nyssa (um 340–um 394) wurde in Cäsarea (heute Kayseri, Türkei) geboren. Nach dem Tod seiner Frau zog er sich in ein Kloster am Schwarzen Meer zurück. Im Jahr 372 wurde er von seinem Bruder Basilius *[2. 1.]* zum Bf. von Nyssa (heute Nevşehir, Türkei) geweiht. Wegen finanzieller Unregelmäßigkeiten musste er für einige Jahre in die Verbannung gehen, wurde dann jedoch 380 zum Metropoliten von Sebaste (heute Sivas, Türkei) gewählt. Gregor war ein entschiedener Gegner des Arianismus. Bedeutsam war sein Auftreten auf dem 1. Konzil von Konstantinopel 381. Er verfasste zahlreiche theologische Schriften, darunter als Hauptwerk „Das große katechetische Gebet". Bis zur Kalenderreform 1969/70 war der 9. März sein Gedenktag, für den es auch einen Lostagspruch gibt (siehe dort). (H)

Franziska Salesia (Leonie) Aviat

Franziska Salesia Aviat (1844–1914) wurde in der Region Champagne geboren und lernte in jungen Jahren das Los der Fabrikarbeiterinnen kennen. Zusammen mit anderen gründete sie 1866 die Kongregation der „Oblatinnen des hl. Franz von Sales" (*Congregatio oblatarum S. Francisci Salesii*), die Heime und Schulen für Fabrikarbeiterinnen err. Der Orden breitete sich rasch aus. 1903 wurden in Frankreich zahlreiche Ordenshäuser geschlossen, sodass das Mutterhaus nach Perugia verlegt werden musste. (H)

Nikanor (Diakon, Märtyrer; um 1–76) – Miltiades (Melachiades) (Bf. von Rom; † 314) – Petrus Orseolo (Doge von Venedig; 928–987) – Wilhelm von Donjeon (Bf. von Bourges; um 1150–1209) – Gregor X. (Papst; 1210–1276)

11. Januar

Theodosius

Theodosius (um 424–529) stammte aus Kappadokien und lebte seit 460 südlich von Jerusalem als Einsiedler in Höhlen, die er für Kranke, Bettler und Pilger ausbaute und aus denen eine Klosteranlage entstand, das heutige Theodosius-Kloster Dêr-Dôsi. Dieses Kloster wurde zu einem Zentrum für in Gemeinschaft lebende Mönche in der Einsamkeit (Coenobiten). Daher bekam Theodosius auch den Beinamen „Coenobiarch". (H)

Philotheus (Märtyrer; † um 304) – Paulinus von Aquileja (Patriarch; vor 750–802)

12. Januar

Antonius Pucci

Antonius Pucci (1819–1892) wurde in der Nähe von Florenz geboren und trat mit 18 Jahren in den Servitenorden ein. 1843 wurde er zum Priester geweiht und 1847 Pfarrer von Viareggio. Dort wirkte er unermüdlich für seine Gemeinde, kümmerte sich um Arme und Kranke und gründete ein Kinderheim. Während zweier Epidemien, darunter Cholera, pflegte er ohne Schonung für seine Gesundheit die Erkrankten. Von 1883 bis 1890 war er auch Provinzial seines Ordens. „Ein Vorbild für alle Pfarrer", so bezeichnete ihn Papst Pius XII. bei seiner Seligsprechung 1950. (H)

Tatjana (Tanja) von Rom (Märtyrerin; † um 200) – Ernestus (Ernst) (Märtyrer; † im 2./3. Jh.) – Cäsaria die Ältere (Äbtissin in Arles; † nach 524) – Hilda(e) von Salzburg (Äbtissin; † 1284)

13. Januar

Hilarius von Poitiers

Hilarius (um 315–367) war im Westen einer der herausragenden Gegner des Arianismus und war zunächst Heide. Durch eingehendes Studium der Heiligen Schrift fand er zum Glauben und ließ sich mit seiner ganzen Familie taufen. Bald darauf wurde er Priester. 350 wählte man ihn zum Bf. seiner Heimatstadt Poitiers. Aus dem Zusammenleben des Bf. mit seinem Klerus entwickelten sich die ersten klösterlichen Gemeinschaften in Gallien. 356 wurde Hilarius als Gegner des Arianismus von Ks. Konstantius verbannt, durfte aber später wieder zurückkehren. Er verfasste eine Gesamtdarstellung der Lehre der Dreieinigkeit, verband östliche und westliche Theologie und lehrte die Vereinbarkeit des Glaubens mit der Vernunft. Er gilt als erster Hymnendichter der lat. Kirche. Papst Pius IX. *[7. 2.]* ernannte ihn 1851 zum Kirchenlehrer. Der 13. Januar war sein Todestag. (B)

Für diesen Tag gibt es die Bauernregel: „Sankt Hilarius, macht mit dem Winter Schluss."

Remigius von Reims

Remigius (um 436–533) wurde bereits als 22-Jähriger zum Bf. von Reims gewählt – diese Stadt hat von ihm den Namen – und wirkte für die Ausbreitung des Christentums im nördlichen Gallien (heute Nordfrankreich). Ebenso gelang es ihm, den Arianismus zurückzudrängen. Durch seine persönliche Verbundenheit mit dem Kg. der Franken, dem Merowinger Chlodwig I., gelang es ihm, diesen zu Weihnachten 498 zu taufen. Dieses historisch bedeutsame Ereignis bewirkte den Aufstieg des Frankenreichs zur dominierenden christlichen Macht in Europa und führte letztendlich zur Wiedererr. eines christlichen röm. Kaisertums mit Karl I. dem Großen *[28. 1.]* im Jahr 800. Remigius werden die Gründungen einiger Bistümer zugeschrieben, u. a. Laon, Arras und Tournai (Doornik). Bis zur Kalenderreform 1969/70 war der 1. Oktober sein Gedenktag, wo es auch eine Wetterregel gibt (siehe dort). (H)

Agritius (Bf. von Trier; um 260–329) – Berno von Cluny (um 850–927) – Gottfried von Cappenberg (Prämonstratenser, Abt; 1097–1127) – Yvette (Jutta) von Huy (Reklusin; 1157/58–1228)

14. Januar

Felix von Nola

Felix († um 260) stammte aus der Stadt Nola (östlich von Neapel), der Heimat Giordano Brunos. Sein Leben ist teilweise und nur legendenhaft in Versen, verfasst von Paulinus von Nola *[22. 6.]*, überliefert. Danach soll er in sehr jungen Jahren bereits die Priesterweihe empfangen haben. Auch soll es ihm gelungen sein, sich auf wunderbare Weise zweimal vor der Christenverfolgung zu retten. (H)

Christiana von Georgien (Glaubensbotin; † um 335) – Englmar (Einsiedler, Märtyrer; † 1096) – Reiner von Arnsberg (Prämonstratenser, Propst; † 1184) – Berno (Zisterzienser, Bf. von Schwerin; † 1191)

15. Januar

Prophet Habakuk

Bei der Kalenderreform 1969/70 wurde sein Gedenktag auf den 2. Dezember verlegt (siehe dort). Für den früheren Gedenktag 15. Januar gibt es Bauernregeln, u. a.: „Spielt die Muck um Habakuk, Bauer, nach dem Futter guck", „Habakuk, ans Feuer ruck".

Paulus der Einsiedler

Paulus von Theben (Oberägypten) (um 228–um 341) zog während der diokletianischen Christenverfolgung in die Wüste und gilt als Urheber des Einsiedlerlebens. Sein Alter von 113 Jahren ist legendenhaft. Bereits vor 1969 war zwar offiziell der 15. Januar sein Gedenktag, aber als solcher kalendarisch gebräuchlich war bereits davor der 10. Januar (Todestag), für den es Bauernregeln gibt (siehe dort). (H)

Er ist Patron der Korb- und Mattenflechter.

Arnold Janssen

Arnold Janssen (1837–1909) stammte aus Goch am Niederrhein, wurde 1861 zum Priester geweiht und war 1875 der Gründer des Steyler Missionsordens „Gesellschaft des Göttlichen Worts" (*Societas Verbi Domini*). Bereits ab 1873 warb er für die Err. einer Ausbildungsstätte für die Heidenmissionare. 1875 gelang ihm seine erste diesbezügliche Gründung von St. Michael in Steyl (Niederlande). Im Lauf der folgenden Jahre wurden weitere solche Missionshäuser von ihm gegründet, so z. B. die von St. Gabriel in Mödling bei Wien, von St. Wendel (Saarland) sowie in der Nähe von Salzburg, aber auch in den USA (in der Nähe von Chicago). Die Missionare wurden praktisch in allen Missionsgebieten eingesetzt. Finanziert wurde die Mission durch Spenden, den Zeitungsvertrieb (*Stadt Gottes*), aber auch durch Druckereien. 1889 gründete er die Missionsschwestern, 1896 die sog. Anbetungsschwestern. Arnold Janssen starb in Steyl. Er wurde 2003 gemeinsam mit Joseph Freinademetz *[28. 1.]* heiliggesprochen. (H)

Nikolaus Groß

Nikolaus Groß (1898–1945) stammte aus Hattingen (Nordrhein-Westfalen) und war ursprünglich Bergmann. Seit 1920 war er beruflich bei den Christlichen Gewerkschaften tätig und wurde 1927 zuerst Redakteur, dann Chefredakteur bei der *Westdeutschen Arbeiterzeitung*, dem Organ der Katholischen Arbeiterbewegung (KAB). Ab 1937 war er aktiv im Widerstand gegen den Nationalsozialismus tätig, und zwar zusammen u. a. mit Jakob Kaiser, Otto Müller und Bernhard Letterhaus. Dieser Kreis hatte auch Kontakt zu Carl Goerdeler. Daher wurde er in Folge des Hitlerattentats vom 20. Juli 1944 verhaftet und im Januar 1945 in Berlin-Plötzensee hingerichtet. Nikolaus Groß gehörte zur Gruppe der nicht gerade wenigen Christen, die ihren Entschluss, im Kampf gegen Hitler das Äußerste zu wagen, aus ihrer Überzeugung als Christen gewannen. Sein Gedenktag in Köln ist der 23. Januar. (H)

Maurus (Abt in Subiaco; 500–580) – Romedius von Thaur (Einsiedler in Südtirol; 11. Jh.) – Konrad (Abt von Mondsee; 1100–1145) – Anton (Prämonstratenser, Propst von Ilbenstadt; † um 1149)

16. Januar

Marcellus I.

Über Marcellus († 309) gibt es keine sicheren Angaben. Fest steht, dass die Gemeinde von Rom wegen der diokletianischen Verfolgung vor seiner Wahl zum Bf. rund vier Jahre ohne Leitung war. Wegen seiner rigoristischen Bußpraxis soll er von Ks. Maxentius in Verbannung geschickt worden sein, wo er auch starb. Er wurde zuerst in der Priscilla-Katakombe beigesetzt. (H)

Er ist der Patron der Stallknechte. Für diesen Tag gibt es die Bauernregel: „Wie das Wetter an Marzellus war, wird's im September: trüb oder klar."

Theobald (Dietbald von Geisling)

Theobald († 1520) war als Angehöriger des Franziskanerordens in Österreich eingesetzt und starb in Wien. Deshalb trägt er auch den Titel „Apostel von Österreich". Er wurde zwar weder heilig noch selig gesprochen, trotzdem aber als solcher verehrt. (H)

An seinem Gedenktag gibt es die Bauernregel: „Der Theobald, der Theobald, der machet unsere Häuser kalt."

Honoratus (Bf. von Arles; † 429) – Ulrich von Blücher (Prämonstratenser, Bf. von Ratzeburg; † 1284)

17. Januar

Antonius der Einsiedler

Antonius (um 251–356) wird zu Recht auch „der Große" und „Vater des Mönchtums" genannt. Er stammte aus Mittelägypten und erbte nach dem Tod seiner Eltern schon in jungen Jahren deren großes Vermögen. Das Evangelium vom reichen Jüngling bewog ihn, seinen ganzen Besitz zu verschenken und als Einsiedler ein asketisches Leben zu führen, zuerst in der Nähe seines Heimatortes, später am Rande der libyschen Wüste, wo er von zahlreichen Anfechtungen heimgesucht wurde, und schließlich an einem einsamen Berg jenseits des Nils. Viele Jünger ließen sich in seiner Nähe als Einsiedler nieder. Diese Gemeinschaft war das Vorbild späterer Mönchsgemeinschaften. Trotz seiner Abgeschiedenheit nahm Antonius auch am Weltgeschehen Anteil. Er war mit Ks. Konstantin und dessen Söhnen in brieflichem Kontakt. Mehrfach verließ er seine Einsiedelei. So ging er zur Zeit der Christenverfolgung unter Maximinus Daja nach Alexandria, um die Christen dort zu stärken. Hochbetagt unterstützte er Athanasius *[2. 5.]*, indem er öffentlich gegen die Arianer auftrat. Er soll 105 Jahre alt geworden sein. (B)

Er ist Patron u. a. der Haustiere, besonders der Schweine, der Korbmacher, Metzger und Weber. An seinem Gedenktag gibt es Bauernregeln, u. a.: „Wenn Antoni die Luft ist klar, gibt's ein trockenes Jahr", „Am Schnee nicht spart, Sankt Anton mit dem weißen Bart".

Sulpicius II. (Ebf. von Bourges; um 570–647) – Gamelbert (8. Jh.) – Roselina (Rosalina) von Celle-Roubaus (Mystikerin; 1263–1329)

18. Januar

Margareta von Ungarn

Margareta (1242–1270) war die Tochter des ungarischen Kg. Béla IV. (1206–1270), damit eine Nichte der hl. Elisabeth von Thüringen *[19. 11.]*, und wurde auf der Burg Klisza, dem heutigen Klis bei Split (Kroatien), geboren. Wegen eines Gelübdes ihres Vaters wurde sie für den geistlichen Stand bestimmt und bereits mit vier Jahren dem Dominikanerkloster Veszprém übergeben. 1252 siedelte sie in das von ihrem Vater gegründete Kloster auf eine Donauinsel bei Buda, die später nach ihr Margareteninsel benannt wurde. Ihr Leben war von Askese geprägt, und aufopfernd pflegte sie Kranke. Margareta wurde bald nach ihrem Tod als Heilige verehrt und ist in Ungarn sehr beliebt. (H)

Prisca (Priscilla) (Märtyrerin; 1. Jh.) – Faustina und Liberata von Como (Klostergründerinnen; † 580) – Odilo (Hz. von Bayern; † 748) – Beatrix II. von Este (Klostergründerin; um 1230–1262) – Regina Protmann (Gründerin der Katharinenschwestern; 1552–1613)

19. Januar

Makarios der Ägypter (der Ältere, der Große)

Makarios (um 300–um 390) stammte aus dem Nildelta. Im Alter von etwa 30 Jahren zog er sich nach Oberägypten zurück, wo er 60 Jahre lang lebte und betete. Seine Einsiedelei wurde Mittelpunkt ratsuchender Menschen. Sein Bf. nötigte ihn, Priester zu werden. Er wurde ein viel geachteter Prediger und galt als Wunderheiler. Das um 360 von ihm gegründete Kloster zog bald über 4000 Mönche an. Makarios lebte in einer Zeit, in der sich das Christentum über das ganze Römische Reich ausdehnte, andererseits aber auch im beginnenden Mönchswesen eine geistige Vertiefung erlebte. Seine Regeln für das Mönchtum hatten Einfluss weit über Ägypten hinaus. (H)

Makarios von Alexandria (der Jüngere)

Makarios (Makarius) († 395) stammte aus Alexandria. Mit 30 wurde er Priester und zog als Einsiedler in die ägyptische Wüste, wo er sein ganzes Leben lang blieb. Vor der Kalenderreform 1969/70 war sein Gedenktag am 2. Januar. Für diesen Tag gibt es Bauernregel (siehe dort). (H)

Marius und Martha (Märtyrer; † 270)

20. Januar

Fabian

Fabian (um 200–250) war von 236 bis 250 Bf. von Rom und baute die röm. Kirche organisatorisch aus. Er unterteilte Rom in sieben Bezirke, die jeweils von einem Diakon geleitet und verwaltet wurden. Mit der jungen Kirche war der Bedarf an Klerikern gewachsen, deren Aufgaben stärker differenziert werden mussten. Neben den höheren Ämtern (Bf., Presbyter, Diakon) sollen unter seinem Pontifikat auch fünf Ämter niederen Ranges (darunter Subdiakon und Lektor) entstanden sein. Fabian starb 250 als Märtyrer während der Christenverfolgung unter Ks. Decius und wurde in der Calixtus-Katakombe beigesetzt. (B)

Sebastian

Sebastian († um 300) ist ein Märtyrer der frühen Christenheit. Der Legende nach war er ein Offizier der kaiserlichen Garde, der sich zu seinem christlichen Glauben bekannte und deshalb auf Befehl des Ks. Diokletian an einen Baum gebunden und von Pfeilen durchbohrt wurde. Als seine Wunden wider Erwarten heilten, soll er vor den Ks. getreten sein und diesen mutig des Verbrechens der Christenverfolgung beschuldigt haben. Daraufhin habe ihn der erzürnte Ks. mit Keulen erschlagen und in die *Cloaca maxima* werfen lassen. Als im Jahr 680 die Pest in Rom wütete, wurden die Reliquien Sebastians durch die Stadt getragen, worauf die Epidemie erloschen sein soll. (B)

Er ist einer der Patrone gegen die Pest, außerdem u. a. der Soldaten, der Schützen sowie Kriegsinvaliden und gehört zu den volkstümlichen Heiligen (Schützenvereinigungen). An seinem Gedenktag gibt es Bauernregeln, u. a.: „An Fabian Sebastian, fängt oft der rechte Winter an", „An Fabian und Sebastian, fängt Baum und Tag zu wachsen an".

Euthymius von Melitene (Einsiedler; 376–473) – Benedikt Ricasoli (Einsiedler; um 1040–1107) – Heinrich (Bf. von Uppsala, Märtyrer; um 1110–1156/1160) – Ursula Haider (Klarissin, Äbtissin in Villingen; 1413–1498)

21. Januar

Agnes von Rom

Agnes (3. Jh.) ist eine Märtyrerin der frühen Kirche. Ihr Kult bestand schon im 4. Jh. in Rom und breitete sich bald in der abendländischen Kirche aus. Dennoch gibt es über ihr Leben und Sterben keine sicheren Nachrichten. Ungewiss ist, ob sie enthauptet oder verbrannt wurde. Der Legende nach soll das junge Mädchen sich geweigert haben, den Sohn des Stadtpräfekten zu heiraten, da sie sich Christus versprochen habe. Trotz Drohungen und Demütigungen sei sie standhaft geblieben und schließlich getötet worden. (B)

An ihrem Gedenktag gibt es die Bauernregel: „Scheint zu Agnes die Sonne, wird später die Ernte zur Wonne."

Meinrad

Meinrad (um 800–861) stammte aus der Nähe von Rottenburg. Im Benediktinerkloster auf der Bodenseeinsel Reichenau erzogen, empfing er dort mit 25 Jahren die Priesterweihe und wurde Benediktinermönch. Er suchte die Einsamkeit und zog sich 835 in eine Einsiedelei im „Finsteren Walde" zurück, wo heute das Benediktinerkloster Einsiedeln steht. Freundliche Menschen brachten ihm Geschenke, die er sogleich an die Armen der Umgebung weitergab. Mit jedem Wanderer teilte er das Wenige, das ihm blieb. 861 wurde er von zwei Räubern erschlagen, die er zuvor bewirtet hatte. (B)

Patroclus (Märtyrer; † um 259) – Epiphanius (Bf. von Pavia; 438/39–496)

22. Januar

Vinzenz von Saragossa

Vinzenz († 304) oder Vincentius ist ein Märtyrer der frühen Kirche und stammte aus Spanien. Als Diakon des greisen Bf. Valerius von Saragossa (auch Valerius von Valencia) wurde er mit diesem während der Christenverfolgung des Diokletian von Dacian, dem grausamen Statthalter Valencias, verhaftet. Nach einer glänzenden Verteidigung seines Glaubens wurde Vinzenz grausam zu Tode gemartert. (B)

Er ist Patron der Töpfer, Dachdecker, Winzer, Weber, Seeleute und Holzfäller; der Schüler; des Federviehs, der Kaffeehäuser sowie für die Wiedererlangung gestohlener Sachen. An seinem Gedenktag gibt es Bauernregeln, u. a.: „Zu Vinzenzi Sonnenschein, bringt viel Korn und Wein", „Geht Vinzenz im Schnee, gibt's viel Heu und Klee".

Vinzenz Pallotti

Vinzenz Pallotti (1795–1850) entstammte einer begüterten röm. Familie und wurde 1818 zum Priester geweiht. Danach wirkte er intensiv in der Seelsorge seiner Heimatstadt, besonders an Jugendlichen, Kranken und Inhaftierten. Um die von ihm entwickelten Seelsorgemethoden einer besseren Basis zuzuführen, gründete er 1835 eine Vereinigung des katholischen Apostolats für Priester und Laien. Aus dieser entstand 1838 die *Congregatio Sororum Apostolatus Catholici* (CSAC). 1846 gründete er die „Gesellschaft des Katholischen Apostolats" (*Societas Apostolatus Catholici* bzw. Pallottiner/SAC), eine Priester- und Brüdergemeinschaft, die ein gemeinschaftliches Leben in Armut, Keuschheit und Gehorsam ohne Gelübde führt. Nachdem den Pallottinern die Mission in der damaligen dt. Kolonie Kamerun übertragen wurde, war die Gründung einer Niederlassung in Dtl. notwendig geworden. Dies geschah 1895 in Limburg an der Lahn. Gegenwärtig ist der Orden im dt.-spr. Raum vor allem in der Jugend- und Schulseelsorge sowie im Bildungs- und Exerzitienwesen tätig. Er unterhält auch eine Philosophisch-Theologische Hochschule in Vallendar. Der weibliche Zweig ist auch in der Krankenpflege tätig. (H)

Valerius von Valencia (Bf. von Saragossa; † 315) – Gaudenz (Märtyrer in Graubünden; 6./7. Jh.) – Dietlinde (Theodelinde) (Kg. der Langobarden; um 570–627/8) – Anastasius der Perser (Märtyrer; um 600–628) – Barnard (um 778–842; Ebf. von Vienne) – Elisabeth von Österreich (Kg. von Frankreich; 1554–1592) – Ladislaus Graf Batthyány-Strattmann (Arzt; 1870–1931)

23. Januar

Ildefons

Ildefons (um 605–667) entstammte einer westgotischen Familie und war Ebf. von Toledo (Spanien). Der Überlieferung nach war er ein Schüler des Kirchenlehrers Isidor von Sevilla *[4. 4.]* und war zuerst Abt des Klosters Kosmas und Damian in der Nähe von Toledo. Er war ein besonderer Marienverehrer und verteidigte in der Schrift *Liber de illibata virginitate B. M. V.* (Buch der unbeeinträchtigten

Jungfräulichkeit der Gesegneten Jungfrau Maria) die Jungfräulichkeit Mariens. 657 wurde er Ebf. von Toledo. Er hat eine Reihe weiterer Schriften verfasst, darunter eine Geschichte der Kirche Spaniens, die aber nicht erhalten geblieben sind. (H)

Heinrich Seuse

Heinrich Seuse (1295–1366) war ein begnadeter Mystiker und Dichter. Er wurde in Konstanz geboren und trat als Dreizehnjähriger in den Dominikanerorden ein. Nach fünf Jahren hatte er ein erstes visionäres Erlebnis, das sein ganzes Leben änderte. Von nun an unterwarf er sich strenger Askese. Nach Studien in Konstanz und Straßburg wurde er 1322 zum *Studium generale* der Dominikaner nach Köln geschickt, wo er Meister Eckhart kennenlernte, dessen Denken ihn stark beeinflusste. Predigtreisen führten den unermüdlichen Seelsorger später durch Schwaben, die Schweiz, das Rheinland bis in die Niederlande. Die zahlreichen Verleumdungen und Anfeindungen, die er ertragen musste, trug er mit großer innerer Gelassenheit. Seine Schriften „Büchlein der ewigen Wahrheiten" und „Büchlein der Weisheit" gehören zu den Standardwerken der Mystik. Sein Gedenktag ist eigentlich der 25. Januar, im dt.-spr. Raum ist es der 23. Januar. (B)

Henoch (AT) – Emerentiana (Märtyrerin; † um 304) – Lüfthildis von Bonn (Einsiedlerin; 9. Jh.) – Hartmut (Abt von St. Gallen; † nach 905)

24. Januar

Franz von Sales

Franz von Sales (1567–1622) stammte aus einer adeligen Familie Savoyens. Dem Wunsch seines Vaters folgend, der ihn für eine diplomatische Laufbahn vorgesehen hatte, studierte er Rhetorik, Philosophie, bürgerliches und kirchliches Recht, daneben aus eigenem Interesse Theologie. Er wurde Doktor beider Rechte, setzte sich dann aber gegen den Willen des Vaters durch und wurde 1593 Priester. Seine erste Aufgabe war die Rekatholisierung der vom Calvinismus beherrschten Provinz Chablais (südlich des Genfer Sees), wo er erst nach großen Anstrengungen so erfolgreich war, dass der Bf. von Genf ihn 1599 zu seinem Koadjutor machte. Nach dessen Tod wurde er selbst 1602 Bf. von Genf und bemühte sich um die Durchführung der Beschlüsse des Konzils von Trient. Er wurde als Seelenführer und Prediger geschätzt, ebenso für seine Geduld und Toleranz Andersdenkenden gegenüber. Eine besondere Freundschaft verband ihn mit Johanna Franziska von Chantal *[12. 8.]*, mit der er den Orden der Salesianerinnen gründete. Zu den Schriften, die er hinterließ, gehören neben anderen „Die Anleitung zum frommen Leben" (Philothea) und die „Abhandlung über die Gottesliebe" (Theotimus). 1877 wurde er zum Kirchenlehrer erhoben. Bis zur Kalenderreform von 1969/70 war der 29. Januar sein Gedenktag. (B)

Vera von Clermont (um 400) – Arno (Ebf. von Salzburg; nach 740–821)

25. Januar

Bekehrung des Apostels Paulus (Pauli Bekehrung)

Die Bekehrung des Saulus-Paulus wird in der Apostelgeschichte (9,1–22) berichtet. Er war ursprünglich Pharisäer und wollte die jüdische Lehre rein halten. Deshalb verfolgte er Christen. In Damaskus ereilte ihn der Ruf Gottes („Damaskuserlebnis"), und so wurde aus dem Christenverfolger Saulus ein Verbreiter des Evangeliums bzw. des Christentums vor allem in Kleinasein und in Griechenland. Er gründete viele christliche Gemeinden und wurde Völkerapostel (siehe auch 29. 6.). Frühestens seit dem 8. Jh. ist ein Fest der Bekehrung des Paulus in Gallien bezeugt. (H)

An diesem Gedenktag gibt es Bauernregeln, u. a.: „Ist Pauli Bekehr hell und klar, so hofft man auf ein gutes Jahr." „Pauli bekehr' dich – halb Winter scher' dich."

Poppo (Abt von Stablo; um 978–1048) – Wolfram (Abt von Wadgassen; † 1158)

26. Januar

Timotheus

Timotheus (1. Jh.) wird in der Apostelgeschichte und in einigen Paulusbriefen erwähnt. Zwei der Pastoralbriefe des Paulus richten sich an ihn. Er stammte aus Lystra und hatte einen heidnischen Vater und eine jüdische Mutter. Möglicherweise wurde er auf der ersten Missionsreise von Paulus selbst bekehrt, bevor er dessen Begleiter und Mitarbeiter wurde. Die Apostelgeschichte berichtet, dass Timotheus Paulus zum Apostelkonzil in Jerusalem begleitet hat. Immer wieder sandte Paulus ihn mit Briefen und Aufträgen zu verschiedenen Gemeinden. Nach Phil 2,19 hat Timotheus Paulus bei seiner ersten Gefangenschaft in Rom aufgesucht. Später übertrug ihm Paulus die Verantwortung für Ephesus. Nach altkirchlicher Überlieferung soll Timotheus nach dem Tod des Paulus Bf. von Ephesus geworden sein. Über seinen Tod gibt es keine gesicherten Nachrichten. Bis zur Kalenderreform von 1969/70 war der 24. Januar sein Gedenktag. (B)

Er ist Patron gegen Bauchschmerzen und Magenleiden. An seinem Gedenktag gibt es die Bauernregel: „Ist's Wetter um Timotheus klar, verhofft man sich ein gutes Jahr."

Titus

Titus (1. Jh.), ein weiterer Gehilfe des Paulus, wird nicht in der Apostelgeschichte, aber häufig in den Paulusbriefen erwähnt, von denen einer an ihn gerichtet ist. Er war Heide. Über seine Bekehrung gibt es keine sicheren Angaben. Aus dem Galaterbrief erfahren wir, dass auch er Paulus auf der Reise zum Apostelkonzil nach Jerusalem begleitet hat. Ebenso wie Timotheus wurde er mit wichtigen Aufträgen betraut. So übernahm er die Organisation der Kollekte für die Jerusalemer Gemeinde (2 Kor 8,17). Nach dem Tod des Paulus soll Titus der erste Bf. von Kreta geworden und mit 94 Jahren gestorben sein. Bis zur Kalenderreform von 1969/70 war der 6. Februar sein Gedenktag. (B)

Paula von Rom (Klostergründerin; 347–404) – Notburga von Klettgau (Witwe; um 796–840) – Alberich (Aubry) von Cîteaux (Abt; um 1050–1109) – Albert von Steinfeld (Abt; † 1189)

27. Januar

Angela Meríci

Angela Meríci (1474–1540) wuchs im Umbruch vom Mittelalter zur Neuzeit auf. Schon früh entschloss sie sich, ehelos zu bleiben, und trat in den Dritten Orden des hl. Franziskus *[4. 10.]* ein. Bereits in jungen Jahren spürte sie die Berufung, eine Gemeinschaft geweihter junger Frauen zu gründen. Dieser Wunsch reifte vierzig Jahre in ihr, bevor sie ihn verwirklichte. Angela hatte selbst erlebt und immer wieder beobachtet, wie schwierig es für junge Frauen war, religiös zu leben, ohne zu heiraten oder in ein Kloster zu gehen. So lud sie immer wieder junge Frauen zu sich ein und gab ihnen Anregungen für die Gestaltung ihres religiösen Lebens. 1535 schloss sie sich dann mit gleichgesinnten Gefährtinnen zur „Gemeinschaft der hl. Ursula" (Ursulinen) zusammen. Hier sollten Frauen, die aus religiösen Gründen ehelos bleiben wollten, ein religiös ausgerichtetes und selbstbestimmtes, ganz normales Alltagsleben führen können, ohne dafür in ein Kloster zu gehen. Die junge Gemeinschaft wuchs rasch. Allerdings hat sie heute die klösterliche Lebensform angenommen und sich damit von den Vorstellungen ihrer Gründerin entfernt. Die Heiligsprechung Angela Merícis wurde 1790 verkündet, wegen der politischen Wirren der Zeit aber erst 1807 feierlich vollzogen. Bis zur Kalenderreform von 1969/70 war der 1. Juni ihr Gedenktag. (B)

Devota (Märtyrerin; 283–304) – Julianus (Bf. von Le Mans; † 348) – Theoderich (Bf. von Orléans; † 1022) – Alrun von Cham (Reklusin bei Niederaltaich; 1005–1045) – Gerhard (Abt von Kremsmünster; † um 1050) – Paul Josef Nardini (Ordensgründer; 1821–1862)

28. Januar

Thomas von Aquin

Thomas (um 1225–1274) ist der bedeutendste Vertreter der Scholastik. Als größte geistesgeschichtliche Leistung des Mittelalters gelang ihm in seinem Hauptwerk, der *Summa theologica*, die philosophische und theologische Synthese der Lehren von Augustinus *[28. 8.]* und Aristoteles. Thomas stammte aus einem italienischen Grafengeschlecht. Er wurde bei den Benediktinern auf dem Montecassino erzogen, wo sein Onkel Abt war und ihn auf eine große Karriere vorbereiten sollte. Er aber entschied sich – gegen den energischen Widerstand seiner Familie –, in den Dominikanerorden einzutreten, den er bei seinem Studium in Neapel kennengelernt hatte. Es folgten Studien in Paris und Köln. Von 1248–1252 war Thomas Schüler des Albertus Magnus *[15. 11.]*, dessen Denken ihn nachhaltig beeinflusste. Später wurde er selbst Lehrer an den Hochschulen in Paris, Köln, Rom und Neapel. Er hinterließ eine Vielzahl von bedeutenden Schriften, die bis heute Theologie und Kirche nachhaltig beeinflussen. Er wurde 1567 zum Kirchenlehrer erhoben. Papst Leo XIII. ernannte ihn 1880 zum Patron der katholischen Universitäten. Bis zur Kalenderreform von 1969/70 war der 7. März sein Gedenktag. (B)

Kaiser Karl der Große

Karl der Große (747/48–814) war der Sohn des fränkischen Kg. Pippin III. des Jüngeren und wurde im Dezember 771 Alleinherrscher des Frankenreichs. Durch seine Eroberungen (Langobarden, Sachsen, Bayern, Awaren) wurde er in Europa die dominierende Herrscherpersönlichkeit und dadurch auch zum Schutzherrn des Papsttums. Daher krönte ihn Papst Leo III. am Weihnachtstag des Jahres 800 zum Ks. und stellte damit das weström. Kaisertum wieder her (*renovatio imperii*). In seiner Regierungszeit wurden in Fortsetzung der Kirchenreform des hl. Bonifatius *[5. 6.]* weitere Bistümer und Klöster gegründet. Im Jahr 1165 wurde Karl der Große von Gegenpapst Paschalis III. auf Ersuchen Ks. Friedrichs I. Barbarossa heiliggesprochen. Diese Kanonisation ist kirchenrechtlich nicht als vollgültig anzusehen, sodass seine Verehrung bzw. sein Kult auf das Btm. Aachen beschränkt bleiben. (H)

Joseph Freinademetz

Joseph Freinademetz (1852–1908) entstammte einer Bauernfamilie aus Südtirol und gehörte der dort lebenden ladinischen Minderheit an. Er besuchte das Gymnasium in Brixen, trat in das dortige Priesterseminar ein, wo er auch studierte, und wurde 1875 zum Priester geweiht. 1878 trat er in den Orden der Steyler Missionare ein und ging 1879 als Missionar nach China. Er err. dort Schulen und Ausbildungsstätten für Katecheten. Bei seine Arbeit identifizierte er sich derart mir der chinesischen Kultur, so dass von ihm der Spruch überliefert ist: „Ich will auch im Himmel ein Chinese sein." Er wurde zusammen mit Arnold Janssen *[15. 1.]* 2003 heiliggesprochen. (H)

Irmund von Mündt (Einsiedler bei Jülich; 4. Jh.)

29. Januar

Valerius von Trier

Valerius († um 300) war der zweite Bf. von Trier. Der Überlieferung nach ist Trier der älteste dt. Bischofssitz. Nach dieser war Eucharius der erste Bf. von Trier, jedoch sind diese Überlieferungen sowie die darin genannten frühen Bischöfe historisch nicht gesichert. Die Sarkophage dieser beiden Bischöfe befinden sich in der Trierer Abteikirche St. Matthias. (H)

An seinem Gedenktag gibt es die Bauernregel: „Valerius und Adelgund [30. 1.], bringen Kält' zu jeder Stund'."

Sulpicius I. (Ebf. von Bourges; † 591) – Aquilinus (Wezelin) (Dompropst in Köln; um 970–1018)

30. Januar

Martina

Martina († um 230) lebte in Rom. Die Überlieferung über sie ist legendenhaft. Sie soll einer vornehmen Familie entstammt und Diakonin gewesen sein. Den Märtyrertod hätte sie durch Enthauptung oder durch Löwen erlitten. Im 17. Jh. wurden angebliche Reliquien von ihr gefunden, die sich nun in der röm. Kirche SS. Luca e Martina befinden. (H)

Sie ist Patronin der stillenden Mütter. An ihrem Gedenktag gibt es Bauernregeln, u. a.: „Bringt Martina Sonnenschein, gibt's viel Frucht und guten Wein", „Scheint an Martina die Sonne mild, ist sie der guten Ernte Bild".

Adelgundis

Adelgundis (Adelgunde) von Maubeuge (um 624/639–um 698) war fränkisch-adeliger Abkunft und gründete 661 ein Kloster in Maubeuge in Nordfrankreich (fläm. Mabuse; dt. Malbode), deren erste Äbtissin sie war. (H)

Sie ist die Patronin u. a. gegen Augen-, Brust- und Kinderkrankheiten, Krebs, Kopfschmerzen, Entzündungen, Fieber und plötzlichen Tod.

Serena von Spoleto (Märtyrerin; † um 291) – Bathilde (Balthild) (Kg. in Franken; um 630–um 680/81) – Theophilos der Jüngere (Märtyrer; † 785)

31. Januar

Vigilius

Sein Gedenktag ist der 26. Juni (siehe dort), am 31. Januar jedoch in Trient. Zu diesem Tag gibt es die Bauernregel: „Friert es zu Vigilius, im März die Eiseskälte kommen muss."

Eusebius von Rankweil

Eusebius von Rankweil († 884) war irischer Abkunft und Mönch in St. Gallen. Er lebte dann 30 Jahre als Einsiedler in der Nähe von Rankweil (Vorarlberg). (H)

An diesem Tag gibt es die Bauernregel: „Friert es auf Eusebius, im März viel Kälte kommen muss."

Johannes Bosco

Johannes (Giovanni) Bosco (1815–1888), besser bekannt als „Don Bosco", stammte aus armen Verhältnissen und musste große Schwierigkeiten überwinden, um Priester werden zu können. Er widmete sein Leben der Erziehung verwahrloster Kinder und Jugendlicher. Dabei wirkte er richtungweisend für die Erneuerung des Bildungswesens in Italien und in Südamerika. Zur Förderung benachteiligter Jugendlicher gründete er 1846 das Oratorium vom hl. Franz von Sales *[24. 1.]*, 1859 die „Salesianer Don Boscos", 1872 mit Maria Domenica Mazzarello die „Kongregation der Töchter Mariä, Hilfe der Christen" (Mariahilf-Schwestern, Salesianerinnen Don Boscos), die sich der Mädchenerziehung widmet. Er err. Schulen aller Art. Das Vertrauen der jungen Menschen gewann er nicht zuletzt durch seine fröhliche Art und seine große Einfühlungsgabe. Sein Werk breitete sich in der ganzen Welt aus. Papst Johannes Paul II. *[22. 10.]* erklärte ihn anlässlich der Hundertjahrfeier seines Todes zum „Vater und Lehrer der Jugend". (B)

Er ist Patron der katholischen Verlage und der Jugend.

Victorinus und Gefährten (Märtyrer; † 3. Jh.) – Marcella von Rom (Witwe; 330–410) – Hemma von Regensburg (Kg. im Ostfrankenreich; † 876)

Arnold Janssen – 15. Januar

1. Februar

Katharina de' Ricci

Katharina de' Ricci (1522–1590), auch Caterine de' Ricci, hieß ursprünglich Alessandra Lucrezia Romola, stammte aus Florenz und trat mit 14 Jahren den Dominikanerinnen in Prato bei, deren Priorin sie bereits mit 25 Jahren wurde. Sie war stigmatisiert, wirkte Wunder und hatte Visionen, wodurch sie schon zu Lebzeiten verehrt wurde. Bekannt wurde sie auch durch zahlreiche Briefe, die sie wichtigen Persönlichkeiten der damaligen Zeit – u. a. Philipp Neri *[26. 5.]*, Karl Borromäus *[4. 11.]* und Juan d' Austria – geschrieben hatte. (H)

Severus von Ravenna (Märtyrer; † 304) – Petrus von Antiochien (Einsiedler; um 340–vor 440) – Brigida (Brigitta) von Kildare (Äbtissin; um 453–525) – Sigi(s)bert III. (Kg. von Austrasien; um 630–656) – Reginald von Orléans (Dominikaner, Klostergründer; 1183–1220) – Winand von Maastricht (Dominikaner, † nach 1233)

2. Februar

Darstellung des Herrn – Mariä Lichtmess

Das Fest der Darstellung des Herrn ist eines der älteren Marienfeste. Es bezieht sich auf den Bericht im Lukasevangelium (2,22f.), wo Maria und Josef Jesus in den Tempel für das Reinigungsopfer (für Maria) bringen. Dabei kommt es zur Begegnung mit Simeon und Hanna, die Jesus als den Messias erkennen. Seit dem 5. Jh. gibt es dieses Fest in Jerusalem, seit dem 7. Jh. in Rom mit einer Lichterprozession. Bis zur Kalenderreform von 1969/70 hieß das Fest „Mariä Reinigung" (*In purificatione B. M. V.*), seitdem heißt es „Darstellung des Herrn". Im dt.-spr. Raum führte der Brauch der Kerzensegnung und der Lichterprozession zu der Bezeichnung „Mariä Lichtmess". Der 2. Februar ist seit 1997 zugleich der „Tag des geweihten Lebens", Nach dem Brauchtum endet an diesem Tag die Weihnachtszeit, wo z. B. der Weihnachtsschmuck in den Kirchen abgebaut wird. (H)

Für diesen Tag gibt es zahlreiche Bauernregeln, u. a. „Lichtmess hell und klar, gibt ein gutes Roggenjahr". „Wenn's an Lichtmess stürmt und schneit, ist der Frühling nicht mehr weit".

Burkhard von Würzburg

Burkhard (Burkard) (um 684–755?) war Angelsachse und der erste Bf. von Würzburg. Er ist um 735 zusammen mit Bonifatius *[5. 6.]* nach Dtl. zwecks Missionierung gekommen und von ihm im Jahr 742 zum Bf. von Würzburg geweiht worden. Als solcher nahm er 743 an der Reformsynode (*Concilium Germanorum*) teil. Angeblich soll er nach zehnjähriger Amtszeit abgedankt haben, was aber Legende ist. Um 750 gründete er das Andreas-Kloster. Burkhard starb während einer Rast in einer Tropfsteinhöhle in Homburg im Maintal und wurde in St. Andreas (später St. Burkhard) begraben. (H)

Maria Katharina Kasper

Katharina Kaspar (1820–1898) wurde in Dernbach (Westerwald) als Tochter eines Bauern geboren. 1846 gründete sie mit vier weiteren Frauen einen Verein zur häuslichen Krankenpflege, aus dem 1851 die Genossenschaft der „Armen Dienstmägde Jesu Christi" entstand, die auch „Dernbacher Schwestern" genannt wird. Kasper nahm den Ordensnamen Maria an. Diese Genossenschaft verbreitete sich rasch und hat nun Niederlassungen in Dtl., in den Niederlanden, England, Indien, in den USA sowie in Mexiko und Brasilien. 2018 wurde sie von Papst Franziskus heiliggesprochen. (H)

Hadeloga (Adelheid) von Kitzingen (Äbtissin; um 710–um 750) – Bodo (Märtyrer; † 880)

3. Februar

Blasius

Blasius († um 316) erlitt als standhafter Bekenner seines Glaubens unter Ks. Licinius (oder bereits unter Diokletian) nach schrecklichen Qualen den Märtyrertod. Von seinem Leben wissen wir nur aus Legenden. Bevor er Bf. von Sebaste (heute Sivas, Türkei) wurde, soll er Arzt gewesen und wegen seiner Hilfsbereitschaft und Nächstenliebe besonders geschätzt worden sein. Eine Legende berichtet, er habe im Kerker einen Knaben, der sich an einer Fischgräte verschluckt hatte, durch sein Gebet vor dem Erstickungstod gerettet. Darauf geht der im 16. Jh. entstandene Brauch des Blasiussegens mit gekreuzten Kerzen zurück, in dem Blasius um den Schutz vor Halskrankheiten gebeten wird. Blasius zählt zu den Vierzehn Nothelfern. (B)

Er ist Patron u. a. der Hals-Nasen-Ohren-Ärzte, Blasmusikanten, Müller, Maurer, Steinmetze, Seifensieder, Wachszieher sowie gegen Halsleiden, Kehlkopfkrankheiten, Blähungen, Blutungen, Geschwüre, Koliken, Zahnschmerzen, Pest und Kinderkrankheiten. An seinem Gedenktag gibt es einige Bauernregeln, u. a.: „Zu Sankt Blasius, es Lammbraten geben muss", „Kerzensegen im Schnee, Palmkätzchenweihe im Klee".

Ansgar

Ansgar (801–865) gilt als Wegbereiter des Christentums in Dänemark und Schweden und wird deshalb „Apostel des Nordens" genannt. Er stammte aus Corbie (Picardie) in Frankreich, wurde in der dortigen Benediktinerabtei erzogen und trat dann dort ein. 823 wurde er Lehrer an der Klosterschule der neugegründeten Abtei Corvey an der Weser. Ab 826 unternahm er entbehrungsreiche Missionsreisen nach Skandinavien, die kaum Erfolg hatten. 831 wurde er erster Bf. von Hamburg und päpstlicher Legat für die Mission im Norden. Nach der Plünderung seines Missionsstützpunktes Hamburg durch die Wikinger musste er die Skandinavienmissionierung aufgeben und wurde Bf. von Bremen. Versuche, den Bischofssitz wieder nach

Hamburg zu verlegen, scheiterten an erneuten Plünderungen. Deshalb wurde 864 das Doppel-Btm. Hamburg-Bremen err. Ansgar baute Spitäler, kaufte Gefangene frei und setzte sich für die Abschaffung des Sklavenhandels ein. Nach wie vor betrieb er seine weiterhin äußerst mühsame Missionstätigkeit. In den letzten Jahren seines Lebens widmete er sich verstärkt der kirchlichen Aufbauarbeit in seinem Btm. (B)

Simeon und Hanna (NT; 1. Jh.) – Nithard von Corbie (Märtyrer; † um 845) – Alois Andritzki (Priester, Märtyrer; 1914–1943)

4. Februar

Veronika

Veronika wurde weder im Neuen Testament erwähnt – wenn man vom Bezug zu den „weinenden Frauen" bei Lukas 23,26–31 absieht –, noch gibt es andere historische Quellen. Trotzdem hat sie es geschafft, mit dem Kreuzweg Jesu in Verbindung gebracht zu werden. Das „Schweißtuch der Veronika" zählt zu den bekanntesten Bild-Legenden des Passionsgeschehens und ist als 6. Station Bestandteil der Kreuzwegandacht geworden. Seit dem 4. Jh. taucht in der apokryphen Literatur eine „Berenike" (= lat. „Veronika") auf, die schon in den apokryphen „Pilatus-Akten" als Zeugin für ein Heilungswunder Jesu aufgetreten war, zunächst noch ohne das Schweißtuch-Motiv. Nach einer Quelle aus dem 6. Jh. besaß Veronika ein gemaltes, heilkräftiges Bild, das die Schuld des Pilatus erwiesen und Ks. Tiberius gesunden hatte lassen. Die Erzählung der 6. Kreuzwegstation kam erst viel später (im 13. Jh.) auf: Veronika begegnet auf dem Kreuzweg Jesus, reicht ihm ein Tuch, um damit Schweiß und Blut abzuwischen, worauf sich das Antlitz Jesu im Tuch verewigt hat. Solche wunderbaren und oft als übernatürlich entstanden geltenden Bilder beruhen auf der Wunschvorstellung nach einem Original-„Porträt" Jesu. Bei der Seherin Anna Katharina Emmerick *[9. 2.]* erfährt man in „Das bittere Leiden unseres Herrn Jesu Christi" etwas mehr darüber, wie Veronika zu ihrem Namen kam: „Es war Seraphia, das Weib des Sirachs, [...] welche durch ihre Handlung den Namen Veronika, von

‚vera ikon' (= das wahre Bild), erhalten hat." Trotz alledem ist Veronika bis heute ein auch in Abwandlungen (Ronja, Frauke) beliebter Vorname. (H)

Rabanus Maurus

Rabanus (780–856) war ein hochgebildeter Mann, der es sich zur Aufgabe machte, das klassische Wissen an seine Gegenwart weiterzugeben. Er erhielt deshalb den Ehrennamen „Lehrer Germaniens" (*Praeceptor Germaniae*). Rabanus wurde mit 15 Jahren Mönch des Benediktinerklosters Fulda. Später kam er zur weiteren Ausbildung nach Tours zu Abt Alkuin, der ihm den Beinamen Maurus in Erinnerung an den großen Schüler des hl. Benedikt *[11. 7.]* gab. Nach Fulda zurückgekehrt, wurde Rabanus Lehrer, später Leiter der Klosterschule. 814 empfing er die Priesterweihe. 822 übernahm er als Abt die Leitung des Klosters. 847 wurde er zum Ebf. von Mainz gewählt. Trotz seiner vielfältigen Aufgaben nahm er sich weiterhin Zeit für seine schriftstellerische und lehrende Tätigkeit. Unter anderem verfasste er eine 22-bändige Enzyklopädie des gesamten Wissens seiner Zeit. Neben anderen Hymnen soll auch der berühmte Pfingsthymnus *Veni creator spiritus* von ihm stammen. (B)

Isidor von Pelusium (um 360–431/51) – Nikolaus Studites (Abt; 793–868) – Johanna von Valois (Ordensgründerin; 1464–1505)

5. Februar

Agatha

Agatha (um 225–um 250) stammte der Überlieferung nach aus Catania (Sizilien) und erlitt – wahrscheinlich unter Ks. Decius – den Märtyrertod. Die Legende berichtet, sie habe sich geweigert, den heidnischen Präfekten Quintianus zu heiraten. Um ihren Glauben zu erschüttern, habe dieser sie daraufhin verhaften und in ein Bordell verschleppen lassen. Da er damit nichts ausrichten konnte, habe er sie grausam martern lassen, bis sie schließlich im Kerker den Tod fand. Ihre Verehrung verbreitete sich schon früh über Sizilien hinaus. (B)

Sie ist Patronin u. a. der Hebammen, Hirtinnen, Weber, Bergarbeiter, Hochofenarbeiter, Goldschmiede, Glockengießer, bei Kinderlosigkeit und Brandwunden sowie gegen Krankheiten der Brüste, Fieber, Hungersnot, Viehseuchen und Erdbeben. An ihrem Gedenktag gibt es Bauernregeln, u. a.: „An Agathe Sonnenschein, verspricht viel Korn und Wein", „Ist Agathe klar und hell, kommt der Frühling nicht so schnell".

Jakob (Israel) (AT) – Albuin (Bf. von Säben-Brixen; † 1005/06) – Adelheid (Äbtissin von Villich; um 968–1015)

6. Februar

Dorothea

Dorothea (um 290–305) stammte aus einer christlichen Familie in Cäsarea in Kleinasien (heute Kayseri in der Türkei). Ihr Leben ist nur legendenhaft überliefert. Danach soll sie das Liebeswerben des heidnischen Statthalters Apricius zurückgewiesen haben, der sie darauf zum Tode verurteilt hatte. Auf dem Weg zur Hinrichtung begegnete sie dem Advokaten Theophilus, der durch ein plötzliches Wunder bekehrt wurde. Er wurde daraufhin gleich gemeinsam mit Dorothea hingerichtet. (H)

Sie ist u. a. die Patronin der Blumenhändler, Bierbrauer, Bräute, Neuvermählten und Wöchnerinnen sowie bei Geburtswehen. An ihrem Gedenktag gibt es Bauernregeln, u. a.: „Kommt Dorothee mit Schnee, steht im Sommer der Klee", „Sankt Dorothee – bringt meist Schnee".

Paul Miki und Gefährten

Paul Miki (um 1565–1597) bemühte sich im Anschluss an die Mission Franz Xavers *[3. 12.]* erfolgreich um die Verbreitung des christlichen Glaubens in Japan. Er stammte aus einer vornehmen japanischen Familie. Seit seinem elften Lebensjahr wurde er von Jesuiten erzogen und trat mit 22 Jahren in den Jesuitenorden ein, wo er als

Einheimischer auf die Glaubensverkündung in Japan vorbereitet wurde. Dort setzte nach anfänglicher Duldung des Christentums ab 1587 aus religiösen und politischen Motiven eine Wende ein, in der der christliche Glaube verboten und schließlich verfolgt wurde. Vor allem die Missionare wurden gefangen genommen und grausam gefoltert, um sie zum Glaubensabfall zu bewegen. Unter ihnen war Paul Miki mit 25 Gefährten, den Märtyrern von Nagasaki. Da sie standhaft blieben, wurden sie zum Tode durch Kreuzigung verurteilt. Noch am Kreuz bekannten sie singend und predigend ihren Glauben. (B)

Vedastus (Vaast, Gaston) (Bf. von Arras; † um 540) – Amandus (Bf. von Maastricht; † 679) – Reinhild (Äbtissin von Aldeneyk; † 780) – Hildegund(is) von Meer(busch) (Klostergründerin, Prämonstratenserin; † 1186) – Didactus (Diego) von Acevedo (Bf. von Osma; † 1207)

7. Februar

Pius IX.

Giovanni Maria Mastai-Ferrati (1792–1878) wurde in Senigallia (Marken, Italien) geboren, sein Elternhaus war an sich liberal. Er studierte zuerst am Piaristenkolleg zu Volterra, das ihn wegen seiner epileptischen Anfälle entließ, dann in Rom, wo er nach einer Dispens wegen seiner Krankheit 1819 zum Priester geweiht wurde. Danach machte er bald Karriere, war ab 1823 in der päpstlichen Diplomatie tätig und wurde 1827 zum Ebf. von Spoleto und 1832 (parallel) zum Bf. von Imola ernannt. Schon 1840 wurde er zum Kardinal kreiert. Bereits am 16. Juni 1846 wurde er zum Papst gewählt. Anfänglich als „liberaler" Papst wahrgenommen, änderte sich seine Haltung mit seinen Erfahrungen im Revolutionsjahr 1848. Pius IX. schlug in der Folge im Kirchenstaat sowie innerkirchlich einen schroffen antiliberalen Kurs ein. 1854 definierte er das Dogma von der Unbefleckten Empfängnis Marias. 1864 veröffentlichte er die Enz. *Quanta cura* und den *Syllabus,* wo er die Zeitirrtümer, besonders den Liberalismus, verurteilte. Er berief in der Folge das I. Vatikanische Konzil ein, das in dem Dekret *Pastor aeternus* gegen erhebliche Opposition den Jurisdiktionsprimat sowie die Unfehlbarkeit des Papstes beschloss.

Damit erreichte der päpstliche Zentralismus seinen Höhepunkt. Das Konzil musste in Folge des Deutsch-Französischen Krieges von 1870/71 abgebrochen werden, und die letzten Reste des Kirchenstaates – die Stadt Rom – wurden dem neuen Königreich Italien einverleibt. Pius IX. betrachtete sich in der Folge als „Gefangener des Vatikans" und exkommunizierte das italienische Königshaus. Seine von Papst Johannes Paul II. *[22. 10.]* im Jahr 2000 vorgenommene Seligsprechung stieß auf Kritik. (H)

Richard (Kg. von Wessex; † um 720)

8. Februar

Hieronymus Ämiliani

Hieronymus Ämiliani (1486–1537) stammte aus einer vornehmen venezianischen Familie. Schon früh wandte er sich dem Waffendienst zu und führte während dieser Zeit ein ausschweifendes Leben. 1508 geriet er in Gefangenschaft. Hier vollzog sich bei ihm ein innerer Wandel. Nach seiner unerwarteten Befreiung stellte er sein Leben in den Dienst der Nächstenliebe. Er setzte sich besonders für Waisenkinder und Pestkranke ein. In mehreren Städten err. er Waisenhäuser. Gleichgesinnte schlossen sich ihm an. Daraus entstand 1528 eine Genossenschaft von Regularklerikern, die Gemeinschaft der „Somasker" (genannt nach der Gründungsstadt Somasca). Hieronymus starb an der Pest, die er sich bei der Pflege Pestkranker zugezogen hatte. Bis zur Kalenderreform von 1969/70 war der 20. Juli sein Gedenktag. (B)

Josefina Bakita

Josefina Bakita (um 1870–1947) war die erste Ordensfrau mit schwarzer Hautfarbe. Sie wurde im Sudan geboren und als Kind von Sklavenhändlern geraubt. Zynisch gab man ihr den Namen „Bakita" – „Du hast Glück gehabt". Bis 1885 wurde sie fünfmal verkauft und denkbar schlecht behandelt. Schließlich kam sie zum italienischen

Konsul Callisto Legnani, wo sie erstmals gut behandelt wurde. Er nahm sie mit nach Italien und übergab sie einer befreundeten Familie als Kindermädchen. Während einer vorübergehenden Unterbringung bei den Canossianerinnen lernte das junge Mädchen den Glauben kennen. Nach einigen Monaten des Katechumenats wurde sie in die Kirche aufgenommen und erhielt den Namen Josefina. Mit Hilfe der Oberin setzte sie durch, dort im Kloster bleiben zu dürfen. Obwohl erst 1920 offiziell die ersten schwarzen Schwestern in einem katholischen Orden zugelassen wurden, durfte Josefina auf Fürsprache des Patriarchen von Venedig, Giuseppe Sarto, des späteren Papstes Pius X. *[21. 8.]*, schon 1891 in den Orden eintreten. Papst Johannes Paul II. *[22. 10.]* hat sie am 17. Mai 1992 selig- und am 1. Oktober 2000 heiliggesprochen. Er nahm ihre Heiligsprechung zum Anlass, die Gesellschaft zu mahnen, Gewalt und Unterdrückung von Mädchen und Frauen nicht länger zu dulden. (B)

Sacharja (Zacharias) (AT, Prophet) – Honoratus (Bf. von Mailand; † 570)

9. Februar

Apollonia

Apollonia († 248) war eine angesehene, schon etwas ältere Frau in Alexandria. Sie wurde zusammen mit anderen Christen verschleppt. Ihr wurden die Zähne ausgeschlagen und die Kiefer zertrümmert, und man drohte ihr mit der Verbrennung auf dem Scheiterhaufen. Daraufhin stürzte sich Apollonia freiwillig in die Flammen und verbrannte. (H)

Sie ist die Patronin der Zahnärzte und hilft gegen Zahnschmerzen. Zu ihrem Gedenktag gibt es Bauernregeln, u. a.: „Ist's an Apollonia feucht, der Winter spät entfleucht", „Kommt die Jungfrau Apollonia, sind auch bald die Lerchen da".

Anna Katharina Emmerick

Anna Katharina Emmerick (1774–1824) wurde in Coesfeld (Westfalen) als Tochter armer Kleinbauern geboren. Sie besuchte kaum die Schule, arbeitete als Magd und machte eine Lehre als Näherin. 1802 trat sie in Dülmen ins Augustinerinnenkloster ein, das aber bereits 1811 aufgehoben wurde. Sie erkrankte zunehmend, und die Wundmale Christi erschienen auf ihrem Körper. In den folgenden zwölf Jahren bis zu ihrem Tod hatte sie mystische Visionen an Freitagen, in denen sie u. a. die Passion Christi miterlitt. In diesen sah sie auch Ereignisse aus dem Leben Jesu, die nicht in den Evangelien überliefert sind, etwa von der Passion oder dem Leben Mariens in Ephesos. Zwischen 1819 und 1824 war der Schriftsteller Clemens Brentano bei Anna Katharina Emmerick und zeichnete die Visionen auf, die er dann veröffentlichte. (H)

Ansbert von Rouen (Ebf. von Rouen; † um 695) – Alto (Abt von Altomünster; † um 760) – Lambert (Propst von Neuwerk; † 1144)

10. Februar

Scholastica

Scholastica (um 480–um 547) war die Schwester des hl. Benedikt von Nursia *[11. 7.]*. Einzige biographische Quelle ist ein legendärer Bericht von Papst Gregor I. dem Großen *[3. 9.]*. Schon als Kind wurde sie Gott geweiht und in klösterliche Erziehung gegeben. Als Ordensfrau lebte sie zunächst in einem Kloster bei Subiaco, später in der Nähe von Montecassino. Ihrem Bruder Benedikt war sie ein Leben lang in tiefer Geschwisterliebe verbunden. Beide trafen sich einmal im Jahr zu einem geistlichen Gespräch. Beim letzten Gespräch soll ihn auf ihr Gebet hin ein Unwetter daran gehindert haben zu gehen, sodass ihre Begegnung bis weit in die Nacht dauerte. Drei Tage später starb sie. Benedikt soll gesehen haben, wie ihre Seele als weiße Taube in den Himmel flog. (B)

Sie ist Patronin gegen Blitz und Regen.

Alois (Alojzije) Stepinac

Alois (Alojzije) Viktor Stepinac (1898–1960) wurde in Krašić (Kroatien) als Sohn eines Großbauern geboren und besuchte in Agram (Zagreb) das erzbischöfliche Knabenseminar, wo er 1916 maturierte (Abitur). Danach musste er in die österreichisch-ungarische Armee einrücken und war an der Isonzo-Front eingesetzt, wo er verwundet wurde und in italienische Gefangenschaft geriet. Nach seiner Rückkehr begann er zuerst mit dem Landwirtschaftsstudium, beschloss aber dann, Priester zu werden, studierte Theologie in Rom und wurde 1930 zum Priester geweiht. Danach wurde er Sekretär des damaligen Ebf. von Agram und 1937 – mit 39 Jahren – selber Ebf. Nach der dt. Besetzung 1941 wurde Kroatien ein eigener Staat unter zuerst italienischer, dann dt. Abhängigkeit sowie unter Führung eines halbfaschistischen Regimes. Die Rolle von Stepinac in dieser Zeit bis 1945 wird ambivalent beurteilt. Einerseits ging er mit dem Regime konform, andererseits soll er Juden geholfen haben, gegen die KZs der Ustascha protestiert und die Serben in Schutz genommen haben. Nach der Machtübernahme der kommunistischen Tito-Partisanen wurde er im Mai 1945 verhaftet, jedoch bald wieder freigelassen. Im September 1946 wurde er neuerlich verhaftet und zu 16 Jahren Gefängnis und Zwangsarbeit wegen seiner Zusammenarbeit mit dem kroatischen Regime verurteilt. 1951 gab das Tito-Regime dem internationalen Druck nach – es war das gerade die Zeit, als Tito mit der Sowjetunion gebrochen hatte – und entließ Stepinac in einen Hausarrest in seinem Heimatdorf. 1953 wurde er zum Kardinal kreiert, reiste aber nicht nach Rom, weil er glaubte, nicht mehr in seine Heimat zurückkehren zu können. Er erkrankte an Leukämie, an der er dann auch starb. Sein Grab befindet sich im Dom von Agram. Seine im Oktober 1998 vorgenommene Seligsprechung war wegen seiner Ambivalenz nicht unumstritten. (H)

Wilhelm von Malavalle (Einsiedler; † 1157) – Hugo von Fosses (Abt von Prémontré; um 1093–1164)

11. Februar

Gedenktag Unserer Lieben Frau in Lourdes

Am 11. Februar 1858 erschien der vierzehnjährigen Bernadette Soubirous *[16. 4.]* in der Felsengrotte Massabielle bei Lourdes (Südfrankreich) eine „schöne Frau", von der sie später, auf wiederholte Nachfrage hin, erfuhr, sie sei die „Unbefleckte Empfängnis". In der Zeit bis zum 16. Juli erschien Maria dem in einfachsten Verhältnissen und ohne Schulbildung aufgewachsenen Mädchen noch weitere 17 Male. Eine vom zuständigen Bf. einberufene Untersuchungskommission stellte schließlich 1862 fest, dass die Erscheinungen alle Kennzeichen der Wahrheit aufweisen. Die Zustimmung durch Papst Leo XIII. für die regionale Verehrung erfolgte 1891, Papst Pius X. *[21. 8.]* dehnte 1907 das Fest auf die ganze Kirche aus. (H)

Soteris (Märtyrerin; † um 305) – Gregor II. (Papst; 669–731) – Paschalis I. (Papst; † 824) – Theodora II. (Ks. von Byzanz; um 815–867)

12. Februar

Eulalia

Eulalia von Barcelona (um 276–290) erlitt unter Ks. Diokletian im Alter von 13 oder 14 Jahren das Martyrium. Sie starb nach zahlreichen Folterungen am Kreuz. (H)

Sie ist Patronin der Seefahrer und der Marine, für sichere Schifffahrt sowie gegen Trockenheit. Zu ihrem Gedenktag gibt es Bauernregeln, u. a.: „Wenn Eulalia hell und klar, gibt's ein gutes Bienenjahr", „St. Eulalia Sonnenschein, bringt viel Obst und guten Wein".

Benedikt (Witiza) von Aniane

Witiza (lat. Euticius) (um 750–821) wurde in Aquitanien geboren, ist adeliger Herkunft und stand zuerst im Dienste Pippins des Jüngeren und Karls des Großen *[28. 1.]*. 773 trat er in bei Dijon in ein Kloster ein und nahm den Ordensnamen Benedikt an. 780 gründete er aber dann auf dem elterlichen Gut Aniane ein eigenes Benediktinerkloster. Dieses wurde Ausgangspunkt einer Klosterreform und war bald eines der größten des Frankenreichs. Kg. Ludwig der Fromme (später Ks.) machte ihn daher 792 zum Generalabt des ganzen Frankenreiches und 814 zum Abt des von ihm gegründeten Klosters Kornelimünster bei Aachen. Von dort konnte er besser seine Funktion als Generalabt wahrnehmen. Ihm war auch zu verdanken, dass bis ins Hochmittelalter hinein alle Klöster Dtl. und Frankreichs nach der Regel des hl. Benedikt *[11. 7.]* lebten. (H)

13. Februar

Christina von Spoleto

Christina (um 1435–1456) wurde in Ostena bei Porlezza am Luganer See (Schweiz) geboren und hieß ursprünglich Augustina Camozzi. Nachdem ihr Ehemann verstorben war und nach einer Zeit eines unsteten Lebens, besann sie sich und trat um 1455 als Terziarin in den Dritten Orden der Augustinerinnen von Spoleto ein. Durch ihr Bußverhalten und ihre Werke der Nächstenliebe stand sie sehr bald im Ruf der Heiligkeit, starb aber bereits in relativ jungen Jahren. (H)

Castor von Karden (Einsiedler; † um 400) – Gosbert (Bf. von Osnabrück; † 874) – Ekkehard (Bf. von Oldenburg und Schleswig; † 1026) – Jordan von Sachsen (Dominikaner; um 1200–1237)

14. Februar

Cyrill und Methodius

Die Brüder Cyrill (826/7–869) und Methodius († 885), die beiden „Slawenapostel“, stammten aus Thessaloniki und begannen, die Slawen zu missionieren. Zuerst am Schwarzen Meer, dann vor allem in Mähren, führten sie das Slawische in die Liturgie ein, wobei Cyrill Texte aus der Bibel und der Liturgie übersetzte, Das war anfänglich sehr umstritten. Die Brüder setzten sich aber in Rom dafür ein, dass das erlaubt wird. Papst Hadrian II. genehmigte das 867. Cyrill starb in Rom. Sein Bruder wurde dann vom Papst zum Ebf. von Pannonien (damals noch eine oström. Provinz) und Mähren ernannt. Nach Differenzen mit dem Ebf. von Salzburg wurde Methodius für einige Zeit verbannt, später jedoch wieder frei gelassen. Johannes Paul II. *[22. 10.]* ernannte die Brüder am 31. Dezember 1980 zu Schutzpatronen Europas. Bis zur Kalenderreform von 1969/70 war der 7. Juli ihr Gedenktag. (H)

Valentin

Valentin († 269) von Terni war der Überlieferung nach ein armer, ehrsamer Priester, der ein blindes Mädchen geheilt haben soll. Hilfe und Trost Suchenden schenkte er eine Blume aus seinem Garten. Trotz eines Verbotes des Ks. Claudius II. traute er Liebespaare, weshalb er enthauptet wurde. Valentin zählte schon bald zu den volkstümlichen Heiligen, an dessen Gedenktag man geliebten Menschen Blumen oder Süßigkeiten schenkt. (H)

Er ist Patron der Liebenden, Verlobten und Bienenzüchter. Für seinen Gedenktag gibt es Bauernregeln, u. a.: „Ist's um Valentin noch weiß, blüht an Ostern schon das Reis", „Regnet es an Valentin, ist die halbe Ernte hin".

15. Februar

Siegfried von Schweden

Siegfried (10. Jh.–nach 1045) wurde in England geboren, war Mönch in Glastonbury (in der Nähe von Bristol) und kam als Missionar von dort um 995 nach Norwegen und dann nach Schweden. Dort gründete er in Gotland das erste Btm. Sakara und taufte den Kg. Olaf Skötkonung. Er starb in Vässjö und erhielt nach seinem Tod den Beinamen „Apostel von Schweden". (H)

Onesimus (Märtyrer, Bf. von Ephesus; † 1. Jh.) – Faustinus und Jovita (Märtyrer; † 117/138)

16. Februar

Juliana von Nikomedien

Juliana (um 285–um 304) wurde in Nikomedien (heute Izmid, Türkei) geboren. Nach der Legende wurde sie bereits als kleines Kind Christin, obwohl die Eltern Heiden waren. Als sie erklärte, ihren vorgesehenen Ehemann nur dann zu heiraten, wenn er sich taufen lässt, wurde ihr Christsein bekannt. Ihr versprochener Ehemann, der inzwischen Stadtpräfekt geworden war, ließ sie foltern, damit sie vom Christentum abschwört. Als das keinen Erfolg hatte, wurde sie mit flüssigem Blei übergossen und enthauptet. Ihre Reliquien befinden sich in Neapel. (H)

Simeon

Simeon († 380) war der siebente Bf. von Metz (Lothringen). Nach einer Überlieferung aus dem 8. Jh. soll er ein Jude gewesen sein. (H)

Er ist der Patron gegen Wassergefahren. An seinem Gedenktag gibt es die Bauernregel: „Friert's um Simeon ganz plötzlich, bleibt der Frost nicht lang gesetzlich."

Pamphilus von Caesarea (Märtyrer; † 308) – Philippa Mareri (Äbtissin; 1200–1236)

17. Februar

Die sieben Gründer des Servitenordens

1233 beschlossen sieben reiche Kaufleute aus Florenz, ihr Leben grundlegend zu ändern und in den Dienst der Armen und Kranken zu stellen. Es waren das: Buonfiglio dei Monaldi (Bonfilius, † 1262), Giovanni di Buonagiunta (Bonajuncta, † 1257), Benedetto dell' Antella (Manettus, † 1268), Bartolomeo degli Amidei (Amideus, † 1266); Ricoverino dei Lippi-Ugoccioni (Hugo, † 1282), Gheradino di Sostegno (Sosteneus, † 1282) und Alessio de'Falconieri (Alexius, † 1310).

Nachdem sie ihre Familien versorgt hatten, verließen sie diese, verschenkten ihren übrigen Besitz und lebten als „Diener Mariens“ (*Ordo Servorum Mariae* – daher der Name „Serviten“) fortan in einem einfachen Haus am Rande von Florenz. Schon bald schlossen sich ihnen gleichgesinnte Männer an. Sie lebten nach der Regel des Augustinus *[28. 8.]* und gaben sich eine schwarze Ordenstracht. Benedikt XI. bestätigte 1304 den Orden. 1888 wurden die sieben Servitengründer, „als ob es eine Person wäre“, von Leo XIII. heiliggesprochen, ein einmaliger Fall in der Kirchengeschichte. Bis zur Kalenderreform von 1969/70 war der 12. Februar ihr Gedenktag. (B)

Für diesen Tag gibt es Wetterregeln, u. a.: „Wenn's an Siebengründer friert, bleibt der Winter ungeniert.“

Bonosus (Bf. von Trier; † 374) – Evermod (Bf. von Ratzeburg; um 1100–1178)

18. Februar

Simon

Der Gedenktag des „Herrenruders“ Simon von Jerusalem wurde bei der Kalenderreform 1969/70 auf den 27. April verlegt (siehe dort). Für den 18. Februar gibt es die Bauernregeln: „Hat der Simon eis'ge Füß', ist ein kurzer Fros, gewiss“, „Der Simon zeigt mit seinem Tage, der Frost ist nicht mehr lange Plage“.

Constantia

Constantia (um 320–354) war die Tochter Ks. Konstantins und dessen Frau Fausta. Nach einer späten Überlieferung soll ihr im Traum Agnes von Rom *[21. 1.]* erschienen sein, sie von einer Krankheit geheilt und zum Christentum bekehrt haben. Daraufhin hätte Constantia beim Grab der Agnes ein Kloster gegründet. Die Verehrung Constantias als Heilige ist erst spät nachweisbar. Constantia ließ sich in Rom ein Mausoleum erbauen, wo sie dann bestattet wurde. Seit 1254 ist es die Kirche „Santa Constanza“. Als Vorname ist die Schreibweise Constanze gebräuchlich. (H)

Fra Angelico

Fra Angelico (zwischen 1386 und 1400–1455) wurde als Guido di Pietro in Vicchio bei Florenz geboren. Er war bereits vor 1418 Maler und trat vor 1423 dem Dominikanerorden bei. Er lebte längere Zeit im Kloster San Marco, das er mit vielen Fresken ausmalte. Obwohl sein eigentlicher Ordensname Johannes war, wurde er wegen seines künstlerischen Schaffens bald „Il beato Angelico" genannt. Er war einer der bedeutendsten Maler der italienischen Frührenaissance. Papst Johannes Paul II. *[22. 10.]* sprach ihn 1982 selig. (H)

19. Februar

Bonifatius von Lausanne

Bonifatius (um 1182–1261) wurde in Brüssel geboren und studierte in Paris. 1216 wurde er Dekan in Brüssel, dann Domscholastiker in Köln. 1231 wurde er Bf. von Lausanne. 1238 musste er wegen Widerständen gegen ihn in seinem Btm. nach Rom fliehen, wo er 1239 auf sein Amt verzichtete. 1243 kehrte er in seine belgische Heimat als Weih-Bf. zurück und lebte bei den Zisterzienserinnen in La Cambre (Ter Kameren/Maria Kammern). 1245 verkündete er im Auftrag des Papstes die Exkommunikation von Ks. Friedrich II. (H)

Konrad der Einsiedler

Konrad Confalonieri von Piacenza (ca. 1290–1351) entstammte einer adeligen Familie. Während einer Jagd befahl er, Feuer zu machen. Dieses verbreitete sich rasch und zerstörte Felder sowie Wälder. Als ein Bauer angeklagt wurde, das Feuer gelegt zu haben, bekannte Konrad seine Schuld, tat Buße und lebte fortan als Einsiedler in Noto (Sizilien). Er wurde sehr beliebt. (H)

Er ist Patron bei Leistenbruch. An seinem Gedenktag gibt es die Bauernregel: „Dem Konrad sein Mut, tut selten gut."

Barbatus (Bf. von Benevent; um 612–682) – Irmgard von Aspel († 1075)

20. Februar

Jacinta Marto

Jacinta Marto (1910–1920) war das jüngste der drei Kinder, denen 1917 in Fatima Maria erschienen ist *[13. 5.]*. Im Dezember 1918 erkrankte sie zusammen mit ihrem Bruder Francisco an der sogenannten Spanischen Grippe, erholte sich jedoch wieder. Im Januar 1920 wurde sie nach Lissabon ins Krankenhaus gebracht, um sie wegen einer eitrigen Rippenfellentzündung zu operieren. Dort starb sie nach langer, schmerzhafter Krankheit. Ihr eigenes Schicksal hat sie verschiedentlich gegenüber ihrer Cousine Lucia vorausgesagt; sie prophezeite auch den Tod eines Arztes, der sie behandelte. Ihre letzte Ruhestätte fand sie zusammen mit ihrem Bruder Francisco 1951 in der alten Basilika von Fatima. (H)

Falko (Bf. von Tongern; † um 512) – Eleutherius (Märtyrer, Bf. von Tournai; 456–531) – Eucherius (Bf. Orléans; um 694–738)

21. Februar

Felix von Metz

Felix († Anfang 4. Jh.) war der dritte Bf. von Metz (Lothringen). Ansonsten gibt es keine gesicherten Nachrichten über ihn. (H)

An seinem Tag gibt es die Bauernregel: „Bischof Felix zeiget an, was wir vierzig Tag für Wetter han."

Petrus Damiani

Der Kirchenlehrer Petrus Damiani (1007–1072) war einer der großen Reformer der Kirche im Mittelalter. Er stammte aus Ravenna. Nach einer harten Jugend wurde er 1035 Eremitenmönch und erneuerte die Ordnung für die Eremitenkongregationen. 1057 wurde er gegen seinen Willen zum Kardinal-Bf. von Ostia erhoben. Er setzte sich für eine vom Staat unabhängige Kirche ein, kämpfte gegen die Simonie (Erkaufen geistlicher Ämter) und den Sittenverfall des Klerus. Gleichzeitig war er einer der produktivsten Schriftsteller des Mittelalters und hinterließ ein umfangreiches Werk theologischer Schriften. Er wird als Heiliger verehrt, obwohl eine offizielle Heiligsprechung niemals stattgefunden hat. Leo XII. erhob ihn 1828 zum Kirchenlehrer. Bis zur Kalenderreform von 1969/70 war der 23. Februar sein Gedenktag. (B)

Gunhild (Äbtissin von Biblisheim; † 1131) – Eleonore (Kg. von England; 1222–1291)

22. Februar

Petri Stuhlfeier (Cathedra Petri)

Dieser Gedenktag ist in Rom seit dem 4. Jh. bekannt und erinnert an die Berufung des Apostels Petrus *[29. 6.]* und seine Übernahme des röm. Bischofsstuhles. Ursprünglich gab es zwei Festtage dafür, nämlich neben dem 22. Februar zusätzlich den 18. Januar. Jedoch legte Papst Johannes XXIII. *[11. 10.]* den 22. Februar als einzigen fest. (H)

Für diesem Tag gibt es Bauernregeln, u. a.: „Weht es sehr kalt um Petri Stuhl, denn bleibt's noch 14 Tag kuhl", „Petri Stuhlfeier kalt, da wird der Winter sehr alt".

Papias (Märtyrer; Bf. von Hierapolis; um 60–um 135) – Maximianus (Ebf. von Ravenna; um 500–556) – Elisabeth (Isabella) von Frankreich (Klarissin; 1225–1270) – Margareta von Cortona (Mystikerin; um 1247–1297)

23. Februar

Polykarp von Smyrna

Polykarp (um 70–155/56) zählt zu den Apostolischen Vätern und ist der letzte Zeuge aus apostolischer Zeit. Er gilt als Schüler des Apostels Johannes *[27. 12.]* und war Bf. von Smyrna (Izmir). Als eine der führenden Gestalten der wachsenden Großkirche im Kleinasien des 2. Jh. verhandelte er mit dem röm. Bf. Anicet um die Festlegung des Ostertermins. Über den Märtyrertod des bereits Sechsundachtzigjährigen berichten die ältesten christlichen Märtyrerakten: Als er sich weigerte, Christus abzuschwören, sollte er verbrannt werden. Aber die Flammen des Scheiterhaufens konnten ihm nichts anhaben. So wurde er mit einem Dolch erstochen. Bis zur Kalenderreform von 1969/70 war der 26. Januar sein Gedenktag. (B)

Sirenus von Sirmium (Märtyrer; † um 307) – Romana von Todi (Einsiedlerin; † um 335) – Willigis (Ebf. von Mainz; † 1011)

24. Februar

Matthias

In der Apostelgeschichte wird berichtet (1,15–26), dass Matthias durch Los anstatt von Judas Iskariot zum Apostel berufen wurde. Der Überlieferung zufolge missionierte Matthias zunächst in Judäa und später in verschiedenen heidnischen Gebieten bis nach Äthiopien. Über sein weiteres Leben gibt es keine genaueren Berichte. Er soll um das Jahr 63 den Tod erlitten haben. Zu Beginn des 4. Jh. sollen die Gebeine des Matthias nach Trier gebracht worden sein. Seit 1127 befinden sie sich in der dortigen Benediktinerabtei St. Matthias. Bei der Kalenderreform 1969/70 wurde der Festtag auf den 14. Mai verlegt, im dt.-spr. Raum wird aber weiter am 24. Februar gefeiert. (H)

Er ist der Patron der Bauhandwerker, Schreiner, Schmiede, Metzger, Schneider und Zuckerbäcker sowie gegen Pocken, Keuchhusten und eheliche Unfruchtbarkeit. An seinem Festtag gibt es Bauernregeln, u. a.: „Sankt Matthe-is kalt, die Kälte lang anhalt“, „St. Matthias hab ich lieb, denn er gibt dem Baum den Trieb“.

Modestus (Bf. von Trier; † 499) – Ethelbert (Kg. von Kent; † 616) ·

25. Februar

Walburga

Walburga (um 710–779) ist eine besonders volkstümliche Heilige. Ihre Eltern, das angelsächsische Königspaar Richard von Wessex und Wunna, ihre Brüder Willibald *[7. 7.]* und Wunibald *[18. 12.]* und ihr Onkel Bonifatius *[5. 6.]* werden ebenfalls als Heilige verehrt. Sie soll im Kloster Wimborne erzogen worden sein. 750 folgte Walburga dem Ruf des Bonifatius *[5. 6.]* als Glaubensbotin nach Dtl. Zunächst lebte sie als Nonne im Benediktinerkloster Tauberbischofsheim. 761 übernahm sie nach dem Tode ihres Bruders Wunibald die Leitung des von ihm gegründeten Doppelklosters in Heidenheim. Ihre Glaubenskraft und mütterliche Ausstrahlung trugen viel zur Gewinnung der heidnischen Bevölkerung bei. So wurde diese klösterliche Gemeinschaft bald zu einem Mittelpunkt der christlichen Mission, einer Stätte der Bildung und der Sorge für die Menschen. Zur Walb(p) urgisnacht siehe S. 115. (B)

Sie ist Patronin der Wöchnerinnen, Seeleute und Bauern sowie für das Gedeihen der Feldfrüchte; gegen Hungersnot, Hundebiss, Tollwut, Pest, Seuchen, Husten und Augenleiden. Zu ihrem Gedenktag gibt es Bauernregeln, u. a.: „Walburgaschnee, tut immer weh", „Sankt Burgel, geht dem Winter an die Gurgel",

Cäsarius von Nazianz (Arzt; † um 368) – Adeltrudis (Äbtissin von Maubeuge; † um 696) – Adelhelm (Abt von Engelberg; † 1131) – Adam (Abt von Ebrach; 1100–1167/69)

26. Februar

Alexander

Alexander († 328) wurde 311 zum Bf. bzw. Patriarchen von Alexandria gewählt. Durch seine Kandidatur verhinderte er, dass dies Arius wurde. Alexander war ein entschiedener Gegner dieses Irrlehrers und erreichte 325 beim Konzil von Nicäa die Anerkennung seiner Auffassung. (H)

An seinem Gedenktag gibt es die Bauernregel: „Alexander und Leander [27. 2.], suchen/riechen Märzluft miteinander."

Edigna von Puch

Edigna († 1109) soll der Legende nach die Tochter von Kg. Heinrich I. von Frankreich gewesen sein, die – um einer Ehe zu entgehen – geflohen und schließlich durch eine wundersame Fügung in den Ort Puch bei Fürstenfeldbruck (Bayern) gelangt ist. Dort lebte sie 35 Jahre als Einsiedlerin, war als Lehrerin für Lesen und Schreiben tätig, gab Ratschläge zur Viehhaltung und unterwies die Bevölkerung im christlichen Glauben. Sie war bereits zu ihren Lebzeiten hochverehrt. (H)

Hilarius (Bf. von Mainz; † 161.) – Dionysius (Märtyrer, Bf. von Augsburg; 4. Jh.)

27. Februar

Leander von Sevilla

Bei der Kalenderreform 1969/70 wurde sein Gedenktag auf den 13. März verlegt (siehe dort). Zum 27. Februar gibt es die Bauernregel: „Alexander [26. 2.] und Leander, suchen Märzluft miteinander."

Gabriel von der schmerzhaften Jungfrau

Gabriel (1838–1862) wurde als Francesco Possenti in Assisi geboren und von den Jesuiten in Spoleto erzogen. 1856 wurde er bei der Betrachtung eines Marienbildes gleichsam verwandelt, trat in den Passionistenorden ein und nahm den Ordensnamen Gabriel von der schmerzhaften Jungfrau an. Die Profess legte er 1857 ab und studierte dann Theologie und Philosophie. Er erhielt aber nur die sog. Niederen Weihen. Sein Leben war von großer Bußfertigkeit und von der Marienverehrung gekennzeichnet. Er starb in Isola del Gran Sasso. (H)

Baldomerus (Galmier) († um 655) – Gregor (Abt von Narek; † um 1005)

28. Februar

Romanus

Romanus († 463/464) war der Bruder von Lupicinus [21. 3.]. Sie gründeten das Kloster Condat, heute St-Claude, in Burgund. Zuerst war Romanus Abt, dann bekleidete Lupicius dieses Amt. (H)

Zu seinem Gedenktag gibt es die Bauernregel: „St. Roman hell und klar, bedeutet stets ein gutes Jahr."

Silvana (Märtyrerin; † um 304) – Sirin von Persien (Märtyrerin; um 520–559)

29. Februar

(In Jahren ohne Schalttag werden die Gedenktage am 28. Februar begangen.)

Antonia von Florenz

Antonia (1401–1472) wurde in Florenz geboren und war ursprünglich in L'Aquila (Abruzzen) Terziarin der Zisterzienserinnen, deren Kloster sie 13 Jahre vorstand. Da ihr dieser Orden zu wenig streng erschien, gründete sie am selben Ort ein Klarissenkloster, dem sie ebenfalls sieben Jahre vorstand. Sie hatte schwere körperliche und seelische Beschwerden, die sie mit großer Geduld ertrug. (H)

Hilarius (Papst; † 468) – Oswald (Ebf. von York; 925–992)

Aschermittwoch und Fastenzeit

Mit dem Aschermittwoch beginnen die vierzig Tage der Vorbereitung auf Ostern. Allerdings sind es von Aschermittwoch bis Ostern mehr als 40 Tage, weil die Sonntage die Fastenzeit unterbrechen. Im dt.-spr. Raum ist die Bezeichnung Fastenzeit gebräuchlich, weil damit an das Fasten in dieser Zeit erinnert wird. Diese Übung hat ihr Vorbild im vierzigtägigen Fasten Jesu in der Wüste (Matthäus 4). Davon ist heute letztlich nur mehr der Karfreitag übriggeblieben. Die Fastenzeit beginnt mit dem Auflegen des Aschenkreuzes am Aschermittwoch. Dabei spricht der Priester: „Bedenke, Mensch, dass du Staub bist und wieder zum Staub zurückkehren wirst.“ Das erinnert an die Erschaffung des Adam aus dem Erdboden, wohin der Mensch einmal zurückkehren wird. Der Ritus des Aschenkreuzes zu Beginn der Fastenzeit wurde erstmals 1091 während der Synode von Benevent vollzogen. Bis zur Kalenderreform 1969/70 gab es eine sog. „Vorfastenzeit“, auch Septuagesima genannt, die drei Sonntage (Septuagesima, Quinquagesima und Quadragesima) kannte und bei der die liturgische Farbe bereits violett war. Sie wurde von Papst Gregor I. *[3. 9.]* eingeführt. (H)

Für den Aschermittwoch gibt es Bauernregeln, u. a.: „Wie es am Aschermittwoch wettert ein, so soll es das ganze Fasten durch sein.“

Anna Katharina Emmerick – 9. Februar

1. März

Albinus

Albinus (Aubin) (um 469–554) war Augustiner Chorherr und wurde 505 Abt eines Klosters in Tincillacense (Westfrankreich). 529 wurde er Bf. von Angers. (H)

Er ist Patron der kranken Kinder sowie bei Blindheit und Keuchhusten. An seinem Gedenktag gibt es die Bauernregeln: „Ist Albinius Regentag, der Bauer sich nicht freuen mag“, „Sankt Albin im Regen, kein Erntesegen“.

Suitbert (Swidbert) von Kaiserswerth

Suitbert (Swidbert) von Kaiserswerth († 713) wurde in England geboren und in York von Egbert von Irland ausgebildet. 690 kam er unter Willibrord *[7. 11.]* mit zwölf Gefährten in das südliche Friesland, die ihn 692/693 zum Bf. bestimmten. Nach seiner Weihe durch Wilfrid von York begab er sich zur Mission in das Gebiet von Ruhr und Lippe. Als er dort von den Sachsen bedrängt wurde, gründete er 695 auf einer ihm von Pippin dem Mittleren geschenkten Rheininsel das Benediktinerkloster Swidbertswerth, das später in Kaiserswerth unbenannt wurde. Nach seinem Tod bildeten sich um den bald als heilig verehrten Suitbert zahlreiche Legenden. Seine Gebeine liegen in der Stiftskirche von Kaiserswerth. Der Gedenktag in den Bistümern Köln und Essen ist der 4. September. (H)

Felix II. (III.) (Papst; † 492)

2. März

Agnes von Böhmen

Agnes (tschech. *Svatá Anežka Česká*) (wohl 1211–1282) wurde als Tochter des Kg. von Böhmen Ottokar I. Přemysl und der Constanze von Ungarn geboren. Schon als Kind wurde sie aus politischen Gründen zweimal verlobt. Diese Verlobungen wurden jedoch jeweils gelöst, sodass sie sich einem asketischen Leben nach dem Vorbild von Franz von Assisi *[4. 10.]* und Klara von Assisi *[11. 8.]* verschrieben hatte. Ebenso war Elisabeth von Thüringen *[19. 11.]* für sie nacheifernswert. Als man sie erneut verheiraten wollte, wurde sie 1234 Klarissin. In der Folge setzte sie ihr Vermögen für die Err. von Kirchen und zur Unterstützung von Klöstern ein. Die „Kreuzherren mit dem roten Stern“ (*Ordo Crucigorum cum rubea stella*), ein genuin tschechischer Orden, wurden von ihr ebenfalls initiiert. Nach ihrem Tod soll es auf ihre Fürsprache hin bereits zu vielen Wundern gekommen sein. (H)

Engelmar Hubert Unzeitig

Hubert Unzeitig (1911–1945) trat 1928 den Marianhiller Missionaren bei, erhielt den Ordensnamen Engelmar und wurde nach dem Studium in Würzburg 1939 zum Priester geweiht. Danach war er Pfarrer in Göckelberg bei Böhmisch Krumau, das damals zum Gau „Oberdonau“ (Oberösterreich) gehört hatte. 1941 wurde er wegen „tückischer Äußerungen und der Verteidigung von Juden“ verhaftet und ins KZ Dachau eingeliefert. Als dort 1944 eine Flecktyphus-Epidemie ausgebrochen war, meldete er sich freiwillig zum Krankendienst und organisierte u. a. Essen für Gefangene. In dieser Zeit erhielt er den Beinamen „Engel von Dachau“, Schließlich starb er am 2. März 1945 selber an Typhus – knapp zwei Monate vor der Befreiung des KZ. 2016 wurde er als Märtyrer seliggesprochen. (H)

Karl von Flandern (Märtyrer; um 1084–1127)

3. März

Kunigunde

Kunigunde (um 975–1033) war die Tochter des Grafen Siegfried von Luxemburg und ehelichte im Jahr 1000 Hz. Heinrich von Bayern, einen Großneffen Ks. Ottos I. des Großen. Als dieser 1002 in Mainz als Heinrich II. zum röm.-dt. Kg. gekrönt wurde, ist sie kurze Zeit später ebenfalls zur Kg. gekrönt worden. Die Kaiserkrönung beider erfolgte 1013 in Rom. Kunigunde verfügte über großen politischen Einfluss. Sie stand ihrem Gemahl tatkräftig zur Seite und vertrat ihn bei seiner Abwesenheit als Regentin. Die Ehe der beiden blieb kinderlos. Nach dem Tode Heinrichs (1024) führte Kunigunde bis zur Wahl des neuen Kg. Konrad II. (1024) die Reichsgeschäfte. Danach zog sie sich bis zu ihrem Lebensende in das von ihr gegründete Kloster Kaufungen (bei Kassel) zurück, wo sie ohne alle Privilegien lebte. Ihre Gebeine ruhen neben denen Heinrichs im Dom zu Bamberg. Im dt.-spr. Raum ist auch der 13. Juli, gemeinsam mit Heinrich II., ein Gedenktag. (H)

Sie ist Patronin der schwangeren Frauen und kranken Kinder. An ihrem Gedenktag gibt es Bauernregeln, u. a.: „Ist's an Kunigunde klar, gibt es ein gesegnet Jahr", „Wenn's an Kunigunde friert, sie's noch vierzig Nächte spürt".

Liberat Weiß

Johannes Laurentius Weiß (1675–1716) wurde in Konnersreuth geboren und trat 1693 in den Franziskanerorden ein, wo er den Ordensnamen Liberat annahm. 1698 erhielt er die Priesterweihe und war zuerst in der Seelsorge in Langenlois (Niederösterreich) und Graz tätig. Liberat Weiß beschloss 1703, in die Äthiopien-Mission zu gehen, um die Vereinigung der koptisch-äthiopischen Kirche mit der katholischen Kirche vorzubereiten. Nach einem gescheiterten Versuch gelangte er zusammen mit zwei Mitbrüdern erst 1712 nach Äthiopien. Dort erfuhren sie zuerst Unterstützung. Ein neuer Kg. ließ die drei Franziskaner jedoch vor Gericht stellen. Dieses verurteilte sie zum Tod durch Steinigung. (H)

Theresia Eustochium Verzeri

Ignatia Eustochium Verzeri (1801–1852) wurde in Bergamo geboren. Als junges Mädchen trat sie in ein Benediktinerinnenkloster jeweils dreimal ein und dreimal aus (verursacht durch epileptische Anfälle und Depressionen). Sie nahm den Ordensnamen Theresia an. 1831 gründete sie dann in Bergamo die „Verzeri Suore", die Kongregation der „Töchter des Heiligsten Herzen Jesu". Diese machte sich die Erziehung junger Mädchen zur Aufgabe und hatte am Anfang viele Schwierigkeiten zu überwinden. Dabei bewies Theresia Eustochium Verzeri Geduld und Durchhaltevermögen. (H)

Camilla von Auxerre (Jungfrau; † 448) – Friedrich (Abt von Mariengaarde; † 1175)

4. März

Kasimir von Polen

Kasimir (1458–1484) ist der Schutzpatron Polens und Litauens. Er war ein Sohn des polnischen Kg. Kasimir IV. und der Habsburgerin Elisabeth, einer Tochter Kg. Albrechts II. 1471 wurde er von den ungarischen Adeligen zum Kg. gewählt, konnte sich aber nicht gegen seinen Gegenkandidaten Matthias Corvinus durchsetzen. Von 1479–1483 führte er in Vertretung seines in Litauen weilenden Vaters in Polen dessen Regierungsgeschäfte. Schon bald achtete das Volk ihn wegen seiner Sittenstrenge und Gerechtigkeit. Kasimir war ein großer Marienverehrer. Da er Keuschheit gelobt hatte, lehnte er eine Heirat mit Kunigunde, der Tochter Ks. Friedrichs III., ab. Er starb auf einer Reise nach Litauen an der Schwindsucht. (B)

Zu seinem Gedenktag gibt es die Bauernregel: „Donnert es um Kasimir, bleibt der Winter lange hier."

Rupert (Abt von Deutz; um 1075/80–1129)

5. März

Lucius I.

Über das Leben von Lucius I. († 254) ist nicht viel bekannt. Seine Wahl zum Bf. von Rom wird mit 25. Juni 253 angegeben. Vorher war er unter der Verfolgung von Kaiser Trebonianus Gallus verbannt und durfte nach dessen Tod wieder nach Rom zurückkehren. Ein Brief von Cyprian von Karthago *[16. 9.]* an ihn ist erhalten geblieben. In der Bußpraxis vertrat er die Linie seines Vorgängers Cornelius *[16. 9.]*. (H)

Oliv(i)a von Brescia (Märtyrerin; 2. Jh.) – Theophilos (Bf. von Cäsarea; † 195) – Phokas der Gärtner (Märtyrer; † 305) – Gerasimos vom Jordan (Einsiedler; † 475) – Dietmar (Bf. von Minden; † 1206)

6. März

Fridolin von Säckingen

Fridolin († 538?) stammte nach der von dem Säckinger Mönch Balther um 1000 verfassten legendenhaften Lebensgeschichte aus Irland. Von dort soll er als missionierender Wandermönch nach Gallien gekommen sein. In Poitiers fand er das Grab und die Kirche des von ihm verehrten hl. Hilarius *[13. 1.]* zerstört vor. Er bestattete die unter dem Schutt gefundenen Gebeine des Heiligen und erbaute darüber eine neue Hilariuskirche und ein Kloster, dessen Abt er wurde. Er zog weiter in den alemannischen Raum und baute dort Klöster und Kirchen zu Ehren des hl. Hilarius. Der Legende nach soll ihn Hilarius im Traum dazu veranlasst haben, das Hilarius-Kloster auf der Rheininsel Säckingen zu bauen, wo Fridolin später bestattet wurde. (B)

Er ist Patron der Schneider, gegen Feuer- und Wassergefahr, Viehseuchen, Kinderkrankheiten, Bein-, Knie- und Armleiden sowie für fruchtbares Wetter. An seinem Gedenktag gibt es Bauernregeln, u. a.: „An Sankt Fridolin, bring den Pflug zum Felde hin", „Um Sankt Fridolin, zieht der strenge Winter hin".

Julianus (Ebf. von Toledo; um 652–690) – Chrodegang (Bf. von Metz; 712/14–766) – Rosa von Viterbo (Mystikerin; 1233–1252) – Coleta (Nicolette) Boillet (Klarissin; 1381–1447)

7. März

Perpetua und Felizitas

Perpetua und Felizitas († 202/203) gehören zu den ältesten zuverlässig bekundeten Blutzeugen. ***Perpetua*** stammte aus einer vornehmen Familie, ***Felizitas*** war ihre Sklavin. Beide bereiteten sich auf die Taufe vor und wurden deshalb verhaftet: Perpetua mit ihrem kleinen Sohn, Felizitas hochschwanger. Sie empfingen im Kerker die Taufe und ließen sich weder durch Gewalt noch durch Überredung vom Glauben abbringen. Ks. Septimius Severus ließ sie schließlich mit weiteren Christen wilden Tieren vorwerfen. Sie wurden schwer verletzt und schließlich mit einem Dolch getötet. Bis zur Kalenderreform von 1969/70 war der 6. März ihr Gedenktag. (B)

Zu diesem Tag gibt es Bauernregeln, u. a.: „Perpetua und Felizitas, bringen das erste Gras", „Perpetua kalt, Winter lang".

Volker von Segeberg (Märtyrer; † 1132/38) – Reginhard (Reinhard) (Abt von Reinhausen; † nach 1186)

8. März

Johannes von Gott

Johannes (1495–1550) trug zur Reformierung der Krankenpflege bei. Bemerkenswert waren insbesondere seine Behandlungsmethoden für psychisch kranke Menschen, mit denen er seiner Zeit weit voraus war. Johannes wurde in Portugal geboren. Als Achtjähriger lief er von zu Hause fort (möglicherweise wurde er auch entführt) und lernte bei einem Hirten lesen und schreiben. Da sein Familienname unbekannt war, nannte man ihn „Johannes von Gott". Sein weiteres Leben war sehr bewegt, bevor eine Predigt des hl. Johannes von Ávila *[10. 5.]* eine grundlegende Änderung auslöste. Von nun an widmete er sich mit großer Hingabe der Krankenpflege. 1540 gründete er in Granada ein Krankenhaus. Viele junge Leute schlossen sich ihm an.

Daraus entstand der Orden der „Barmherzigen Brüder" (*Ordo Hospitalarius S. Joannis de Deo*). (B)

Bermund (Veremundus) (Abt; 11. Jh.) – Gerhard (Abt von Clairvaux; † 1177) – Eddo (Bf. von Straßburg; † 776)

9. März

Vierzigritter (Vierzig Märtyrer von Sebaste)

Vierzig christliche Soldaten wurden nach 321 unter Ks. Licinius zum Tode durch Erfrieren verurteilt. Sie mussten sich nackt in einer eisigen Winternacht bei Sebaste (dem heutigen Sivas in der Türkei) auf einen zugefrorenen Teich stellen. Die große Zahl und der grausame Tod brachten zahlreiche Legenden hervor. Bis zur Kalenderreform 1969/70 war der 10. März ihr Gedenktag. (H)

Zu diesem Tag gibt es Bauernregeln, u. a.: „Gefriert's an Vierzigritter stark, gefriert's noch vierzig Nächte arg", „Auf Vierzigritter Blitz, kündet arge Sommerhitz'".

Gregor von Nyssa

Bei der Kalenderreform 1969/70 wurde sein Gedenktag auf den 10. Januar verlegt (siehe dort). Für den 9. März gibt es die Bauernregel: „Scheint an Gregor die Sonne, herrscht bei Korn- und Weinbauern die Wonne."

Bruno von Querfurt

Bruno (um 974–1009) stammte aus einem sächsischen Adelsgeschlecht und wurde an der Domschule von Magdeburg erzogen. Als Hofkaplan begleitete er Ks. Otto III. nach Rom. Dort trat er in ein Kloster ein und legte 999 die Mönchsgelübde ab. Später ging er mit Abt Romuald *[19. 6.]* in eine Einsiedelei bei Ravenna. 1002 betraute ihn Papst Silvester II. mit der Mission im Osten. 1004 wurde er zum Missions-Bf. ernannt. Er missionierte in verschiedenen Gebieten des

Ostens, besonders in Polen. Anfang 1009 wurde er mit 18 Gefährten auf einer seiner Reisen im heidnischen Preußen gefangen genommen und enthauptet. (B)

Franziska von Rom

Franziska (1384–1440) war eine fromme, mystisch begabte Frau. Sie stammte aus einer röm. Adelsfamilie. Schon als Kind wäre sie gern ins Kloster gegangen. Doch ihr Vater vermählte sie mit elf (oder zwölf) Jahren mit dem Römer Lorenzo de Ponziani. Aus dieser glücklichen Ehe, die vierzig Jahre dauerte, gingen sechs Kinder hervor. Neben ihren häuslichen Aufgaben kümmerte sie sich aufopferungsvoll um Arme und Kranke. 1425 gründete sie eine Vereinigung der „Benediktineroblatinnen", deren Mitglieder sich zu einem gemeinsamen Leben im Dienst am Nächsten zusammenschlossen. Nach dem Tode ihres Mannes (1436) trat Franziska in diesen von ihr gegründeten Orden ein und übernahm bald dessen Leitung. (B)

Sie ist Patronin der Frauen und Autofahrer. An ihrem Gedenktag gibt es die Bauernregel: „Franziska sich Sonne einstellt, soll der Bauer bald auf's Feld."

Katharina von Bologna (Äbtissin; 1413–1463) – Dominikus Savio (1842–1857)

10. März

Johannes Ogilvie

Johannes (John) Ogilvie (um 1580–1615) wurde in Schottland als Sohn eines Calvinisten geboren, der Hofbeamter bei Kg. Maria Stuart war. Er konvertierte mit 17 Jahren, studierte in Olmütz und trat 1599 den Jesuiten bei. Danach hielt er sich zehn Jahre in Wien und Graz auf. 1610 wurde er in Rom zum Priester geweiht und konnte ein Jahr später heimlich in seine Heimat Schottland zurückkehren. Dort gab er Unterricht und besuchte gefangene Katholiken. 1614 wurde er verraten und verhaftet. Im Gefängnis wurde er gefoltert. Darüber verfasste er einen Bericht, den er herausschmuggeln konnte. Johannes Ogilvie lehnte es standhaft ab, dem katholischen Glauben abzuschwören, sodass er zum Tode verurteilt wurde. In Glasgow wurde er öffentlich erhängt. (H)

Makarios I. (Bf. von Jerusalem; † 334) – Simplicius (Papst; † 483) – Gustav von Schweden (Einsiedler; um 810–890)

11. März

Rosamunde

Über Rosamunde oder Rosina († vor 1300) gibt es keine gesicherten Nachrichten, doch sie wird als Einsiedlerin und Märtyrin verehrt, die in Wenglingen bei Kaufbeuren (Allgäu) gelebt haben soll. (H)

An ihrem Gedenktag gibt es die Bauernregel: „Bringt Rosamunde Sturm und Wind, ist er viel später uns gelind."

Johannes Baptista Righi

Johannes Baptista Righi (1469–1539) wurde in Fabriano (nahe Ancona) als Sohn einer adeligen Familie geboren. Bereits in jungen Jahren entsagte er dem weltlichen Leben, wurde mit 15 Jahren zum Priester geweiht und trat in den Franziskanerorden ein. Doch befriedigte ihn nicht das Klosterleben, sodass er in einer Höhle in der Nähe von Cupramontana bei Ancona als Einsiedler lebte. Dort wirkte er auch als Seelsorger und pflegte Kranke. Nach seinem Tod sollen auf seine Fürsprache hin Wunder geschehen sein, sodass er bald verehrt wurde. Seine Einsiedelei wurde später ein Kloster und ist heute ein internationales Zentrum für kulturelle und wissenschaftliche Veranstaltungen. (H)

Sophronius I. (Patriarch von Jerusalem; um 550–638) – Eulogius von Córdoba (Märtyrer; † 859) – Alram I. (Abt von Kremsmünster; † 1123) – Ulrich (Abt von Kaisheim; † 1165)

12. März

Innozenz I.

Innozenz († 417) soll der Sohn seines Vorgängers Anastasius I. gewesen sein und wurde 401 zum Bf. von Rom gewählt. Er zählt zu den markantesten frühen Papstgestalten und versuchte teilweise mit Erfolg, die Vorrangstellung des Bf. von Rom auszubauen. So verlangte er, dass alle wichtigen Fälle vor den röm. Stuhl gebracht werden müssen. Den britannischen Asketen Pelagius, der der Meinung war, der Mensch könne aus sich heraus sein Heil erlangen, exkommunizierte er. Vergeblich versuchte er 403, die Absetzung von Chrysostomus *[13. 9.]* als Patriarch von Konstantinopel durch den oström. Ks. zu verhindern. Ebenso gelang es ihm 410 nicht, die Plünderung Roms durch den westgotischen Kg. Alarich I. abzuwenden. Der ursprüngliche Gedenktag war der 28. Juli, der jetzige ist sein Todestag. (H)

Gregor I. der Große

Bei der Kalenderreform von 1969/70 wurde der 3. September sein Gedenktag (siehe dort). Für den 12. März gibt es zahlreiche Bauernregeln, u. a.: „Um Gregor – kommt die Schwalbe vor", „Gregor zeigt dem Bauern an, dass im Feld er säen kann".

Petrus Diaconus (Rom; † um 605) – Almut von Wetter (Äbtissin; 10./11. Jh.) – Simeon der Neue Theologe (Abt in Konstantinopel; 949–1022)

13. März

Leander von Sevilla

Leander (um 540–600) wurde als Sohn einer röm. Familie im damals byz. Cartagena (Südspanien) geboren und war der ältere Bruder des Isidor von Sevilla *[4. 4.]*. Er trat in Sevilla in ein Kloster ein und übte großen Einfluss auf den westgotischen Königssohn Hermengild aus. Als dieser von Leander getauft wurde, hat ihn der Kg.

581 außer Landes gewiesen. Er hielt sich in Konstantinopel auf und konnte 583 zurückkehren. Bereits 584 wurde er zum Ebf. von Sevilla gewählt. In seiner Amtszeit gelang es ihm, viele Westgoten zum Christentum zu bekehren und den Arianismus zurückzudrängen. Er verfasste u. a. eine Nonnenregel in 21 Kapiteln. Bis zur Kalenderreform 1969/70 war der 27. Februar sein Gedenktag, für den es eine Bauernrgel gibt (siehe dort). (H)

Er ist der Patron gegen Rheumatismus.

Gerald (Bf. von Mayo; um 642–732) – Roderich von Córdoba (Märtyrer; † 857) – Answin (Oswin) (Bf. von Camerino; † 861)

14. März

Einhard

Einhard (um 770–840) stammte aus dem hessischen Maingau und erhielt eine Ausbildung im Kloster Fulda, wo er als Schreiber tätig war. Ab 794 war er am Hof Karls des Großem in Aachen tätig und wurde 796 Leiter der Hofschule. In der Folge wurde er dessen Vertrauter und politischer Berater. Nach Karls Tod 814 blieb er bei Ks. Ludwig I. dem Frommen und erzog dess Sohn, den späteren Ks. Lothar I. 815 erhielt Einhard Güter u. a. in Seligenstadt, wohin er sich anlässlich des Streites um die Nachfolge Ks. Ludwigs 822/23 zurückzog. Dort err. er ein Benediktinerkloster, das er als Laienabt – er war verheiratet – leitete und wo er die Biographie Ks. Karls verfasste. (H)

Mathilde

Mathilde (um 895–968), auch Mechthild genannt, war die Tochter eines westfälischen Grafen aus dem Geschlecht des Sachsen-Hz. Widukind. Sie war mit dem späteren Kg. Heinrich I. (876–936) vermählt. Aus dieser Ehe gingen fünf Kinder hervor, darunter der spätere Ks. Otto I. und Bruno, der Ebf. von Köln wurde. Mathilde war ebenso fromm und demütig wie weltoffen und klug. Ihr Leben war ausgefüllt mit Werken tätiger Nächstenliebe. Auf ihre Stiftung gehen die

Klöster Pölde, Engern, Nordhausen und Quedlinburg zurück, wo sie starb und begraben wurde. (B)

An ihrem Gedenktag gibt es Bauernregeln, u. a.: „Mathilde sagt dem Bauer an, ob er's Feld bestellen kann", „Mathilde noch Schnee, tut den Früchten weh".

Leobin (Bf. von Chartres; † 557) –Eva von Lüttich (Reklusin; um 1208–um 1265)

15. März

Lukretia

Lukretia (Leocritia) († 859) war die Tochter vermögender Eltern in Córdoba, das damals von den Mauren beherrscht war. Sie bekehrte sich vom Islam zum Christentum und wurde deswegen enthauptet. (H)

An ihrem Gedenktag gibt es die Bauernregel: „Lucretia feucht, bleiben die Kornsäcke leicht."

Louise de Marillac

Louise de Marillac (1591–1660) wurde in Paris geboren und war zuerst verheiratet. Nach zwölf Jahren Ehe starb ihr Mann, und sie lernte als Witwe Vinzenz von Paul *[27. 9.]* kennen, der sie stark beeinflusste. Durch ihn wurde ihr der Weg zu einem karitativen Leben gewiesen. Zusammen mit ihm gründete sie 1633 in Paris die Kongregation der Barmherzigen Schwestern (Vinzentinerinnen, *Filiae caritatis*), die heute eine der größten religiösen Frauengemeinschaften ist. Louise de Marillac stand der Kongregation 27 Jahre lang in aufopfernder und zeitaufreibender Tätigkeit im Dienste des Nächsten vor. (H)

Klemens Maria Hofbauer

Klemens Maria Hofbauer (1751–1820) war einer der ersten dt.-spr. Redemptoristen. Er wuchs in Südmähren in armen Verhältnissen auf und arbeitete zunächst als Bäckergeselle. Erst spät ließ sich sein

Wunsch, Priester zu werden, durch die Unterstützung großzügiger Menschen verwirklichen. Nach seinem Eintritt ins Kloster und seiner Weihe (1785) schickten ihn die Redemptoristen als Seelsorger für die deutsche Bevölkerung nach Warschau. Dort betreute er insbesondere streunende und verwaiste Kinder und richtete für sie eine Armenschule ein. 1808 wurde er aus Warschau vertrieben. Sein neuer Wirkungskreis war nun Wien, wo er sich als Seelsorger aller Bevölkerungskreise, Künstler und Gelehrter („Hofbauer-Kreis") ebenso wie sehr einfacher Menschen, vor allem der Armen, bewährte. Er bemühte sich besonders um die Individualseelsorge und führte Hausbesuche als neue Form der Seelsorge ein. Sein langjähriges Wirken dort trug ihm den Beinamen „Apostel von Wien" ein. (B)

Zacharias (Papst; 679–752)

16. März

Heribert von Köln

Heribert von Köln (970–1021) wurde in Worms als Sohn eines Grafen geboren und wurde bereits 994 für Ks. Otto III. Kanzler für Italien, 998 dann für Dtl. Bereits im Jahr 995 zum Priester geweiht, wurde er 999 durch entsprechenden Einfluss seines Freundes Otto III. zum Ebf. von Köln gewählt. Als der Ks. 1002 in Italien starb, brachte Heribert den Leichnam sowie die Reichsinsignien nach Aachen. Das Verhältnis zum nachfolgenden Ks. Heinrich II. war nicht so gut. Obwohl Heribert aus politischem Kalkül Ebf. wurde, wird von ihm berichtet, dass er von besonderer Frömmigkeit gewesen war und Klöster und kirchliche Einrichtungen unterstützte. Auf ihn geht die Heribert-Kirche in Köln-Deutz zurück, wo er seine Ruhestätte fand. Im Ebtm. Köln ist sein Gedenktag der 30. August, der Tag der feierlichen Erhebung seiner Gebeine. (H)

Hilarius (Bf. von Aquileja; † 284) – Julian von Tarsus (Märtyrer; † 305/11)

17. März

Patrick

Patrick oder Patricius (um 400–461 oder 491), der Glaubensbote und Nationalheilige Irlands, wuchs im röm. Britannien als Sohn eines christlichen Beamten der röm. Besatzungsmacht auf. Mit 16 Jahren wurde er nach Irland verschleppt, als Sklave verkauft und musste dort als Hirte dienen. Während dieser schweren Zeit festigte sich sein Glaube. Nach sechs Jahren gelang ihm die Flucht. 432 jedoch kehrte er als Priester und Missionar nach Irland zurück, wo er Nachfolger des ersten Iren-Bf. Palladius wurde. Bei seiner schweren Aufgabe half ihm der Umstand, dass er während seiner Gefangenschaft die dortige Sprache erlernt hatte. Außerdem sollen seine Predigten sehr anschaulich gewesen sein. So soll er z. B. die Dreifaltigkeit anhand eines dreiblättrigen Kleeblatts, des späteren Symbols Irlands, erklärt haben. All das hat wohl dazu beigetragen, dass seine Verkündigung bei den Iren auf fruchtbaren Boden fiel und zu einer tiefen Verwurzelung führte. (B)

Gertrud von Nivelles

Gertrud (626–659) war eine Tochter Pippins des Älteren und der hl. Iduberga (Ida). Mit 14 Jahren trat sie in das von ihrer Mutter gestiftete Kloster Nivelles (südlich von Brüssel) ein und wurde dort nach dem Tode der Mutter (652) zur Äbtissin gewählt. Die hochgebildete und belesene Frau war eine hervorragende Kennerin der Bibel und zeigte besonderes Interesse für die Liturgie. Eines ihrer vornehmlichen Anliegen war die Bildung der weiblichen Jugend. Daneben kümmerte sie sich mit großem Eifer um Arme, Kranke und Sterbende, Witwen, Pilger und Gefangene. Sie starb – erschöpft und ausgebrannt – schon im Alter von 33 Jahren. (B)

Sie ist Patronin der Krankenhäuser; der Armen, Witwen, Pilger und Gefangenen, Herbergen und Reisenden, Gärtner sowie gegen Ratten- und Mäuseplagen und gegen Fieber. An ihrem Gedenktag gibt es Bauernregeln, u. a.: „Sonniger Gertrudtag, Freude dem Bauern bringen mag“, „Sieht St. Gertraud Eis, wird das Jahr nicht heiß“.

Konrad von Bayern (Mönch; um 1105–1154/55) – Johannes Sarkander (Märtyrer; 1576–1620)

18. März

Cyrill von Jerusalem

Cyrill (um 314–386/387) war ein bedeutender Kirchenlehrer des 4. Jh. Er wuchs als Sohn christlicher Eltern in Jerusalem auf und wurde um 348/350 Bf. von Jerusalem. Gegen den Arianismus trat er entschieden für das Bekenntnis zur wahren Gottheit Christi ein. Aus diesem Grund mehrfach verbannt, verbrachte er fast die Hälfte seines Episkopats im Exil. Auf dem 1. Konzil von Konstantinopel (381) wurde er endgültig rehabilitiert. Von Cyrill sind 24 große Ansprachen überliefert, in denen er Taufbewerber in die Grundwahrheiten des christlichen Glaubens einführte. Diese Katechesen gehören zu den wichtigsten frühchristlichen Zeugnissen über Taufe und Eucharistie. Dabei gebrauchte er wohl als Erster den Begriff „Wandlung". 1883 wurde Cyrill von Papst Leo XIII. zum Kirchenlehrer ernannt. (B)

Alexander von Kappadokien (Bf. von Jerusalem; † 250/51) – Narcissus und Felix von Gerona (Märtyrer; † 307) – Frigidian (Frigdianus) von Lucca (6. Jh.–588) – Eduard (Kg. von England, Märtyrer; 963–978) – Anselm II. (Bf. von Lucca; um 1035–1086)

19. März

Josef

Über Josef berichten die Kindheitsgeschichten bei Lukas und Matthäus jeweils in den ersten beiden Kapiteln. Danach war er der Verlobte Marias und stammte aus dem Geschlecht Davids. Nach der Überlieferung lebte er als Zimmermann mit Maria und Jesus in Nazaret. Im Matthäusevangelium wird berichtet, dass er an entscheidenden Wenden im Traum Weisungen erhielt. Nach dem Bericht über die Wallfahrt des zwölfjährigen Jesus mit seinen Eltern zum Tempel nach Jerusalem schweigt die Bibel über das weitere Leben Josefs. Darüber hinaus bleibt seine Gestalt weitgehend im Dunkeln. Die Verehrung des hl. Josef erfolgte im Osten früher als im Westen. Im 12. Jh. taucht erstmals der 19. März als Datum seines Festtages auf. 1870 ernannte Papst Pius IX. *[7. 2.]* ihn zum Schutzpatron der gesamten Kirche. Aus diesem Grund gab es bis zur Kalenderreform 1969/70 am dritten Mittwoch nach Ostern das „Hochfest des hl. Joseph". (H)

Er ist u. a. Patron der Ehepaare und Familien, Kinder und Waisen, der Jungfräulichkeit; der Arbeiter, Handwerker, Zimmerleute, Totengräber, Ingenieure, Erzieher, Pioniere, Reisenden und Verbannten, der Sterbenden; bei Augenleiden, bei Wohnungsnot sowie für einen guten Tod. An seinem Gedenktag gibt es Bauernregeln, u. a.: „Ist's an St. Josef schön und klar, erfreut uns ein gutes Jahr", „Josef macht behände, dem Winter ein Ende".

Sibylle

Sibylle (Sibillina) Biscossi (1287–1367) war früh Waise, arbeitete als Magd und erblindete mit zwölf Jahren. Sie lebte dann als Reklusin in der Dominikanerkirche in Pavia. Dort suchten viele ihren Rat, und sie wurde bald als Heilige verehrt. (H)

Sie ist Patronin der Mägde. An ihrem Gedenktag gibt es eine Bauernregel: „Bringt Rosamunde [11. 3.] Sturm und Wind, so ist Sybilla uns gelind."

Marcel Callo

Marcel Callo (1921–1945), ein katholischer Jugendarbeiter und Gegner des Nationalsozialismus, wird als „Märtyrer der Arbeiterjugend" verehrt. Er wuchs in Frankreich in einer kinderreichen, sehr religiösen katholischen Arbeiterfamilie auf. Schon früh war er als Ministrant und Pfadfinder aktiv. Mit 13 Jahren trat er der Christlichen Arbeiterjugend (CAJ) Frankreichs bei, wo er bald eigene Jugendgruppen leitete. In dieser Zeit begann er eine Buchdruckerlehre. Nach der Besetzung Frankreichs durch die Deutschen half er vielen Menschen, in den unbesetzten Teil Frankreichs zu fliehen. Im März 1943 wurde er als Fremdarbeiter nach Dtl. deportiert und verzichtete darauf zu fliehen, um seine Leidensgenossen zu unterstützen. Im Arbeitslager Zella-Mehlis (Thüringen) setzte man ihn als Zwangsarbeiter in einer Waffenfabrik ein. Dort gründete er mit jungen Leuten eine Gruppe der Katholischen Aktion, feierte mit ihnen Gottesdienste und betätigte sich als Chorleiter und Krankenpfleger. Aufgrund seines religiösen Engagements wurde er von der Gestapo verhaftet und nach einem Gefängnisaufenthalt in Gotha ins KZ Mauthausen gebracht. Dort starb er am 19. März 1945 an den Folgen von Entbehrungen und schwerster Arbeit – sechs Wochen vor der Befreiung des KZ. (B)

20. März

Baptista Mantuanus

Baptista Mantuanus (1448–1516) wurde in Mantua geboren und trug den bürgerlichen Namen Spagnoli. Bereits mit 16 Jahren trat er in den Karmeliterorden ein. Zwischen 1483 und 1513 war er sechsmal Ordensvikar und 1513 kurz Ordensgeneral. Baptista Mantuanus trat als Verfasser von rund 55.000 lat. Versen hervor und wurde oftmals mit dem ebenfalls aus Mantua stammenden Vergil verglichen. Er gilt als Vertreter eines katholischen Humanismus und war auch mit Erasmus von Rotterdam sowie mit Pico della Mirandola befreundet. (H)

Claudia (3. Jh.) – Martin (Bf. von Braga; 515–579) – Wolfram von Sens (Ebf. von Sens; † um 700) – Irmgard (Ermengard) von Tours (Ks., Klostergründerin; † 851) – Joseph Bilczewski (Ebf. von Lemberg; 1860–1923)

21. März

Lupicinius

Lupicinius (um 400–um 480) war der Bruder von Romanus [28. 2.]. Er stammte aus Burgund und gründete die Klöster Condat und St-Lupicin, deren Abt er war. (H)

Zu seinem Gedenktag gibt es die Bauernregel: „An Romanus [28. 2.] und Lupicinius, die Sonne scheinen muss.“

Benedikt

Bei der Kalenderreform 1969/70 wurde der Gedenktag des Benedikt von Nursia (um 480–547) auf den 11. Juli verlegt (siehe dort). Für den 21. März gibt es Bauernregeln, u. a.: „Willst Gerste, Erbsen, Zwiebeln dick, so sä' sie an Sankt Benedik", „Sankt Benedikt, den Garten schmückt".

Richeza

Richeza (um 1000–1063) war die Tochter eines Pfalzgrafen von Lothringen und ehelichte 1013 den polnischen Kg. Miesko II. In Polen förderte sie das dort noch junge Christentum. Nach dem Tod ihres Mannes 1034 kehrte sie in ihre Heimat zurück, wo sie sich karitativ und stifterisch betätigte. So gründete sie im Jahr 1048 die westlich von Köln gelegene Abtei Brauweiler. Ihre Reliquien befinden sich im Kölner Dom. Sie wurde und wird im Raum Köln und in linksrheinischen Gebieten als Heilige verehrt. (H)

Serapion der Scholastiker (Bf. von Thmuis; um 300–370) – Absalon (Axel) (Ebf. von Lund; 1128–1201)

22. März

Clemens August Graf von Galen

Clemens August Graf von Galen (1878–1946) entstammte einem westfälischen Adelsgeschlecht und wurde auf Burg Dinklage bei Vechta (Oldenburger Münsterland) geboren. Nach dem Abitur 1897 studierte er zuerst Philosophie, Geschichte und Literatur in Freiburg/Schweiz, um sich dann 1898 für den Priesterberuf zu entscheiden. Er absolvierte das Theologiestudium in Münster und empfing dort 1904 die Priesterweihe. 1906 wechselte er im Rahmen einer Unterstützung des Btm. Münster als Pfarrseelsorger nach Berlin, wo er auch den Nuntius Eugenio Pacelli, den späteren Papst Pius XII., kennenlernte. 1929 wurde er zum Pfarrer von St. Lamberti in Münster berufen. Als 1933 die Wahl des Bf. von Münster anstand, wurde Galen zwar auf die Vorschlagsliste gesetzt, stand aber dann nicht auf der Dreierliste für die Wahl des Domkapitels. Erst als zwei von dieser Liste auf ihre Kandidatur verzichteten, ergänzte Rom mit Galen die Liste. Galen wurde nun als Bf. zu einem Gegner des Nationalsozialismus. In seinen Osterhirtenbriefen der Jahre 1934 und 1935 sowie in seiner Xantener Predigt von 1936 übte er massive Kritik an der NS-Ideologie. An der Textierung der Enz. *Mit brennender Sorge,* die am Palmsonntag 1937 veröffentlicht wurde, arbeitete er wesentlich mit. Auch international bekannt wurde er im Juli/August 1941 mit seinen drei in Münster gehaltenen Predigten, wo er die Klosteraufhebungen und vor allem die Euthanasie scharf kritisierte, die nicht zuletzt deshalb eingestellt wurde. Galen rechnete fest damit, wegen seiner Äußerungen spätestens nach dem „Endsieg" verhaftet zu werden. Wegen seiner konsequenten Haltung gegenüber dem NS-Regime wurde er am 18. Februar 1946 zum Kardinal kreiert. Etwas mehr als einen Monat später starb er an einem zu spät erkannten Blinddarmdurchbruch. (H)

Lea von Rom (Äbtissin; † um 384)

23. März

Otto

Otto (Otho) († um 1120) war Einsiedler in Ariano Irpino bei Neapel. (H)

An seinem Gedenktag gibt es die Bauernregel: „Weht kalter Wind am Ottotag, das Wild noch vier Wochen Eicheln mag."

Toribio von Mongrovejo

Toribio von Mongrovejo (1538–1606) ist der Patron von Peru und Lima und war einer der bedeutendsten Kirchenführer Südamerikas. Er studierte Theologie mit dem Schwerpunkt Kirchenrecht und promovierte in Salamanca zum Doktor der Rechte. Von Ende 1573 bis 1580 war er Inquisitor in Granada. 1579/80 wurde er zum Ebf. von Lima ernannt. In seiner 26-jährigen Amtszeit arbeitete er unermüdlich an der Reorganisation seines großen Btm. Er ließ Kirchen und Schulen bauen und gründete Sozialeinrichtungen. Seine besondere Sorge galt der Mission bei den Indianern. Zur Hebung des religiösen und sittlichen Lebens von Klerus und Volk unternahm er ausgedehnte Visitationsreisen und musste dabei gegen große Widerstände ankämpfen. Unter seiner Führung fanden 13 Synoden und drei Konzilien statt. Besondere Bedeutung kam dem Provinzialkonzil von Lima zu (1582/83), das zur geistlichen Grundlage der südamerikanischen Kirche wurde. (B)

Walter (Gualterius) (Abt von Pontoise; um 1030–1095) – Merbod von Mehrerau (Märtyrer; † 1123) – Rebekka Ar-Rayyès (libanesische Ordensfrau; 1832–1914)

24. März

Gabriel

Der Gedenktag des Erzengels Gabriel wurde bei der Kalenderreform 1969/70 zusammen mit dem des Erzengels Rafael auf den 29. September verlegt, dem bisherigen alleinigen Gedenktag des Erzengels Michael (siehe dort). Er ist Patron des Fernmelde- und Nachrichtendienstes, der Boten, Postboten und Briefmarkensammler sowie gegen eheliche Unfruchtbarkeit. Für den 24. März gibt es zu Gabriel die Bauernregel: „Scheint auf Sankt Gabriel die Sonn', hat der Bauer Freud' und Wonn'."

Katharina von Schweden

Katharina von Schweden (1331–1381) war die Tochter der hl. Birgitta *[23. 7.]*, ihr Geburtsort in Schweden ist nicht überliefert. Bereits mit 14 wurde sie verheiratet, doch die beiden Eheleute gelobten Enthaltsamkeit. Nachdem ihr Ehemann nach sechs Jahren verstorben war, blieb sie bei ihrer Mutter. Nach deren Tod 1373 wurde Katharina Äbtissin des von Birgitta gegründeten Klosters in Vadstena. Im Jahr 1378 wurde der von ihrer Mutter begründete Birgitten-Orden von Rom bestätigt. Katharina wurde in Vadstena beigesetzt. (H)

Oscar Romero

Oscar Romero (1917–1980) wurde in El Salvador als Sohn eines Fernmeldearbeiters geboren und studierte Theologie. 1942 wurde er zum Priester geweiht und war anschließend ein Jahr zum Studium in Rom. Nachdem er einige Zeit Generalsekretär der Bischofskonferenz war, wurde er 1970 zum Weih-Bf. des Btm. Santiagio Maria ernannt. 1977 erfolgte die Ernennung zum Ebf. von San Salvador. In dieser Funktion trat er für die Rechte der Armen ein und kam so in Konflikt mit den herrschenden Kreisen bzw. dem Militär. Am 24. März 1980 wurde er, während er die Messe zelebrierte, erschossen. 2015 wurde er als Märtyrer selig- und 2018 heiliggesprochen. (H)

Elias (Abt von Rommersdorf; † 1201)

25. März

Verkündigung des Herrn – Mariä Verkündigung

Das Fest der Verkündigung des Herrn (*In Annuntiatione B. M. V.*) hat seinen Grund im Gedenken an die Ankündigung der Geburt Jesu an Maria durch den Erzengel Gabriel (Lk 1,26–38). Mit dem Datum des 25. März, neun Monate vor Weihnachten, ist dieses Fest in der Ostkirche seit dem 5. Jh. bezeugt, im Westen seit dem 7. Jh. Aus dem lukanischen Text der Verkündigung entstand im Mittelalter der „Engel des Herrn“ (*angelus*) als dreimal am Tag gesprochenes Gebet. (H)

Maria ist an diesem Tag Patronin der Bäcker, Brettschneider, Garköche, Metzger, Weber, Postboten und Zeitungsausträger. Für diesen Tag gibt es Bauernregeln, u. a.: „Wenn Maria sich verkündet, Storch und Schwalbe heimwärts findet“, „An Mariä Verkündung hell und klar, ist ein Segen für das ganze Jahr“.

Dismas

Dismas hieß nach der legendenhaften Überlieferung der sog. „rechte Schächer“. Zu ihm sagte Jesus am Kreuz nach Lukas 23, 43: „Noch heute wirst du mit mir im Paradies sein.“ Dismas wurde daher von

Jesus persönlich und noch zu dessen Lebzeiten als Einzigem die ewige Seligkeit versprochen. (H)

Er ist der Patron der zum Tode Verurteilten und Gefangenen.

Quirinus von Tegernsee († 269) – Prokopius (Abt von Sázava; um 970–1053)

26. März

Liudger

Liudger oder Ludger (742–809) war der erste Bf. von Münster. Er stammte aus einer vornehmen friesischen Familie und war Schüler Gregors in Utrecht und Alkuins in York. 777 wurde er in Köln zum Priester geweiht und kehrte dann als Missionar nach Friesland zurück. Dort erbaute er Kirchen und gründete Pfarreien. Nachdem ihn einfallende Sachsen vertrieben hatten, begab er sich auf eine Pilgerreise nach Rom und in das Kloster Montecassino. 792 übertrug ihm Karl der Große *[28. 1.]* die Leitung der Friesen- und Sachsenmission. 794 gründete Liudger ein Kanonikerstift, ein *Monasterium*, den Ausgangspunkt des Btm. Münster, zu dessen erstem Bf. Liudger 804/805 geweiht wurde. Liudger schuf eine vorbildliche Pfarr- und Bistumsstruktur, gründete den Dom und die Domschule, baute weitere Kirchen und Klöster, u. a. in Werden an der Ruhr, wo er später beigesetzt wurde. (B)

An seinem Gedenktag gibt es die Bauernregel: „Ist es um Ludger draußen feucht, bleiben auch die Kornböden leicht."

Emmanuel (Märtyrer; 1. Jh.) – Castulus (Märtyrer; † 286) – Larissa (Lara) (Märtyrerin; 4. Jh.) – Petrus (Bf. von Sebaste; um 345–392)

27. März

Rupert

Rupert (um 660–um 718) stammte wahrscheinlich aus Worms und wurde dort zum Bf. geweiht. 696 erhielt er den Auftrag, in Bayern zu missionieren. Zuerst war er in Lorch an der Enns (dem röm. Lauriacum) und kam dann um 700 in die Gegend von Salzburg. Im verwaisten bzw. verwüsteten röm. Iuvavum, der späteren Stadt Salzburg, gründete er die Benediktinerabtei St. Peter, deren Abt-Bf. er war, sowie um 712 das Frauenkloster auf dem Nonnberg. Er war der erste Bf. von Salzburg. Um 715 kehrte er nach Worms zurück, wo er dann starb. Seine Gebeine wurden am 24. September 774 nach Salzburg überführt. Dieser Tag wurde im dt. pr. Raum ebenfalls sein Gedenktag und ist im Ebtm. Salzburg Hochfest und Landesfeiertag. (H)

Er ist Patron des Landes und des Ebtm. Salzburg sowie des Salzbergbaus, der Salzarbeiter sowie der Hunde. Zu seinem Gedenktag am 27. März gibt es die Bauerregel: „Ist an Rupert der Himmel rein, so wird er's auch im Juli sein."

Frowin von Engelberg

Frowin von Engelberg († 1178) wurde in St. Blasien (Schwarzwald) geboren, wo er in die dortige Abtei eintrat. Im Jahr 1146 wurde er zum Abt des Klosters Engelberg in der Nähe des Vierwaldstättersees gewählt und gründete dort eine berühmte Mal- und Schreibschule. Frowin trat auch schriftstellerisch hervor, zwei seiner spirituell-theologischen Werke sind erhalten geblieben: *De Oratione Domenica* (Über das Gebet des Herrn) und *De laude liberi arbitrii septem* (Sieben Bücher über das Lob des freien Willens). (H)

Haimo (Bf. von Halberstadt; 778–853)

28. März

Josef Sebastian Pelczar

Josef Sebastian Pelczar (1842–1924) wurde in Korczyna bei Krosno in dem damals zu Österreich gehörenden Königreich Galizien geboren. Das Gymnasium absolvierte er in Rzeszów, die theologischen Studien am Priesterseminar von Przemyśl. Nach seiner Priesterweihe im Jahr 1864 setzte er seine Studien in Rom fort (Dr. theol., Dr. iur. can.) und war ab 1869 Professor am Priesterseminar in Przemyśl. 1877 wurde er an die Universität Krakau berufen, deren Rektor er 1882/83 war. 1891 und 1894 gründete er zwei Frauen-Ordensgemeinschaften. 1899 wurde er zum Weih.Bf. und dann 1900 von Ks. Franz Joseph I. zum Bf. von Przemyśl ernannt. Pelczar war sehr aktiv in der Armenfürsorge und err. Schulen sowie andere Ausbildungsstätten. Desgleichen veröffentlichte er zahlreiche Schriften. Przemyśl wurde 1914/15 durch eine russische Belagerung stark in Mitleidenschaft gezogen. Die österreichische Armee musste sich im März 1915 ergeben, jedoch wurde die Stadt im Sommer 1915 wieder zurückerobert. (H)

Priscus, Malchus und Alexander (Märtyrer; † um 257/58) – Guntram (fränkischer Kg.; um 533–592) – Gundelind (Äbtissin von Niedermünster im Elsaß; † nach 722)

29. März

Berthold von Kalabrien

Berthold von Kalabrien († 1195) wurde in Salignac bei Limoges (Südwestfrankreich) geboren. Wenige Jahre nach Beendigung des gescheiterten 2. Kreuzzugs ließ er sich um ca. 1055 auf dem Berg Karmel (nahe der heutigen Stadt Haifa) nieder, dort, wo auch Elija/Elias *[20. 7.]* gelebt haben soll. Hier bildete Berthold zusammen mit weiteren Einsiedlern eine Mönchsgemeinschaft. Aus dieser entstanden später die Ordensgemeinschaften der Karmeliter bzw. Karmelitinnen. Damals wurden alle Einwanderer nach Palästina aus Europa als „von Kalabrien" bezeichnet. (H)

An seinem Gedenktag gibt es die Bauernregel: „Wie St. Berthold gesonnen, so der Frühling wird kommen."

Ludolf (Märtyrer, Bf. von Ratzeburg; um 1200–1250)

30. März

Quirinus von Neuss

Über Quirinus († 115) gibt es keine historisch sicheren Kenntnisse. So soll er Tribun gewesen sein und zusammen mit seiner Tochter in Rom den Märtyrertod erlitten haben. Um 1000 gelangten Quirinus-Reliquien in das Kanonissenstift von Neuss (Nordrhein-Westfalen), später wurde dafür die noch heute bestehende dortige Quirinus Kirche erbaut. Besonders im Raum Köln und am Niederrhein ist der Quirinus-Kult bzw. sind die Quirinus-Patrozinien stark verbreitet. Im dt.-spr. Raum ist der 30. März sein Gedenktag, ansonsten ist es der 30. April. (H)

Er ist der Patron der Ritter, Pferde und Rinder sowie gegen Gicht, Lähmung, Eitergeschwüre, Hautausschlag, Pest, Ohrenschmerzen, Kropf, Fisteln, Knochenfraß, Pocken und Pferdekrankheiten. An seinem Gedenktag gibt es die Bauernregel: „Wie der Quirin, so der Sommer."

Maria Restituta Helene Kafka

Helene Kafka (1894–1943) wurde in Hussowitz (heute ein Teil von Brünn) als Tochter eines Schusters geboren. Als sie zwei Jahre alt war, zogen ihre Eltern – wie viele Brünner damals – nach Wien. Nach Absolvierung der Pflichtschule war sie zuerst Pflegerin im Krankenhaus Wien-Lainz. 1913 trat sie der „Kongregation der Schwestern des III. Ordens des hl. Franziskus von der christlichen Liebe" (sog. Hartmann-Schwestern) mit dem Ordensnamen Maria Restituta bei und wurde dann Operationsschwester in Mödling bei Wien. Nach dem Anschluss Österreichs im März 1938 machte sie aus ihrer Gegnerschaft zum Nationalsozialismus keinen Hehl. So weigerte sie sich z. B., im Krankenhaus die Kuzifixe abzunehmen. Als sie für eine Widerstandsgruppe ein Schmähgedicht abtippte, wurde sie von einem Arzt denunziert und am Aschermittwoch 1942 verhaftet. Am 29. Oktober 1942 wurde sie vom Volksgerichtshof Wien zum Tode verurteilt und am 30. März 1943 hingerichtet. Sie war die einzige Klosterschwester des „Dritten Reiches", die zum Tode verurteilt wurde. In der Erzdiözese Wien ist der Gedenktag der 29. Oktober. (H)

Regulus (Rieul) (Bf. von Senlis; 4. Jh.) – Johannes Klimakos (Abt des Katharinenklosters; 570/79.–um 650) – Diemut von Wessobrunn (um 1060–1130)

31. März

Benjamin

Benjamin (um 400–422) war Diakon und in Persien als Missionar tätig. Bei einer Christenverfolgung wurde er gefangen genommen. Er weigerte sich trotz Folterung, den heidnischen Gottheiten zu opfern, und erlag dabei den Verletzungen. (H)

Cornelia (Märtyrerin; ?) – Balbina (Märtyrerin; um † 115) – Agilof (Märtyrer, Bf. von Köln; um 700–751) – Guido (Wido) (Abt von Pomposa; um 970–1046)

Karwoche und Ostern

Palmsonntag

Mit dem Palmsonntag beginnt die Karwoche, er erinnert an den Einzug Jesu in Jerusalem, über den alle vier Evangelisten berichten. Etwa seit dem Jahr 400 gab es in Jerusalem den Brauch, am Nachmittag des Palmsonntags in feierlicher Prozession mit dem Bf. vom Ölberg in die Stadt zu ziehen. Im Mittelalter übernahm die Kirche des Westens den Brauch der Palmprozession vor der Eucharistiefeier dieses Tages. Die während der Prozession getragenen und gesegneten Palmzweige, meist aber andere Zweige („Palmkätzchen"), werden dann mitgenommen und in den Wohnungen aufgesteckt. (H)

Zum Palmsonntag gibt es Bauernregeln, u. a.: „Ist's am Palmsonntag hell und klar, so gibt's ein gut und fruchtbar Jahr", „Am Palmsonntag Sonnenschein. soll ein gutes Zeichen sein".

Gründonnerstag

Am Gründonnerstag wird an des „Letzte Abendmahl" erinnert, wo Jesus die Eucharistie eingesetzt hat und wo er danach am Ölberg verhaftet wurde. Der Name Gründonnerstag geht wahrscheinlich auf das mhd. Wort *gronan* (weinen) zurück (vgl. greinen, grienen). An der Stelle, wo die Synoptiker über das Abendmahlsgeschehen berichten, spricht Johannes von der Fußwaschung. Daher wird in manchen Gottesdiensten an diesem Abend auch eine Fußwaschung vorgenommen. Diese wurde – von der Liturgie losgelöst – bis 1918 auch von den Habsburger-Kaisern vollzogen. Nach dem Gloria des Abendmahlsgottesdienstes verstummen die Glocken und die Orgel bis zur Feier der Osternacht. Der Legende nach „fliegen die Glocken nach Rom". An ihrer Stelle ertönen am Karfreitag und Karsamstag zum Morgen, Mittag und Abend Geräusche aus Holzvorrichtungen – je nach den Bräuchen in den verschiedenen Gegenden (z. B. sog. „Ratsch'n"). Vom Altar wird aller Schmuck entfernt, und die konsekrierten Hostien werden zu einem Nebenaltar getragen. (H)

Zum Gründonnerstag gibt es Bauernregeln, u. a.: „Gründonnerstagregen, gibt selten Erntesegen", „Was an Gründonnerstag gesät, in Feld und Garten wohl gerät".

Karfreitag

Der Karfreitag steht ganz im Zeichen der Kreuzigung Jesu. Die Trauer (ahd. *kara* = Trauer, Klage) um ihn hat dem Karfreitag, dem Karsamstag und der ganzen Karwoche den Namen gegeben. Zur Zeit der Todesstunde Jesu, um 15 Uhr, beginnt die Karfreitagsliturgie in aller Stille. Dieser Tag kennt keine Eucharistiefeier. Die drei Abschnitte des Gottesdienstes bestehen aus dem *Wortgottesdienst* mit der Johannespassion sowie den Großen Fürbitten für die Anliegen von Kirche und Welt, der *Verehrung des Kreuzes* durch alle am Gottesdienst Teilnehmenden und der *Kommunionfeier.* (H)

Zum Karfreitag gibt es Bauernregeln, u. a.: „Karfreitags-Regen, ist Gottes Segen", „Karfreitagsregen, kommt ungelegen".

Karsamstag

Bis ins 5. Jh. begann man gegen Mitternacht mit der Auferstehungsfeier, die bis in den Morgen des Ostersonntags dauerte. Später wurde die Feier der Osternacht immer weiter vorverlegt, bis sie schon am Morgen des Karsamstags stattfand. 1955 wurde unter Pius XII. die alte Ordnung wieder eingeführt. Als richtige Zeit dafür gilt der Abend nach Einbruch der Dämmerung oder in der Frühe des Ostersonntags vor dem Morgengrauen. In alpinen Gegenden hat sich am Karsamstag seit langem der Brauch der sog. Fleischsegnung eingebürgert. Es werden in die Kirche jene Speisen und Getränke (Wein) gebracht, die vornehmlich nach der Feier der Osternacht bzw. am Ostersonntag verzehrt werden. (H)

Die Feier der Osternacht

Die Feier der Osternacht ist der Höhepunkt der Osterliturgie. Woher die dt. Bezeichnung Ostern kommt, ist unklar. Vermutlich steht dahinter eine falsche Übersetzung des lat. *hebdomada in albis* (= Woche in weißen Kleidern), wobei man *in albis* als Plural von *alba* (= Morgenröte) verstand und es mit dem ahd. *eostarum* übersetzte. Die liturgische Feier der Osternachtfeier hat eine klare Grundstruktur: Auf die *Lichtfeier* folgt der *Wortgottesdienst*, danach die *Tauffeier* und schließlich die *Eucharistiefeier*. Seit dem Ende des 3. Jh. wird die Osternacht als Tauftermin bevorzugt. Danach konnten die in der Regel erwachsenen Taufbewerbern auch an der Eucharistiefeier in dieser Nacht teilnehmen. Mit dem Gloria setzen wieder Orgel und Glocken ein. (H)

Erster Sonntag nach Ostern – „Weißer Sonntag"

Der „Weiße Sonntag" – *dominica in albis* – erinnert an den Brauch der frühen Kirche, dass die in der Osternacht Getauften eine Woche lang ihre weißen Taufkleider trugen. Die gemeinsame Erstkommunionfeier, wie wir sie heute vornehmlich in Dtl. vielerorts am „Weißen Sonntag" kennen, bildete sich im 18. Jh. heraus. Die Kinder empfangen an diesem Tag nicht nur zum ersten Mal die Kommunion, sie werden auch in einem feierlichen Gottesdienst in die Gemeinde voll integriert. (H)

Clemens August Graf von Galen – 22. März

1. April

Warum man an diesem Tag Mitmenschen „in den April schickt", also in die Irre führt, und ähnliche Scherze macht, ist letztlich unbekannt. (H)

An diesem Tag gibt es die Regel: „Den 1. April musst du gut übersteh'n, dann kann dir nichts Böses mehr gescheh'n."

Hugo von Grenoble

Hugo von Grenoble (1053–1132) wurde in Châteauneuf-sur-Isère (bei Valence) als Sohn eines Adeligen geboren. Er wurde Kanonikus an der Kathedrale von Valence. 1080 wurde er mit 27 Jahren zum Bf. von Grenoble gewählt. Bereits zwei Jahre danach zog er sich wegen Problemen in seinem Btm. in ein Kloster zurück, wurde aber ein Jahr später vom Papst zurückberufen. In der Folge wirkte er entscheidend an der Gründung des Kartäuserordens mit. Er stellte Bruno von Köln *[6. 10.]* und seinen Gefährten bei Grenoble für deren Eremitage eine Gebirgswildnis, „la Chartreuse", zur Verfügung und unterstützte diesen Orden bis zu seinem Tod. Er war ein Mann zweier Rekorde: Er war 52 Jahre Bf. und damit wohl einer der am längsten amtierenden Bischöfe. Und er wurde bereits zwei Jahre nach seinem Tod von Papst Innozenz II. heiliggesprochen. (H)

Agape (Märtyrerin; † 304) – Maria von Ägypten (Einsiedlerin; † 430) – Walarich (Valéry) (Abt von Leuconay; um 565–619)

2. April

Rosamunde

Ihr eigentlicher Gedenktag ist der 30. April (siehe dort). Für den 2. April gilt die Bauernregel: „Bringt Rosamunde Sturm und Wind, ist er viel später uns gelind."

Franz von Paula

Franz von Paula oder de Paola (1416 oder 1436–1507), der Gründer des Ordens der „Paulaner", lebte in Paola (Kalabrien). Aufgrund eines Versprechens gaben die Eltern ihn mit 12/13 Jahren in ein Franziskanerkloster, das er jedoch nach zwei Jahren verließ, um sich in der Nähe von Paola in die Einsamkeit zurückzuziehen und fortan unter strengster Askese zu leben. Dort sammelten sich Gleichgesinnte um ihn, für die er 1454 in Cosenza ein Kloster baute, die Keimzelle des neuen Ordens der „Mindesten Brüder" (*Minimi*, weil sie noch bescheidener lebten als die franziskanischen Minoriten; oder auch „Paulaner" genannt). Franz legte der Gemeinschaft eine verschärfte Franziskanerregel zugrunde: strenge Schweigevorschriften und ständiges Fasten bei völligem Verzicht auf Fleisch und tierische Produkte. Trotz dieser strengen Vorschriften verbreitete der Orden sich noch zu seinen Lebzeiten sehr rasch. 1482 wurde Franz von Papst Sixtus IV. an den frz. Hof gesandt, um dem sterbenden Kg. Ludwig XI. beizustehen. Er blieb in Frankreich und diente dem neuen Kg. Karl VIII. in den folgenden 25 Jahren als treuer Ratgeber. (B)

Wilhelm (Vilmos) von Apor

Wilhelm (Vilmos) von Apor (1892–1945) wurde auf Schloss Köröspatak bei Schäßburg (rumän. Sighişoara, ungar. Segesvár) in Siebenbürgen als Sohn von Gabriel (Gabor) Frhr. Apor zu Altorja und der Fidele Gräfin Pálffy von Erdöd geboren. Sein Vater war Staatssekretär im „kgl. ungar. Ministerium am allerhöchsten Hoflager" zu Wien. Er besuchte die Jesuitengymnasien in Kalksburg bei Wien sowie in Kalocsa (Ungarn). Danach studierte er Theologie in Innsbruck und wurde 1915 in Großwardein (ungar. Nagyvárad, rumän. Oradea) zum Priester geweiht. Nach einem Einsatz als Militärseelsorger im Ersten Weltkrieg wurde er 1917 Prof. für Dogmatik an der Theologischen Hauslehranstalt von Großwardein. Nach dem Weltkrieg und der Angliederung Siebenbürgens an Rumänien wurde er Pfarrer von Gyula in Ostungarn. Während dieser Zeit war er aktiv in der katholischen Vereinsbewegung tätig. 1943 wurde er zum Bf. von Raab (Györ) ernannt. Während des Zweiten Weltkriegs unterstützte er u. a. die Juden, protestierte gegen das Ghetto in Raab und die Deportation der

Juden 1944. Als am 30. März 1945 sowjetische Soldaten in die Bischofsresidenz eindrangen, versuchten er und sein Neffe, das zu verhindern, und wurden dabei niedergeschossen. Apor erlag am 2. April den Verletzungen. (H)

Theodora (Theodosia) von Tyros (Märtyrerin; † 307) – Eustasius (Abt von Luxeuil; † 629) –

3. April

Christian

Christian (Chrestus) († Anfang 4. Jh.) ist ein im *Martyrologium Romanum* erwähnter Märtyrer mit diesem Gedenktag, über den es aber ansonsten keine weiteren Nahrichten gibt. (H)

Für diesen Tag gibt es die Bauernregel: „Wer an Christian säet Lein, bringt schönen Flachs in seinen Schrein."

Richard von Chichester

Richard von Chichester (um 1198–1253) wurde als Sohn eines Gutsbesitzers im nunmehrigen Droitwich/Worcestershire geboren und studierte in Oxford, Paris und Bologna Rechtswissenschaften. 1235 wurde er Kanzler des Ebf. Edmund von Canterbury, den er in dessen Exil nach Pontigny begleitete. Nach dessen Tod 1240 studierte er in Orléans Theologie, wurde noch in Frankreich zum Priester geweiht und 1244 zum Bf. von Chichester gewählt. Er war aber nicht der Kandidat Kg. Heinrichs III., sodass es zu Streitigkeiten kam, bei denen der Papst als Schlichter auftrat. Richard wurde schließlich vom Kg. anerkannt und war in den verbliebenen Jahren seines Lebens ein unermüdlicher Seelsorger, der sich vor allem der Schwachen und Armen annahm. Zuletzt warb er für den Kreuzzug. Er starb in Dover und wurde in der Kathedrale von Chichester beigesetzt. Sein Grab wurde bald Ziel zahlreicher Wallfahrten, jedoch bereits 1538 zerstört. (H)

Sixtus I. (Bf. von Rom: † 125) – Joseph der Hymnenschreiber (816–886) – Thiento (Abt von Wessobrunn; Märtyrer; † 955) – Gandolf Sacchi von Binasco (Einsiedler; 1200–1260)

4. April

Ambrosius

Dieser Tag ist partiell auch als Gedenktag für Ambrosius überliefert. Sein eigentlicher Gedenktag ist der 7. Dezember (siehe dort). Für den 4. April gelten die Bauernregeln: „Oft schneit Ambrosius, dem Bauern auf den Fuß." „Sankt Ambros, lässt den Winter los."

Isidor von Sevilla

Isidor (560–636) ist einer der Nationalheiligen Spaniens. Er gilt als letzter abendländischer Kirchenvater und zählt zu den bedeutendsten Schriftstellern des Frühmittelalters. Der Sohn einer vornehmen Familie wurde nach dem Tod der Eltern von seinem Bruder Leander *[13. 3.]* erzogen, in dessen Nachfolge er um 600 Ebf. von Sevilla wurde. Isidor förderte besonders die asketische und wissenschaftliche Ausbildung des Klerus und gründete bischöfliche Schulen, denen er große Bibliotheken angliederte. Als einer der führenden Theologen seiner Zeit nahm er an der 3. Synode von Toledo (589) teil und leitete die 2. Synode in Sevilla (619) und die 4. Synode von Toledo (633). Mit seinen zahlreichen Schriften, die eine Fülle des antiken Wissens vor dem Vergessen bewahrten, beeinflusste er maßgeblich die Glaubens- und Sittenlehre bis ins späte Mittelalter. (B)

5. April

Vinzenz Ferrer

Vinzenz Ferrer (1350–1419) war einer der größten Bußprediger des Mittelalters. Er stammte aus einer katalanischen Familie. Im Alter von 17 Jahren trat er dem Dominikanerorden bei. Er studierte Theologie und Philosophie, wurde Priester und Lehrer an der Domschule zu Valencia. Beim Großen Abendländischen Schisma stellte er sich zunächst auf die Seite der Päpste von Avignon, da er von deren Legitimität überzeugt war. Später wandte er sich mehr und mehr dem röm. Papsttum zu. Als auf dem Konzil von Konstanz das Schisma 1417 durch die Wahl Martins V. beigelegt wurde, nahm er endgültig Abstand von Avignon. Als Bußprediger bekehrte er viele Menschen. Auf seinen Predigtreisen durch Südfrankreich, Norditalien und die Gegend um Genf in der Schweiz überzeugte er die Menschen nicht nur durch seine flammenden Reden, in denen er u. a. das nahe Weltende ankündigte, sondern auch durch sein asketisches Leben. (B)

Er ist Patron der Ziegelmacher, Holz. und Bauarbeiter, Dachdecker und Bleigießer; gegen Kopfschmerzen, Epilepsie, Fieber sowie für gute Heirat und Fruchtbarkeit und einen seligen Tod. Zu seinem Gedenktag gibt es die Bauernregel: „Ist St. Vinzenz Sonnenschein, gibt es vielen guten Wein.“

Creszentia Höß

Anna Höß (1682–1744) wurde in Kaufbeuren als Tochter eines Webers geboren. Nach mehrmaliger Ablehnung wegen Armut konnte sie 1703 in das örtliche Franziskanerinnenkloster eintreten und nahm den Ordensnamen Creszentia an. In der Folge wurde ihr von der Oberin und den Mitschwestern das Leben im Kloster schwer gemacht. Sie musste viele seelische und körperliche Qualen erdulden, die sie mit Demut und großer Geduld ertrug. (Heute würde man das als „Mobbing“ bezeichnen.) Doch dann wurde ihr heldenhaftes Leiden bekannt. Die Oberin wurde abgesetzt, Creszentia 1716 zur Novizenmeisterin ernannt und 1741 dann zur Oberin berufen. Nach ihrem Tod, der von der Allgemeinheit in der Region sehr betrauert wurde, fing bald ihre Verehrung vor allem im Allgäu an. (H)

Irene von Thessaloniki (Märtyrerin; † 305) – Gerhard (Gerald) (Abt von Sauve-Majeure; um 1025–1095) – Juliane von Lüttich (Mystikerin; um 1192–1258)

6. April

Petrus der Märtyrer

Petrus der Märtyrer (1205–1252) von Verona war Dominikaner. Er wurde 1251 zum Inquisitor von Mailand und Como ernannt und zog sich durch seine fanatische Strenge gegen sich und andere den Hass der Häretiker zu. Auf dem Weg von Como nach Mailand wurde er überfallen und erdolcht. Bis zur Kalenderreform von 1969/70 war sein Gedenktag der 29. April, an dem es Bauernregeln gibt (siehe dort). (H)

Er ist der Patron der Wöchnerinnen, der Bierbrauer in Köln sowie gegen Kopfleiden, Gewitter, Blitz und Sturm.

Notker der Stammler

Notker der Stammler (*Balbulus*) (um 840–912) wurde mit einem Sprachfehler in Nonschwil (Kanton St. Gallen) als Sohn eines Adeligen geboren, war aber ein guter Schüler und trat in das Benediktinerkloster St. Gallen ein. Bald wurde er zum Leiter der Klosterschule ernannt und trat als Dichter und Musiker in Erscheinung. Er prägte kulturell diese Region zu seiner Zeit. Bald nach seinem Tod setzte seine Verehrung ein. (H)

Wilhelm (Abt von Æbelholt; 1105–1203)

7. April

Johannes Baptist de la Salle

Johannes Baptist de la Salle (1651–1719) war der Begründer des frz. Volksschulwesens und sorgte für eine fundierte Lehrerausbildung. Er stammte aus einer adligen Juristenfamilie. Er wurde Domherr (1667) und Priester (1678) in Reims. Die geistige und leibliche Not der Kinder veranlasste ihn, seine gut dotierte Domherrenstelle aufzugeben, um sich ganz der Erziehung der Jugend zu widmen. 1684 schloss er sich mit einigen Freunden zum „Institut der Brüder der christlichen Freischulen" („Schulbrüder" bzw. *Institutum Fratorum Scholarum Christianarum*) zusammen und richtete mit ihnen Schulen für verwahrloste Jugendliche ein, außerdem Sonntagsschulen für berufstätige Jugendliche, Realschulen und Lehrerseminare. Johannes führte zahlreiche bahnbrechende Neuerungen ein, u. a. den Unterricht im Klassenverband (statt Einzelunterricht) und in der Muttersprache (statt in Latein), ebenso die Abschaffung der Prügelstrafe. Die Schulbrüder widmen sich auch heute noch der Erziehung der Jugend. Bis zur Kalenderreform von 1969/70 war der 15. Mai sein Gedenktag. (B)

Kalliopios (Calliopius) (Märtyrer; † 310)

8. April

Amantius

Amantius oder Amandus († um 446/449) war Bf. von Como. Ansonsten gibt es keine Nachrichten über ihn. (H)

An seinem Gedenktag gibt es die Bauernregel: „Wenn es viel regnet um den Amantiustag, ein dürrer Sommer folgen mag."

Maria Rosa Julia Billiart

Maria Rosa Julia Billiart (1751–1816) wurde in Cuvilly (Picardie, Frankreich) geboren und unterwies schon als Mädchen andere Kinder im Katechismus. Ein Anschlag auf ihren Vater 1774 bereitete ihr solch einen Schrecken, dass sie teilweise gelähmt wurde. Während der Französischen Revolution wäre sie beinahe als Hexe verbrannt worden, konnte aber versteckt werden und zog dann nach Amiens. Dort gründete sie 1804 die Kongregation der „Schwestern unserer Lieben Frau", die sich vor allem dem Unterricht der Mädchen widmete. Zur selben Zeit wurde sie von ihrer Lähmung geheilt, sodass sie sich umso intensiver ihrer Berufung widmen konnte. 1809 musste sie Frankreich verlassen und verlegte daher das Mutterhaus nach Namur (Belgien), wo sie auch starb. (H)

Dionysius der Große (Bf. von Alexandria; um 180–um 265)

9. April

Waltraud

Waltraud (Waldetrudis) (vor 619–um 688) wurde als Fränkin im heutigen Frankreich geboren. Nachdem ihre vier Kinder groß geworden waren, trennten sich die beiden Eheleute voneinander, um ihr Leben Gott zu weihen. Sie erbaute in Castrilocus, dem heutigen Mons (Belgien), ein Kloster, wo sie als Äbtissin bis zu ihrem Tod lebte. Im wallonischen Teil Belgiens wird sie als Ste-Waudru sehr verehrt. Am Dreifaltigkeitssonntag werden ihre Reliquien durch Mons getragen. (H)

Zu ihrem Gedenktag gibt es die Bauernregel: „Hört Waltraud nicht den Kuckuck schrei'n, dann muss er wohl erfroren sein."

Prochorus (Märtyrer; Bf. von Nikomedia; 1./2. Jh.) – Demetrius(ios) von Saloniki (Märtyrer; † um 304) – Achatius (Bf. von Amida; † um 423) – Hugo (Ebf. von Rouen; † 730) – Casilda von Toledo (Einsiedlerin; † 1075) – Thomas von Tolentino (Märtyrer; † 1321)

10. April

Ezechiel

Sein eigentlicher Gedenktag ist der 23. Juli (siehe dort). Ursprünglich war jedoch dieser Tag der Gedenktag, für den es die Bauernregel gibt: „An Ezechiel – geht der Lein nicht fehl."

Magdalena von Canossa

Magdalena Gräfin von Canossa (1774–1835) wurde in Verona geboren, war bald Vollwaise und verbrachte eine kurze Zeit in einem Karmeliterkloster. Danach kümmerte sie sich intensiv um verwahrloste Kinder. Im Jahr 1808 war es ihr möglich, in Verona ein Heim für diese Kinder einzurichten. Damit begann auch die Kongregation der Canossianerinnen. Ks. Franz I. von Österreich, zu dem damals Verona gehörte, schenkte ihr einige alte Klöster für ihr Vorhaben bzw. ihre Kongregation, die von Papst Leo XII. 1828 bestätigt wurde. (H)

Fulbert (Bf. von Chartres; um 960–1028) – Engelbert (Abt von Admont; um 1250–1331) – Michael de Sanctis (Mystiker; 1591–1625)

11. April

Stanislaus von Krakau

Stanislaus (1030–1079) ist einer der am meisten verehrten Heiligen Polens und dessen Patron. Er stammte aus Krakau, wurde Priester und schon mit 42 Jahren Bf. von Krakau. Er nahm sein Amt sehr ernst, führte Reformen durch und förderte die Ausbildung des Klerus. Er scheute sich nicht, den unsittlichen Lebenswandel des polnischen Kg. Boleslaw II. anzuprangern und diesen zu exkommunizieren. Daraufhin verhängte der Kg. über ihn das Todesurteil. Es hieß später, der Kg. selbst habe ihn während einer Messe erschlagen, da seine Ritter sich weigerten, das Urteil zu vollstrecken. Bis zur Kalenderreform von 1969/70 war der 7. Mai sein Gedenktag, an dem es Bauernregeln gibt (siehe dort). In Polen ist sein Todestag, der 8. Mai, sein Gedenktag. (B)

Isaak von Syrien (Abt; † 552) – Rainer von Osnabrück (Einsiedler; † 1233)

12. April

Zeno von Verona

Zeno († 380) stammte wahrscheinlich aus dem heutigen Mauretanien und wurde um 362 zum Bf. von Verona gewählt. Er bekehrte in seiner Region zahlreiche Heiden sowie Anhänger von Irrlehren und setzte sich für die Armen ein. Von ihm sind auch 93 Traktate erhalten, die über die Heilige Schrift sowie Glaubensfragen handeln. (H)

Herta (Hertula) von Rom (Märtyrerin; † um 303) – Julius I. (Bf. von Rom; † 352) – Konstantin (Bf. von Gap; 6. Jh.)

13. April

Martin I.

Martin I. († 655) wurde ohne kaiserliche Bestätigung 649 zum Papst gewählt und zum Bf. geweiht. In seine Amtszeit fielen die Streitigkeiten um die Irrlehre des Monotheletismus, einer Lehre, die den menschlichen Willen Christi und damit sein wahres Menschsein leugnete. Auf der Lateransynode von 649 bestätigte Martin die Verurteilung dieser Lehre durch seine Unterschrift und zog sich damit den Unwillen Kaiser Konstantins II. zu, der jede Diskussion in dieser Frage verboten hatte. Martin wurde 653 zum Tode verurteilt, dann zu lebenslanger Verbannung begnadigt und auf die Halbinsel Krim im Schwarzen Meer gebracht, wo er unter unsäglichen Drangsalen 655 starb. Bis zur Kalenderreform von 1969/70 war der 12. November sein Gedenktag. Für diesen gibt es eine Wetterregel (siehe dort). (B)

Hermenegild (Ermengild) (Märtyrer; † 585) – Ida von Boulogne (Klostergründerin; um 1040–1113)

14. April

Justinus

Seit der Kalenderreform 1969/70 ist der 1. Juni sein Gedenktag (siehe dort). Zum 14. April gibt es die Bauernregel: „Justin klar, gutes Jahr.“

Tiburtius

Tiburtius († zwischen 180 und 230) war ein Märtyrer, über den es keine gesicherten Nahrichten gibt. (H)

Zu seinem Gedenktag gibt es die Bauernregel: „Tiburtius kommt mit Sang und Schall, bringt Kuckuck mit und Nachtigall.“

Lidwina

Lidwina (1380–1433) wurde in Schiedam (bei Rotterdam, Niederlande) als Tochter eines Nachtwächters geboren. Als 15-jährige verletzte sie sich beim Eislaufen und war daraufhin schwer gelähmt sowie ans Bett gefesselt und hatte starke Schmerzen. Im Laufe der Zeit ertrug sie ihr Leiden im Sinne einer Nachfolge Jesu immer mehr. Nach 38 Jahren schwerster Behinderung starb sie, deren Name „die vor Leid Weinende“ bedeutet. Sie wird vor allem in den Niederlanden und im flämischen Teil Belgiens verehrt. (H)

Lambert (Ebf. von Lyon; † um 688) – Petrus Gonzáles (Dominikaner; um 1190–um 1246)

15. April

Cäsar von Bus

Cäsar von Bus (1544–1607) wurde in Cavaillon bei Avignon geboren und führte zuerst ein weltliches Leben. Er trat dann in Avignon in ein Kloster ein, wurde 1582 zum Priester geweiht und dann Kanoniker in der Hauptkirche zu Avignon. 1592 gründete er eine Kongregation von Weltpriestern, legte seine Ämter nieder und kümmerte sich selbstlos um Kranke und Arme. (H)

Paternus (Bf. von Avranches; um 480–um 562) – Nidgar (Bf. von Augsburg; † um 831) – Waltmann (Waldo) von Antwerpen (Abt; † 1138)

16. April

Bernadette Soubirous

Am 11. Februar 1858 erschien der vierzehnjährigen Bernadette Soubirous (1844–1879) in der Felsengrotte Massabielle bei Lourdes (Südfrankreich) eine „schöne Frau", von der sie später, auf wiederholte Nachfrage hin, erfuhr, sie sei die „Unbefleckte Empfängnis" *[siehe 11. 2.]*. In der Zeit bis zum 16. Juli erschien Maria dem in einfachsten Verhältnissen, ohne Schulbildung aufgewachsenen Mädchen noch weitere 17-mal. Maria forderte zu Gebet und Buße für die Bekehrung der Sünder und zur Wallfahrt an diesen Ort auf. Trotz aller Infragestellungen verteidigte Bernadette die Echtheit der Erscheinungen. Eine vom Bf. einberufene Untersuchungskommission stellte schließlich 1862 fest, dass die Erscheinungen alle Kennzeichen der Wahrheit aufweisen. Bernadette Soubirous trat 1866 bei den Schwestern de la Charité in Nevers ein, wo sie bis zu ihrem Tod lebte. (H)

17. April

Katharina Tekakwitha

Katharina (Kateri) Tekakwitha (1656–1680) wurde in Ossernenon, heute Auriesville (Bundesstaat New York, USA), geboren, war Irokesin und früh Vollwaise. 1676 wurde sie von einem Jesuiten getauft. Sie beschloss, ein Leben für Gott zu führen. Da sie in ihrer Heimat nicht bleiben konnte, schloss sie sich der Jesuitenmission in Montreal an. Dort lebte sie im Gebet und in Buße. Nach ihrem Tod ereigneten sich Wunder und Heilungen. Sie wurde 1980 von Johannes Paul II. *[22. 10.]* als erste Indianerin seliggesprochen. (H)

18. April

Wigbert

Wigbert (Wikterp) (um 700–771?) stammte aus Epfach südlich von Landsberg (Bayern) und war der erste historisch bezeugte Bf. von Augsburg. Er missionierte besonders den Allgäu und war Mitbegründer von Kempten, Wessobrunn und Ellwangen. An der Verbreitung seines Kultes war vor allem Herkula von Bernried beteiligt. (H)

Aya von Mons (Nonne; † 708) – Herkula von Bernried (Einsiedlerin; um 1060–1127)

19. April

Leo IX.

Leo IX. (1002–1054) gilt als der bedeutendste dt. Papst des Mittelalters. Sein ursprünglicher Name war Bruno Graf von Egisheim-Dagsburg. Schon mit 24 Jahren wurde er Bf. von Toul. Durch häufige Visitationen und die Förderung der Reform der Klöster im Sinne Clunys trug er viel zur Hebung des religiösen Niveaus bei. Nach dem Tode des Papstes Damasus II. wurde er von seinem Vetter, Ks. Heinrich III., zum Papst bestimmt, bestand aber vor seinem Amtsantritt (1049) auf der Zustimmung durch den Klerus und das Volk von Rom. Als Papst organisierte er die päpstliche Verwaltung neu und reduzierte den Einfluss des röm. Klerus, indem er zahlreiche Reformer nach Rom berief. Er unternahm zahlreiche Reisen durch Dtl., Frankreich und Italien, wo er sich um die Reform der Kirche bemühte. Auf mehreren Synoden trat er für den Zölibat ein und bekämpfte Simonie (Verkauf von geistlichen Ämtern) und Laieninvestitur (Besetzung kirchlicher Ämter durch weltliche Herrscher). Bereits während seiner Amtszeit zeichnete sich die Trennung zwischen West- und Ostkirche ab, die er aber nicht mehr erlebte. (B)

Timon (Märtyrer; 1./2. Jh.) – Autbert von Corvey (Benediktiner; † 829) – Gerold von Großwalsertal (Einsiedler; um 900–um 978)

20. April

Wilhelm von Windberg

Über das Leben von Wilhelm von Windberg († um 1145), auch der Pilger genannt, ist nicht viel bekannt. Es heißt, er war viele Jahre als Pilger unterwegs und ließ sich dann in Windberg bei Straubing als Einsiedler nieder. Es wird überliefert, dass er die Gabe der Weissagung und der Krankenheilung gehabt hat. So soll er auch Graf Albert von Bogen geheilt und ihn ermahnt haben, über seiner Grabstätte eine Kapelle zu bauen. Das tat der Graf, und daraus entstand später das Prämonstratenserkloster Windberg (Bayern). (H)

Anicetus (Bf. von Rom; um 100–166) – Wiho (Bf. von Osnabrück; † 804) – Agnes (Äbtissin von Montepulciano; um 1268–1317)

21. April

Anselm von Canterbury

Anselm (1033–1109) hatte großen Einfluss auf die mittelalterliche Theologie und wird zu Recht der „Vater der Scholastik" genannt. Er stammte aus einem italienischen Adelsgeschlecht, wurde 1060 Mönch in der Benediktinerabtei Bec (Normandie), dort 1063 Prior und 1078 Abt. 1093 wurde der hochgelehrte Mann in der Nachfolge seines Ordensbruders Lanfanc zum Ebf. von Canterbury gewählt. Damit war er auch Primas von England. Sein Reformwille, sein unermüdlicher Einsatz für die Freiheit der Kirche gegenüber dem englischen Königtum, insbesondere der Kampf gegen Lehnseid und Laieninvestitur (Besetzung kirchlicher Ämter durch weltliche Herrscher), hatten zweimal seine Verbannung zur Folge. Erst 1106 kam es zu einer Verständigung, und er konnte endgültig zurückkehren. Sein theologisch-philosophisches Denken kreiste um die Gotteslehre. Der Glaube war für ihn die Grundvoraussetzung, um mit Hilfe der Vernunft Gott zu erkennen: *credo, ut intelligam* („Ich glaube, um zu erkennen"). Die Gebete und Meditationen, die er uns als Teil seines literarischen Werkes hinterlassen hat, zeugen von seiner kraftvollen Spiritualität. (B)

Konrad von Parzham

Konrad (1818–1894), mit bürgerlichem Namen Johann Birndorfer, war Sohn einer kinderreichen Bauernfamilie und wuchs in Parzham bei Passau auf. Da es sein größter Wunsch war, ins Kloster zu gehen, übertrug er sein Erbrecht auf einen jüngeren Bruder und trat mit 31 Jahren in den Kapuzinerorden ein. Nach seiner Ordensprofess war er bis zu seinem Tod als „Bruder Konrad" Pförtner im Kloster St. Anna in Altötting. Er war ein bescheidener Mann, der besonders wegen seiner Geduld, Liebenswürdigkeit und Hilfsbereitschaft geschätzt wurde. Weder die Pilgerscharen, die täglich an seine Pforte kamen, noch die Kinder armer Altöttinger Familien, die seine Hilfe suchten, wurden je abgewiesen. Obwohl er täglich 18 Stunden an der Pforte saß, nutzte er jede freie Minute, oft ganze Nächte, für die Zwiesprache mit Gott im Gebet. (B)

Apollonius von Rom (Märtyrer; † 184/85) – Alexandra von Ägypten (Einsiedlerin; 4. Jh.)

22. April

Gajus von Rom

Gajus († 296) stammte aus Salona in Dalmatien, dem heutigen Solin in Kroatien. Er wurde im Dezember 283 zum Bf. von Rom gewählt. Seine Amtszeit liegt zwischen den Christenverfolgungen der Ks. Valerius und Diokletian. Der Legende nach soll er der Onkel der hl. Susanna gewesen sein. (H)

Opportuna (Äbtissin; um 700–um 770)

23. April

Georg

Georg († um 303) war ein Soldat des röm. Heeres zur Zeit Ks. Diokletians und wurde um 303 in Kappadozien (Kleinasien) oder Lydda (heute Lod in Israel) enthauptet. Zahlreiche Legenden verdunkeln seine tatsächliche Lebensgeschichte. Die wohl bekannteste handelt von seinem Kampf mit einem Drachen. Georg wird verehrt als edler, ritterlicher Mensch, der treu bis in den Tod gegen das Böse kämpft. Sein Kult und seine Verehrung sind seit dem 3. Jh. bezeugt und vor allem im Osten verbreitet. Durch die Kreuzfahrer kam sein Kult auch in den Westen. Georg zählt zu den Vierzehn Nothelfern. (B)

Er ist u. a. Patron der Pfadfinder, Soldaten, Bauern, Bergleute, Sattler, Schmiede und Büchsenmacher, Artisten, Wanderer, Gefangenen, der Spitäler und Siechenhäuser, der Pferde und des Viehs, gegen Kriegsgefahren, Schlangenbisse, Fieber, Pest, Lepra, Syphilis sowie für gutes Wetter. Zu seinem Gedenktag gibt es Bauernregeln, u. a.: „Auf Sankt Georgens Güte, steh'n die Bäume in der Blüte", „Gibt's Gewitter am Georgitag, so folgt gewiss noch Kälte nach".

Adalbert

Adalbert (956–997) wird „Apostel Preußens" genannt, wenngleich seine Missionsversuche dort wenig Erfolg hatten. Er war der Sohn eines böhmischen Fürsten und hieß ursprünglich Vojtěch. 981 wurde er in Prag zum Priester geweiht und schon ein Jahr später dort zum Bf. berufen. Sechs Jahre kämpfte er erfolglos gegen politische Intrigen und die heidnischen Sitten des Volkes. Dann floh er nach Rom. Dort trat er in ein Benediktinerkloster ein und lernte Ks. Otto III. kennen, mit dem er freundschaftlich verbunden blieb. Er kehrte dann 993 auf Drängen des Papstes bzw. der Böhmen mit mehreren Mönchen zurück. Mit diesen gründete er das Kloster Břevnov (Breunau in Prag), das bald zu einem religiös-kulturellen Zentrum wurde. Da er sich in seinem Btm. auch diesmal nicht durchsetzen konnte, missionierte er in Ungarn und Polen und zog sich 994 nochmals in die Abgeschiedenheit eines röm. Klosters zurück. Eine dritte Rückkehr

(996) scheiterte an den politischen Verhältnissen. So ging er als Missionar nach Preußen. Dort wurde er in der Nähe von Elbing (heute Elbląg, Nordost-Polen) von heidnischen Gegnern überwältigt und erschlagen. (B)

Adalbert ist der Patron von Prag, Böhmen, Mähren und Schlesien.

Felix, Achilleus uns Fortunatus von Valence (Märtyrer; † um 272) – Pusinna (Einsiedlerin; 5./6. Jh.) – Gerhard (Bf. von Toul; 935–994)

24. April

Fidelis von Sigmaringen

Fidelis (1578–1622), mit bürgerlichem Namen Markus Roy, war der erste Märtyrer des Kapuzinerordens. Er wurde in Sigmaringen geboren, studierte in Freiburg, wurde Doktor der Philosophie und beider Rechte. 1611 wurde er Gerichtsrat in Ensisheim im Elsass. Dabei setzte er sich besonders für die Rechte der Hilfsbedürftigen ein, was ihm den Namen „Advokat der Armen“ eintrug. Enttäuscht von den Praktiken seines Berufsstandes, beendete er nach einem Jahr seine Laufbahn als Jurist. Er wurde Priester und trat mit dem Ordensnamen Fidelis (der Treue, der Ehrliche) in den Kapuzinerorden ein. Als hervorragender Prediger und Seelsorger bereiste er in der Zeit des Dreißigjährigen Kriegs das Elsass, die Schweiz und Vorarlberg, um die Menschen zum katholischen Glauben zurückzuführen. Beim Versuch der Rekatholisierung Graubündens wurde er von calvinistischen Bauern erschlagen und in Feldkirch (Vorarlberg) begraben. (B)

Er ist Patron von Hohenzollern und Vorarlberg sowie der Juristen; gegen Kopfschmerzen; in Gerichtsangelegenheiten sowie für die Ausbreitung des Glaubens. An seinem Gedenktag gibt es die Bauernregel: „Wenn es friert an Sankt Fidel, bleibt's 15 Tag' noch kalt und hell.“

Benedikt Menni

Benedikt Menni (1841–1914) stammte aus dem damals noch zu Österreich gehörenden Mailand und war zuerst bei einer Bank beschäftigt. In der Schlacht bei Magenta am 4. Juni 1859 zwischen Österreich einerseits und dem siegreichen Frankreich sowie Piemont andererseits half er bei der Pflege der Verwundeten. Das animierte ihn zum Eintritt in den Orden der Barmherzigen Brüder. Er studierte Theologie und wurde 1866 zum Priester geweiht. 1867 wurde er von Papst Pius IX. *[7. 2.]* beauftragt, in Spanien den Orden zu reformieren bzw. neue Niederlassungen zu gründen. 1881 war er Mitbegründer des weiblichen Zweigs des Ordens (Hospitalschwestern des Heiligen Herzens Jesu). 1911/12 war er kurze Zeit Generalprior der Barmherzigen Brüder. 1985 wurde er selig- und 1999 heiliggesprochen. (H)

Maria, Frau des Kleophas (NT; 1. Jh.) – Salome von Galiläa (NT; 1. Jh.) – Mellitus (Ebf. von Canterbury; † 624) – Wilfrid (Bf. von York; um 634–710) – Egbert (irischer Missions-Bf.; 639–729)

25. April

Markus

Die Apostelgeschichte erwähnt Markus (1. Jh.–um 67) sowohl als Begleiter des Apostels Paulus *[29. 6.]* auf seiner ersten Missionsreise (ab 44) als auch später des Apostels Petrus in Rom (ab 61). Umstritten ist, ob er aus dem Judentum oder aus dem Heidentum zum christlichen Glauben gekommen ist. Das Haus seiner Mutter Maria in Jerusalem stand später der Urgemeinde offen. Sein eigentlicher Name war Johannes, Markus sein Beiname. Er gilt als der Verfasser des ältesten Evangeliums, wobei er sich wohl auf manche Aussagen des Petrus stützte. Nach dessen Tod verließ er Rom und wurde der erste Bf. von Alexandrien. Sein Symbol als Evangelist ist der Löwe. Über die Art seines Todes gibt es unterschiedliche Überlieferungen. Auf abenteuerlichen Wegen sollen die Gebeine des Evangelisten 750 Jahre später nach Venedig gekommen sein, wo sie sich im heutigen Markusdom befinden. Markus gilt als Patron der Stadt Venedig, die sein Symbol, den geflügelten Löwen, zu ihrem Wahrzeichen machte. Am Fest des hl. Markus werden auch Bittprozessionen abgehalten. (H)

Er ist Patron der Maurer, Glaser, Glasmaler, Laternen- und Korbmacher, Notare und Schreiber; gegen Unwetter, Blitz, Hagel, Krätze sowie für gutes Wetter und gute Ernte. Zu seinem Gedenktag gibt es Bauernregeln, u. a.: „Ist's jetzt um den Markus warm, friert man danach bis in den Darm", „Gibt's an Markus Sonnenschein, hat der Winzer guten Wein".

Erwin

Erwin (Ermin) († 737) war zuerst Kleriker in Laon und wurde dann Benediktinermönch in Lobbes, wo er ab 711/22 Abt-Bf. war. (H)

Zu seinem Gedenktag gibt es die Bauernregel: „Bau'n um Erwin schon die Schwalben, gibt's viel Futter, Korn und Kalben."

Hermann I. (Mgf. von Baden; Mönch in Cluny; 1040–1074) · Franca (Äbtissin von Piacenza; um 1173–1218)

26. April

Maria Consuleo – Unsere Liebe Frau vom Guten Rat

Consuleo, das Fest Unserer Lieben Frau vom Guten Rat, wurde zuerst seit dem 17. Jh. in Italien gefeiert, dann von Papst Leo XIII. Ende des 19. Jh. für die ganze katholische Kirche eingeführt. Papst Johannes XXIII. *[11. 10.]* gab am Vorabend dieses Tages im Jahre 1959 die Einberufung eines Konzils bekannt. Bei der Kalenderreform 1969/70 wurde dieses Fest für die ganze Kirche abgeschafft. Jedoch blieb es im Btm. Essen bestehen, weil in der dortigen Bischofskirche das Gnadenbild der Goldenen Madonna vom Guten Rat verehrt wird. (H)

Trudpert

Trudpert († 607) war einer der zahlreichen iro-schottischen Mönche, die zur Missionierung der germanischen Stämme in das Gebiet des heutigen Dtl. kamen. Um 604 zog er ins Münstertal bei Freiburg/Br., um von dort aus als Missionar bei den Alemannen zu wirken und eine kleine Kirche zu err. Drei Jahre später im Jahr 607 wurde er von zwei Knechten eines Grafen erschlagen. An dieser Stelle wurde später die Benediktinerabtei St. Trudbert err., die 1803 säkularisiert wurde. (H)

Anenkletos (Cletus) (Bf. von Rom; † um 88) – Richarius (Riquier) von Centula (Einsiedler; † um 645) – Ratbert (Abt von Corbie; um 790–um 859)

27. April

Simon

Simon (Simeon) (1. Jh.) von Jerusalem war ein „Herrenbruder" (Markus 6,3 und Matthäus 13,55) und der Bruder des „Herrenbruders" Jakobus. Als dieser im Jahr 62 den Märtyrertod erlitt, folgte ihm Simon als Leiter der Gemeinde von Jerusalem nach. Bis zur Kalenderreform 1969/70 war sein Gedenktag der 18. Februar, für den es Bauernregeln gib (siehe dort). (H)

Zita

Zita (1218–1272) wurde als Tochter eines Landarbeiters in Monsagrati bei Lucca geboren und kam mit zwölf Jahren als Dienstmagd in ein vornehmes Haus in Lucca. Dort hatte sie seitens der Herrschaft und deren Kinder viel zu erdulden, ja zu erleiden, was sie mit großer Geduld und Demut ertrug. Darüber hinaus war sie zu den Armen wohltätig, und durch ihre Liebenswürdigkeit konnte sie die Herrschaft für sich gewinnen. Nach ihrem Tod wird berichtet, dass sich an ihrem Sarg zahlreiche Wunder ereigneten. Sie wurde daher zur Patronin der Haushälterinnen erklärt. (H)

Petrus Canisius

Petrus Canisius (1521–1597) stammte aus Nijmwegen und gilt als erster dt. Jesuit (weil damals die Niederlande zum Reich gehörten). Er war einer der führenden Köpfe der Katholischen Reform in Dtl. Er studierte in Köln und trat 1543 dem neugegründeten Jesuitenorden bei. Als treibende Kraft kämpfte er seit 1549 unermüdlich für die Wiedergewinnung des katholischen Glaubens in Dtl., Österreich, Böhmen und der Schweiz. Dabei behandelte er seine Gegner mit großem Respekt. Auch als Prediger, Katechet und Seelenführer zeigte er Geduld und Nachsicht. In vielen Teilen Dtl. gründete er Ordensniederlassungen der Jesuiten. Er lehrte an zahlreichen Universitäten, u. a. in Köln und Wien. In Ingolstadt war er Universitätsrektor, in Wien Domprediger und dort sogar 1554–1556 Administrator des Btm. Er nahm an Reichstagen, Religionsgesprächen und als Berater am Konzil von Trient teil. Er verfasste drei Katechismen: den Großen Katechismus für Geistliche und gebildete Laien, den Mittleren Katechismus für die Lateinschulen und den einfacheren Kleinen Katechismus. Seinen Lebensabend verbrachte er von 1580 an als Prediger und Schriftsteller in Freiburg/Schweiz. Dort starb er und wurde in der Kirche des Michaelskollegs beigesetzt. Seit der Kalenderreform von 1969/70 ist eigentlich der 21. Dezember der Gedenktag, im dt.-spr. Raum blieb aber der 27. April. (B)

Zu diesem Tag gibt es Bauernregeln, u. a.: „Hat St. Peter das Wetter schön, kannst du Kohl und Erbsen sä'n", „Auf des heiligen Peters Fest, sucht der Storch sein Nest".

Floribert (Bf. von Lüttich; † um 746).

28. April

Vitalis

Vitalis von Ravenna († 60) war nach der Legende ein röm. Ritter und wurde während der Christenverfolgung unter Ks. Nero hingerichtet. (H)

Zu seinem Gedenktag gibt es die Bauernegel: „Gefriert's auf Sankt Vital, gefriert's noch fünfzehnmal."

Ludwig Maria Grignion de Montfort

Louis-Marie Grignion (1673–1716) war unermüdlich als „der gütige Pater von Montfort", wie ihn seine Zeitgenossen nannten, in der frz. Volksmission tätig. 1700 wurde er zum Priester geweiht und wirkte dann in Poitiers und Paris als Kranken- und Volksseelsorger. Er war ein großer Marienverehrer und zeichnete sich aus durch Selbstlosigkeit und aufopfernde Liebe zu den Armen und Kindern. 1715 gründete er die Gemeinschaft der „Töchter der Weisheit", die Montfortschwestern, die sich Krankenpflege, Schulunterricht und die Sorge um Notleidende zur Aufgabe machten. Priester und Laienbrüder scharten sich um ihn. Dies war die Keimzelle der „Montfortianischen Gesellschaft Mariens" (Monfortaner). Diese Gemeinschaft ist heute in Südamerika, Afrika und Indien vor allem für Behinderte und in Elendsvierteln tätig. (B)

Peter Chanel

Peter (Pierre) Chanel (1803–1841) ist der erste Märtyrer Ozeaniens und war Sohn eines Schäfers. Wegen seiner Klugheit und Glaubensstärke nahm sich der Pfarrer eines Nachbarorts seiner an und half ihm, Priester zu werden (1827). Er wurde Kaplan in Ambérieux und 1828 Pfarrer in Crozet. 1831 schloss er sich der Priesterkongregation der Maristen („Gesellschaft Mariens") an. Mit einigen seiner Brüder machte er sich 1836 auf zur Mission in der Südsee. Da die Inseln Tahiti und Tonga schon von Protestanten bekehrt worden waren, missionierte er auf der Insel Futuna (Neukaledonien). Obwohl man bald seine guten Absichten erkannte, ließen sich nur wenig Einwohner vom christlichen Glauben überzeugen. Als es ihm gelang, den Sohn des Häuptlings zu bekehren und zu taufen, fürchtete der Häuptling um seine Herrschaft und ließ Chanel ermorden. Erst nach seinem Tod trugen seine Bemühungen Früchte. Die ganze Insel wurde katholisch und ist es bis heute wohl weitgehend geblieben. (B)

Theodora und Didymus von Alexandria (Märtyrer, † um 304) – Adalbero (Bf. von Augsburg; † 909)

29. April

Petrus der Märtyrer

Seit der Kalenderreform von 1969/70 ist sein Gedenktag der 6. April (siehe dort). Am 29. April gibt es Bauernregeln u. a.: „Ist zu St. Peter das Wetter schön, soll man Kohl und Erbsen sä'n", „Auf des heiligen Peters Fest, sucht der Storch sein Nest".

Katharina von Siena

Katharina Benincasa (1347–1380) wurde als Tochter eines Färbers in Siena geboren. Zu ihrer Zeit residierten die Päpste in Avignon. Sie trat mit 16 Jahren den Dominikaner-Terziarinnen von Siena bei. In der Folge hatte sie Visionen, bei denen ihr auch Jesus erschienen sein soll. Daraufhin begann sie, zu religiösen, politischen und gesellschaftlichen Fragen Stellung zu beziehen. Sie kritisierte auch den Papst, und durch sie kehrte Papst Gregor XI. von Avignon nach Rom zurück. Von ihr sind 381 Briefe erhalten. Die theologisch sehr dichten Texte haben wohl ihren Ruf als Kirchenlehrerin mit begründet. Am 1. April 1375 traten bei ihr die Wundmale Christi auf. Katharina wurde 1939 zur Schutzpatronin für Italien ernannt, und Papst Paul VI. nahm sie 1970 in den Kreis der Kirchenlehrerinnen auf. Papst Johannes Paul II. *[22. 10.]* ernannte sie 1999 zur Mitpatronin Europas. Seit dem Jahr 2000 wurde aus ihrem Gedenktag für Europa liturgisch ein Festtag. Bis zur Kalenderreform von 1969/70 war der 30. April ihr Gedenktag. (H)

Sie ist Patronin der Krankenschwestern, Wäscherinnen und Pfarrsekretärinnen, der Sterbenden, für Vorsorge gegen Feuer sowie gegen Kopfschmerzen und Pest. Zu ihrem Gedenktag gibt es die Bauernregel: „Kommt Katharina im Sonnenschein, kündet an sie guten Wein."

Roswitha (Äbtissin von Liesborn; 9. Jh.) – Hugo (Abt von Cluny; 1024–1109) – Robert (Abt Molesme und Cîteaux; um 1027–1111)

30. April

Rosamunde

Rosamunde († um 1100) war die Frau eines nordfrz. Grundherren. Als dieser starb, lebte sie als Einsiedlerin in Vernon an der Seine. Sie wurde nach ihrem Tod verehrt, jedoch nicht heiliggesprochen. Ihr weiterer Gedenktag ist der 2. April, für den es Bauernregeln gibt (siehe dort). (H)

Pius V.

Pius V. (1504–1572), mit bürgerlichem Namen Michele Ghislieri, zählt zu den großen Reformpäpsten der Neuzeit. Schon mit 14 Jahren trat er in den Dominikanerorden ein, wurde 1528 Priester und später Provinzial der lombardischen Ordensprovinz. Hinzu kam seine Tätigkeit als Inquisitor, ab 1550 als Großinquisitor. 1556 wurde er Bf., 1557 Kardinal und 1566 auf Betreiben des hl. Karl Borromäus *[4. 11.]* zum Papst gewählt. Er war sehr fromm und lebte asketisch. Mit großem Reformwillen und unerbittlicher Strenge setzte er die Beschlüsse des Konzils von Trient um. Durch seine Neuordnung der päpstlichen Verwaltung und der Kurie bewirkte er eine stärkere Zentralisierung und Stärkung der Kirche. Er ließ Katechismus, Brevier und Messbuch neu bearbeiten und herausgeben. 1567 erhob er seinen Ordensbruder Thomas von Aquin *[28. 1.]* zum Kirchenlehrer und verschaffte damit dessen Werk offizielle Anerkennung. Der erste große Seesieg über die das Abendland bedrohenden Osmanen, der Seesieg von Lepanto (1571) *[7. 10.]*, ging auf seine Initiative zurück. Bis zur Kalenderreform von 1969/70 war der 5. Mai sein Gedenktag. (B)

Pauline von Mallinckrodt

Pauline von Mallinckrodt (1817–1881) entstammte einer preußischen Beamtenfamilie und wurde auf Wunsch der Mutter katholisch getauft und erzogen. Ihre starke religiöse und soziale Prägung zeigte sich vor allem im Engagement für Kinder. 1842 nahm sie erstmals auch zwei blinde Kinder auf. Daraus entstand in Paderborn die Provinzial-Blindenanstalt. 1849 gründete sie in Paderborn die Gemeinschaft der „Schwestern der christlichen Liebe", die sich über Europa hinaus ausbreiteten. (H)

Hildegard (Kg., 758–783) – Heimo (Haimo) (Bf. von Verdun; † 1024) – Bernhard zur Lippe (Bf. von Semgallen, Lettland; um 1140–1224)

30. April / 1. Mai

Walpurgisnacht

Im Mittelalter wurde der Gedenktag der hl. Walburga größtenteils am 1. Mai gefeiert. In England ist es heute noch so. An diesem Tag wurde der Erhebung bzw. Übertragung ihrer Gebeine gedacht. Nunmehr ist der Gedenktag am 25. Februar (siehe dort). Nach traditioneller Vorstellung halten in dieser Nacht die Hexen ein Fest auf dem „Blocksberg" ab (der Brocken im Harz). Zahlreiche Bräuche haben sich für diese Nacht entwickelt, am bekanntesten das Maifeuer in der Nacht. (H)

Desgleichen gibt es für diesen Termin Bauernregeln, u. a.: „Regen in der Walpurgisnacht, hat stets ein gutes Jahr gebracht." „Walpurgisfrost – ist schlechte Kost."

Samstag in der 4. Woche nach Ostern

Maria – Trösterin der Betrübten (Maria Trost)

Der Titel Maria – Trösterin der Betrübten (*Consolatrix afflictorum*) entstammt der Lauretanischen Litanei, die um 1530 in Maria Loreto (Italien) entstanden ist. Die Maria-Loreto-Verehrung mit ihrer *Casa santa* wurde stark von den Habsburgern und Wittelsbachern im Zuge der Gegenreformation gefördert und kam auch nach Luxemburg. So wurde Maria – Trösterin der Betrübten Patronin des Großherzogtums Luxemburg. Eine Kopie des dortigen Marienbildes begründete die Wallfahrt in Kevelaer. Dort wird am 1. Juni der Gedenktag der Einsetzung des Gnadenbildes der „Trösterin der Betrübten" (1642) begangen. Im süddt.-östr. Raum ist das Patrozinium Maria Trost häufig anzufinden. (H)

1. Mai

Josef der Arbeiter

Beginnend mit dem 1. Mai 1886, als in Chicago Arbeiter für den 8-Stunden-Tag streikten, entwickelte sich dieser Tag zum „Kampftag der Arbeiterbewegung" mit hohem Symbolwert für die sozialdemokratischen, sozialistischen und kommunistischen Parteien sowie die Gewerkschaften, aber auch für die christliche Arbeiterbewegung. 1919 wurde in Österreich dieser Tag arbeitsfreier Feiertag, in Dtl. erst 1933 durch die Nationalsozialisten. Papst Pius XII. führte 1955 den 1. Mai als Fest von Josef dem Arbeiter ein. Dieser war laut Neuem Testament *tektôn*, d. h. ein Bauhandwerker, ungenau als Zimmermann bezeichnet. Mit dieser Einführung versuchte Pius XII., diesen Tag von Hass und Gewalt zu befreien und dem sozialen Frieden zu dienen. (H)

Maria – Schutzpatronin Bayerns

Der Hz. bzw. spätere Kft. Maximilian I. von Bayern ließ 1616 – kurz vor dem Dreißigjährigen Krieg – an der Westseite der Münchener Residenz im Rahmen eines habsburgisch-wittelsbachischen, gegenreformatorischen bzw. staatspolitischen Marienkultes eine Marien-Bronzestatue aufstellen: die *patrona Bavariae.* Damit wurde Bayern unter den Schutz Mariens gestellt. Der letzte bayerische Kg. Ludwig III. ersuchte Papst Benedikt XV. um ein Fest für die Schutzpatronin Bayerns, das dann 1916 für den 14. Mai gewährt wurde. Im Zuge der Kalenderreform 1969/70 wurde dieses Fest auf den 1. Mai verlegt. In diesem Zusammenhang ist auch auf den sog. „Marienmonat Mai" mit seinem besonderen religiösen Brauchtum (Maiandachten etc.) einzugehen. Dieser entstand Ende des 18. Jh. in Italien und verbreitete sich im 19. Jh. im dt.-spr. Raum. (H)

Jeremia(s) (AT) – Sig(is)mund (Kg. von Burgund, Märtyrer; um 474–524) – Mafalda (Kg. von Portugal; 1195–1256) – Peregrinus Laziosi (Servit; um 1265–1345)

2. Mai

Athanasius

Athanasius (um 295–373) zählt neben Johannes Chrysostomus *[13. 9.]*, Basilius von Caesarea *[2. 1.]* und Gregor von Nazianz *[2. 1.]* zu den vier großen Kirchenlehrern des Orients. Von 328 bis zu seinem Tod 373 war er Bf. von Alexandria. Zeit seines Lebens kämpfte er gegen die Lehre des Arius und für die Beschlüsse des Konzils von Nicäa (325), das – im Gegensatz zum Arianismus – die Wesensgleichheit Christi mit dem Vater bezeugte. So wurde Athanasius zu einem Wegbereiter des trinitarischen Dogmas. Sein leidenschaftlicher Kampf machte ihm viele Feinde. Mehrfach wurde er ins Exil geschickt, u. a. in die Kaiserstadt Trier. Insgesamt verbrachte er 17 Jahre in der Verbannung. Athanasius hinterließ zahlreiche Schriften zur Verteidigung der überlieferten Lehre der Kirche, ebenso zu pastoralen und asketischen Fragen. Mit seiner Biographie des Mönchvaters Antonius *[17. 1.]* setzte er sich erfolgreich für das mönchische Ideal ein. Es gelang ihm, das in seinem Streben nach Selbstständigkeit zur Abspaltung neigende Mönchtum in die Kirche zu integrieren. (B)

Zoë und Gefährten (Märtyrer; † 127) – Wiborada von St. Gallen (Märtyrerin; † um 926) – Nikolaus Hermanni (Bf. von Linköping; 1325/26–1391) – Antonius (Ebf. von Florenz; 1389–1459)

3. Mai

Philippus und Jakobus der Jüngere

Nach dem Johannesevangelium (1,43–45) ist ***Philippus*** einer der ersten Jünger. Er stammte – wie Andreas und Petrus – aus Betsaida am See Genezareth und gehörte vorher zu den Johannesjüngern. Er wurde nach Andreas *[30. 11.]* und Petrus *[29. 6.]* berufen und führte seinerseits Nathanaël *[24. 8.]* zu Jesus. Legendehaften Berichten zufolge hat er später in Phrygien (Kleinasien) gewirkt, wo er auch gestorben sein soll.

Jakobus der Jüngere, der Sohn des Alphäus (Markus 3,18), ist nur aus den Apostellisten der Evangelien bekannt. Er ist nicht zu verwechseln mit Jakobus dem Älteren, dem Bruder des Johannes, und auch nicht mit dem „Herrenbruder" (Markus 6,3) oder dem Verfasser des Jakobusbriefes. Über sein Wirken ist nichts Genaues bekannt. Beide Apostel starben vermutlich als Märtyrer. Angebliche Reliquien befinden sich in der Kirche der Zwölf Apostel in Rom. Bis zur Kalenderreform 1969/70 war der 1. Mai ihr Gedenktag. (H)

Beide sind Patrone der Gerber, Hutmacher, Krämer, Pastetenbäcker und Konditoren. Zu ihrem Gedenktag gibt es Bauernregeln, u. a.: „Jakobi klar und rein, wird Weihnacht frostig sein", „Phillip und Jakob nass, machen dem Bauern Spaß".

Auffindung des heiligen Kreuzes

An diesem Tag wird das Andenken an die Auffindung des hl. Kreuzes durch Ks. Helena *[18. 8.]* im Jahr 320 begangen. Darüber berichtet erstmals der hl. Ambrosius *[7. 12.]*. Ansonsten sind Überlieferungen über diese Auffindung stark legendenhaft. (H)

Zu diesem Gedenktag gibt es die Bauernregel: „Das Wetter am Kreuzauffindungstag, bis Himmelfahrt noch bleiben mag."

Alexander I. (Bf. von Rom; † 116) – Viola von Verona (Märtyrerin; ?) – Philipp von Zell (Einsiedler; 8. Jh.)

4. Mai

Florian

Florian († 304) wurde möglicherweise in Zeiselmauer (bei Tulln, Niederösterreich) geboren und starb 304 den Märtyrertod. Von seinem Leben wissen wir hauptsächlich aus Legenden. Vermutlich war Florian hoher röm. Staatsbeamter im Gebiet des heutigen Österreich (Provinz Noricum) und gab während der Christenverfolgung unter Diokletian um des Glaubens willen seine Karriere auf. Als er versuchte, eine Gruppe von Christen zu retten, wurde er selbst gefangen genommen. Er weigerte sich standhaft, den röm. Göttern zu opfern. Daraufhin wurde er gemartert und mit einem Stein um den Hals schließlich ertränkt. Mit ihm starben 40 weitere Christen als Märtyrer. Über seiner Grabstätte wurde später das heutige Augustiner-Chorherrenstift St. Florian err. Er gehört zu den volkstümlichsten Heiligen von Östr. und Süddtl. (B)

Er ist Patron des Btm. Linz und des Landes Oberösterreich, der Feuerwehr, der Töpfer, Hafner, Schmiede, Seifensieder, Weinbauern und Bierbrauer, bei Brandwunden sowie gegen Feuer- und Wassergefahr und Sturm. Zu seinem Gedenktag gibt es Bauernregeln, u. a.: „Der Florian, der Florian, noch einen Schneehut setzen kann", „Oh heiliger Sankt Florian, verschon unser Haus, steck' andere an!".

Judas Cyriacus (Bf. von Jerusalem; † um 362) – Briktius von Heiligenblut (Pilger; † um 900)

5. Mai

Godehard (Gotthard)

Godehard (960–1038) gehört zu den bedeutenden Heiligen des Mittelalters. Er wurde in der Klosterschule von Niederalteich erzogen und trat dort 980 als Benediktinermönch ein. 993 empfing er die Priesterweihe und wirkte seit 996 als Abt von Niederalteich, später noch von Hersfeld und Tegernsee, die er – zusammen mit weiteren Klöstern – im Sinne Clunys reformierte. 1022 wurde er Bf. von Hildesheim und setzte sich besonders für das Bildungswesen, den Kirchenbau und die Pflege der kirchlichen Kunst ein. Er ließ über 30 neue Kirchen in seinem Btm. err. und trieb den weiteren Ausbau des Doms voran. Außerdem förderte er das Schulwesen und die Ausbildung der Geistlichkeit. Auf Synoden und Reisen galt seine besondere Sorge dem geistlichen Leben in seiner Diözese. Sehr geschätzt wurde er auch wegen seiner schlichten Lebensweise, seiner Volksverbundenheit und seiner gelassenen Heiterkeit. (B)

Godehard ist Patron des Btm. Hildesheim.

Britto (Bf. von Trier; † um 385) – Sigrid (Fürstin der Wenden; 11. Jh.) – Angelus der Karmelit (Märtyrer; 1185–1220) – Jutta von Sangerhausen (Einsiedlerin; um 1200–1260)

6. Mai

Franz von Montmorency-Laval

Franz von Montmorency-Laval (1623–1708) wurde in Montigny-sur-Avre (Frankreich) geboren und 1647 zum Priester geweiht. 1659 ging er nach Kanada, das damals zu einem großen Teil noch frz. Kolonie war, und gründete 1663 in Québec das erste Priesterseminar in Nordamerika. 1674 wurde er der erste Bf. von Québec; seine Diözese reichte bis zum Golf von Mexiko, seine besondere Fürsorge galt Indianern und weißen Kolonisten. Ebenso err. er in seiner Diözese zahlreiche Pfarreien. 1684 trat er – völlig von seinem Einsatz verausgabt – von seinem Amt zurück und lebte danach zurückgezogen. (H)

Gundula von Mailand (Märtyrerin; † um 286) – Petronax (Abt von Montecassino; um 670–749/50) – Petrus Nolaskus (Gründer der Mercedarier; 1182–1256)

7. Mai

Boris von Bulgarien

Boris († 907) regierte als Fürst von Bulgarien von 853 bis 890 und empfing 865 von Missionaren aus Byzanz die Taufe. Er christianisierte das Land und wollte von den Päpsten Nikolaus I. und Hadrian II. ein eigenes Patriarchat, was diese aber ihm verweigerten. Daher unterstellte er sich dem Patriarchen von Konstantinopel und führte die slawische Liturgie ein. Er trat als Fürst vorzeitig zurück und lebte dann als Mönch in einem Kloster. (H)

Gisela von Ungarn

Gisela (um 985–1060) wurde auf Schloss Abbach bei Regensburg geboren und war die Tochter Hz. Heinrichs des Zänkers von Bayern und Schwester Ks. Heinrichs II. Sie ehelichte den ungarischen Kg. Stephan I. den Heiligen *[16. 8.]*. Ihr beider Sohn war Emmerich

(Imré). Sie unterstützte ihren Gemahl tatkräftig bei der Christianisierung Ungarns. Nach dem Tod ihres Mannes geriet sie in Ungarn in Bedrängnis und wurde sogar von nicht-christianisierten Ungarn gefangen genommen. Ks. Heinrich III. konnte sie befreien und brachte sie nach Passau, wo sie ins Benediktinerinnenkloster Niedernburg eintrat und dort einige Jahre bis zu ihrem Tod auch Äbtissin war. (H)

Stanislaus von Krakau

Seit der Kalenderreform von 1969/70 ist der 11. April sein Gedenktag (siehe dort). Für den 7. Mai gibt es Bauernregeln, u. a.: „Wenn sich naht St. Stanislaus, rollen die Kartoffeln raus", „Wenn sich naht St. Stanislaus, schlagen alle Bäume aus".

(Flavia) Domitilla (Märtyrerin; † 95) – Johannes von Beverly (Bf. von York; um 650–721) – Heilika (Helga) (Äbtissin von Niedernburg bei Passau; 954–1020)

8. Mai

Erscheinung des heiligen Erzengels Michael

Bis zur Kalenderreform 1969/70 wurde an diesem Tag das Fest der Erscheinung des Erzengels Michael begangen. Es erinnerte an seine überlieferte Erscheinung am 8. Mai 492 auf dem Monte Gargano in Apulien. Dabei hatte er gewünscht, dass dort ein Heiligtum err. werden soll. Das geschah auch, und dieser Ort wurde in der Folge ein wichtiger Besuchspunkt bei Pilgerfahrten vornehmlich ins Heilige Land sowie von Kreuzfahrern. Von diesem Umstand ausgehend wurden in der Folge viele Kirchen und Bergkapellen dem Erzengel Michael geweiht, und mit diesem Tag verbunden wurde auch seine Patronschaft über die Kirche und dann über das Hl. Röm. Reich dt. Nation bzw. dann Dtl. Der Begriff „deutscher Michel" hatte hier seinen Ausgangspunkt. Historisch anmerkenswert in diesem Zusammenhang war der Umstand, dass an einem 8. Mai die bedingungslose Kapitulation Dtl. unterzeichnet wurde. 1969/70 wurde dieses

Fest mit dem eigentlichen Gedenktag für den Erzengel Michael, nämlich dem 29. September (siehe dort), zusammengelegt. (H)

Achatius

Achatius (Achaz) († 303/304) stammte aus Kappadokien, war Hauptmann im röm. Heer und wurde nach Folterungen unter Ks. Maximianus in Byzanz (Istanbul) enthauptet. Er zählt zu den Vierzehn Nothelfern. (H)

Er ist Patron der Soldaten, gegen Kopfweh, in Todesängsten und ausweglosen Lagen. Zu seinem Gedenktag gibt es die Bauernregel: „An Achaz warmer Regen, bedeutet Früchtesegen."

Ulrika Franziska Nisch

Franziska Nisch (1882–1913) wurde in Mittelbiberach (Baden-Württemberg) geboren und trat mit 22 Jahren in Hegne am Bodensee den Schwestern vom Heiligen Kreuz bei, wo sie den Ordensnamen Ulrika annahm. Nach ihrer Profess 1907 war sie Köchin, zuletzt im Vinzentushaus in Baden-Baden. Ihre Tätigkeit vollzog sie aufopferungsvoll und stellte diese in den Dienst des Gekreuzigten. Die schwere körperliche Arbeit und viele Entsagungen verursachten eine schwere Krankheit. 1912 kam sie ins Krankenhaus, 1913 starb sie an Tuberkulose. (H)

Clara Fey

Clara Fey (1815–1894) wurde in Aachen als Tochter eines Fabrikanten geboren. 1837 gründete sie eine Schule für verwahrloste Mädchen und 1844 die Kongregation der „Schwestern vom armen Kinde Jesu", die sich der Kindererziehung annahm. In der Folge verbreitete sich diese Kongregation im dt.-spr. Raum, in Europa sowie auch in Lateinamerika und in Indonesien. 2018 wurde sie seliggesprochen. (H)

Desideratus (Désiré) (Ebf. von Bourges; † 550/552) – Bonifatius IV. (Papst; † 615) – Benedikt II. (Papst; † 685)

9. Mai

Maria Theresia Gerhardinger

Karoline Gerhardinger (1797–1879) wurde als Tochter eines Schiffsmeisters in Stadtramhof, nunmehr Stadtteil von Regensburg, geboren und wurde zuerst Lehrerin. Der damalige Dompfarrer und spätere Bf. von Regensburg, Georg Michael Wittmann, bereitete sie auf ein Ordensleben vor und regte an, dass sie eine Ordenskongregation gründet, die sich der Erziehung der weiblichen Jugend widme. So entstanden die „Armen Schulschwestern von Unserer Lieben Frau" mit dem Mutterhaus in Neunburg vorm Wald, die 1834 von Kg. Ludwig I. von Bayern bewilligt wurden. Karoline Gerhardinger nahm den Ordensnamen „Maria Theresia von Jesus" *[9. 1.]* an. Der Orden verbreitete sich rasch in vielen Ländern, sogar in den USA. Maria Theresia starb im Münchener Mutterhaus der Kongregation. (H)

Jesaja (Isaias) (AT) – Beat(us) (Einsiedler; † um 110) – Pachomius der Ältere (Abt in Tabennisi; um 287–346) – Adalgar (Bf. von Bremen; † 909)

10. Mai

Gordian(us) und Epimachus

Über ***Gordianus*** († 362?) und ***Epimachus*** († 251?) gibt es keine historisch sicheren Überlieferungen. Beide sollen das Opfer der Christenverfolgung gewesen und in Rom begraben worden sein. Weiter sollen von Hildegard, einer Ehefrau Karls des Großen *[28. 1.]*, Reliquien der beiden Märtyrer um 770 ins Frankenreich gebracht und dem Stift Kempten im Allgäu geschenkt worden sein. Daher gelten sie auch als Patrone von Kempten. Der Gedenktag von Epimachus wurde bei der Kalenderreform 1969/70 auf den 12. Dezember verlegt. (H)

Zum 10. Mai gibt es Bauernregeln, u. a.: „Dem kleinen Gordian – man nicht trauen kann", „Um Epimach und Gordian, fängt manchmal wieder der Winter an".

Ijob (Hiob) (AT) – Beatrix I. von Este (Äbtissin; 1200–1226)

11. Mai

Mamertus

Mamertus (um 400–477) war ab ca. 461 Ebf. von Vienne (Frankreich). Nach zahlreichen Feuern, Erdbeben und großen Zerstörungen in seiner Heimatstadt führte er 470 die Drei Bittprozessionen vor dem Fest Christi Himmelfahrt ein (siehe S. 142). Gelegentlich wird er auch zu den Eisheiligen gezählt. (H)

Er ist Patron Ammen, Hirten und der Feuerwehr; gegen Krankheiten der Brüste, Fieber und Dürre. Zu seinem Gedenktag gibt es die Bauernregel: „Der heilige Mamerz – hat von Eis ein Herz."

Gangolf

Gangolf († 760) war adeliger Herkunft vom merowingischen Königshof von Burgund, sein Geburtsjahr im 8. Jh. ist nicht bekannt. Die Legende berichtet, dass er die Beziehung seiner Ehefrau zu einem Kleriker entdeckt hat, der ihn dann an einem 11. Mai des Jahres 760 umbrachte. Deshalb gilt Gangolf auch als Märtyrer. Bereits im 9. Jh. ist der Gangolf-Kult vor allem im Berührungsraum zwischen Dtl. und Frankreich nachweisbar. (H)

Lucina Anicia (Märtyrerin; um 210–um 304) – Majolus (Abt in Cluny; nach 909–nach 994)

12. bis 15. Mai: Die Eisheiligen Pankratius, Servatius, Bonifatius und Sophie

Zu den drei Eisheiligen, auch Eismänner oder gestrenge Herren genannt, gehört zum Abschluss noch die „kalte Sophie" dazu. Die Namenstage von Heiligen im Mai sind in Mitteleuropa meteorologische Singularitäten (Witterungsregelfälle). Laut Volksglauben wird das milde Frühlingswetter somit erst nach Mitte Mai stabil. Mit den Eisheiligen ist die letzte mögliche Kälteperiode mit Nachtfrostgefahr um Mitte Mai gemeint.

12. Mai

Pankratius

Pankratius (um 290–304) war ein röm. Märtyrer der frühen christlichen Kirche, über den es keine gesicherten Nachrichten gibt. Der Legende nach soll er unter Diokletian als Vierzehnjähriger den Märtyrertod erlitten haben. Sein Kult ist seit dem 5. Jh. sicher bezeugt. Schon um 500 erbaute Papst Symmachus über seinem Grab an der antiken Via Aurelia eine Kirche, wo heute die Kirche S. Pancrazio fuori le mura steht. Nachdem Ks. Arnulf von Kärnten 896 Rom eroberte und dies der Fürbitte des hl. Pankratius zuschrieb, kam es im 10. Jh. zu einer Blüte des Pankratiuskultes in Dtl. Pankratius wird zu den drei „Eisheiligen" und in verschiedenen Regionen auch zu den Vierzehn Nothelfern gezählt. (B)

Er ist Patron der Erstkommunionkinder, der Ritter, gegen Krämpfe, Hautkrankheiten und Kopfschmerzen. An seinem Gedenktag gibt es Bauernregeln, u. a.: „Wenn's an Pankratius gefriert, so wird im Garten viel ruiniert", „Ist Pankraz schön, wird guten Wein man sehn".

Nereus und Achilleus

Nereus († 304) und Achilleus († 304) waren zwei röm. Märtyrer, von denen nur wenig bekannt ist. Nach einer Inschrift von Papst Damasus I. *[11. 12.]* waren sie Soldaten, die sich zum Christentum bekehrten und deshalb unter Ks. Domitian zunächst auf die Insel Ponza verbannt und später in Terracina in der Nähe von Rom enthauptet wurden. Über ihrem Grab, das sich in den Domitilla-Katakomben befunden haben soll, wurde eine nach ihnen benannte Kirche erbaut, die inzwischen in der Nähe durch die neue Kirche SS. Nereo e Achilleo ersetzt wurde. Dort ruhen noch heute ihre Reliquien. (B)

Modoald(us) (Bf. von Trier; um 600–um 647/49) – Imelda Lambertini (um 1321–1333)

13. Mai

Servatius

Servatius († 384) dürfte wahrscheinlich aus Armenien stammen. Um 340 wurde er zum Bf. von Tongern (zwischen Lüttich und Maastricht) gewählt und war ein entschiedener Gegner der Arianer. Er gehört zu den drei „Eisheiligen“ und ist in Maastricht verstorben. Sein Grab in der dortigen Servatiuskirche wurde im Mittelalter zu einem Wallfahrtsort. (H)

Er ist Patron der Schlosser und Tischler; gegen Fußleiden, Rheumatismus, Fieber, Todesfurcht, Frostschäden, Mäuse- und Rattenplagen sowie das Lahmen von Tieren. An seinem Gedenktag gibt es Bauernregeln, u. a.: „Nach Servaz kommt kein Frost mehr, der dem Weinstock gefährlich wär'“, „War vor Servatius kein warmes Wetter, wird es nun von Tag zu Tag netter“.

Gedenktag Unserer Lieben Frau in Fatima

Im Jahr 1917 hatten die drei Hirtenkinder von Fatima, Lucia de Jesus (zehn Jahre), Francisco Marto (neun Jahre) und Jacinta Marto (sieben Jahre) *[20. 2.]*, von Mai bis Oktober jeweils am 13. des Monats Erscheinungen der Gottesmutter. Unter großen persönlichen Schwierigkeiten gaben die drei Kinder die Botschaften Mariens weiter: den Aufruf zu Buße und Gebet (Rosenkranz) sowie die Aufforderung, die Welt dem Unbefleckten Herzen zu weihen. Am 13. Mai 2000 hat Papst Johannes Paul II. *[22. 10.]* die beiden Geschwister Marto seliggesprochen. Ihre Gräber befinden sich in der alten Wallfahrtskirche in Fatima. Lucia, die in einen Orden eingetreten war, starb 2005. (H)

14. Mai

Bonifatius von Tarsus

Bonifatius († um 306) stammte möglicherweise aus Rom und sollte auf Ersuchen einer reichen Römerin in Tarsus Reliquien ausfindig machen und nach Rom bringen. Bonifatius war damals noch Heide, erlebte in Tarsus die Christenverfolgung, wurde selber Christ und erlitt dann selbst das Martyrium. Bonifatius ist einer der drei „Eisheiligen". Der hl. Winfried/Bonifatius *[5. 6.]* nannte sich nach ihm. (H)

Zu seinem Gedenktag gibt es Bauernregeln, u. a.: „Wer seine Schafe schert vor Bonifaz', dem ist die Woll' lieber als das Schaf."

Corona (Stephana) (Märtyrerin; † 177 oder 303) – Isidor von Chios (Märtyrer; † 251) – Felix und Fortunatus von Aquileja (Märtyrer; † um 303) – Erembert (Bf. von Toulouse; um 610–671)

15. Mai

Sophia

Sophia († 305) stammte aus Rom und erlitt unter Ks. Diokletian das Martyrium, mehr ist über sie nicht bekannt. Vor allem im süddt.-östr. Raum rundet sie als „kalte Sophie" die drei Eisheiligen ab. (H)

Sie ist Patronin gegen Spätfröste und für das Wachsen der Feldfrüchte. Zu ihrem Gedenktag gibt es Bauernregeln, u. a.: „Sophie man die Kalte nennt, weil sie gern kalt' Wetter bringt", „Pflanze nie – vor der Kalten Sophie".

Gertrud von Brabant (Märtyrerin; † um 500) – Dymphna von Geel (Märtyrerin; 7. Jh.) – Rupert von Bingen (Einsiedler; um 712–um 732)

16. Mai

Johannes Nepomuk

Johannes Nepomuk (1350–1393) stammte aus Pomuk in Böhmen. Er trat 1370 in den Dienst des Ebf. von Prag, wurde 1380 zum Priester geweiht, studierte Rechtswissenschaft in Prag und Padua, promovierte und wurde 1389 Generalvikar des Prager Ebf. Dabei wurde er in die Streitigkeiten zwischen dem röm.-dt. bzw. böhm. Kg. Wenzel und dem Ebf. verwickelt, gefangen genommen, mit Pechfackeln gefoltert und in der Moldau ertränkt. Man bestattete seinen Leichnam im Prager Dom. 40 Jahre später entstand die legendäre Begründung, er sei für die Verteidigung des Beichtgeheimnisses gestorben. Er habe sich nämlich geweigert, Kg. Wenzel preiszugeben, was dessen Gemahlin ihm in der Beichte anvertraut habe. Diese Begründung lässt sich aber nicht beweisen. Er wurde vor allem in der Barockzeit einer der bekanntesten Heiligen im süddt.-östr.-böhm. Raum, wo bis heute an zahlreichen Brücken seine charakteristische Heiligenstatue zu sehen ist. Der eigentliche Gedenktag ist der 20. März, für den dt.-spr. Raum ist es aber der 16. Mai. (B)

Er ist der Patron von Böhmen, der Beichtväter, Schiffer, Müller; der Brücken; des Beichtgeheimnisses, gegen Wassergefahren, bei Zungenleiden sowie für Verschwiegenheit. Zu seinem Gedenktag gibt es Bauernregeln, u. a.: „Lacht zu Nepomuk die Sonne, gerät der Wein zur Wonne“, „Heiliger Johann Nepomuk, treib uns die Wassergüss zuruck!“.

Adelphus (Bf. von Metz; 4./5. Jh.) – Germerius (Germar) (Bf. von Toulouse; † um 560) – Ubald (Theobald) (Bf. von Gubbio; um 1083–1160)

17. Mai

Paschalis (Pascal) Baylon

Paschalis (Pascal) Baylon (1540–1592) wurde unter ärmlichen Verhältnissen in Torrehermosa (Aragonien) geboren und arbeitete schon als Kind bei Gutsherren. Mit 17 Jahren trat er als Laienbruder in den

Franziskanerorden ein und wurde nach einer längeren Prüfungszeit 1564 im Kloster Monforte aufgenommen. Er verrichtete dort einfache Dienste, meistens war er Pförtner. Besonders verehrte er die Eucharistie vor dem Tabernakel. Er starb in einem Kloster in der Nähe von Valencia. Nach seinem Tod sollen an seinem Grab Wunder geschehen sein. Er wurde zu einem der bekanntesten Heiligen Spaniens. Während des spanischen Bürgerkriegs wurden 1936 seine Reliquien verbrannt. (H)

Restituta (Märtyrerin; † um 304)

18. Mai

Johannes I.

Johannes (um 470–526) wurde 523 Bf. von Rom. Er konnte es nicht verhindern, in den Machtkampf zwischen dem oström. Reich in Konstantinopel und den Ostgoten, die Anhänger des Arianismus waren, zu geraten. Gegen seinen Willen schickte ihn der arianische Ostgoten-Kg. Theoderich der Große mit einer Abordnung nach Konstantinopel zu Ks. Justinus I., um sich bei diesem für die Aufhebung von Repressalien gegen Anhänger des Arianismus einzusetzen. Das war eine schwere Demütigung für den Papst, der als Vertreter der röm. Kirche den Arianismus als Irrlehre ablehnte und bekämpfte. Johannes wurde von Justinus I. voll Achtung behandelt, erreichte aber nur wenig. Deshalb ließ ihn Theoderich bei seiner Rückkehr verhaften und nach Ravenna bringen. Hier starb Johannes, der bereits bei seiner Weihe sehr gebrechlich gewesen war, wenige Tage später. Bis zur Kalenderreform von 1969/70 war der 27. Mai sein Gedenktag. (B)

Venantius von Camerino (Märtyrer; um 235–um 250) – Dioskuros (Märtyrer; † um 306) – Erich IX. (Kg, von Schweden, Märtyrer; † 1160)

19. Mai

Urban I.

Über das Leben Urbans I. († 230), der 222 als Nachfolger von Calixtus I. *[14. 10.]* zum Bf. von Rom gewählt wurde, gibt es keine gesicherten historischen Erkenntnisse. Daher trat das Legendenhafte in den Vordergrund. So soll er den Leichnam der hl. Cäcilia *[22. 11.]* in der Calixtus-Katakombe begraben haben. Bekannt wurde er in der Folge vor allem als Patron der Winzer bzw. des Weinbaus, was wahrscheinlich darauf zurückzuführen ist, dass sein Gedenktag in die Zeit der Rebenblüte fällt. Vor allem in der Barockzeit wurde Urban häufig mit Weinreben dargestellt. Bis zur Kalenderreform von 1969/70 war der 25. Mai sein Gedenktag, an dem es zahlreiche Bauernregeln gibt (siehe dort). (H)

Cölestin V.

Pietro del Murrone (1215–1296) wurde in Isernia (Abruzzen) geboren. Nach seiner Priesterweihe wurde er auf dem Monte Morrone Eremit. In der Folge schlossen sich ihm weitere Einsiedler an und gründeten eine Gemeinschaft, deren Abt er wurde. Später entstand daraus der Einsiedlerorden der Cölestiner (*Fratelli di S. Spirito*). Sein Ruf war bereits weit verbreitet, sodass ihn, den nun fast schon 80-jährigen, die Kardinäle nach einer zweijährigen Vakanz am 5. Juli 1294 zum Papst wählten. Sie hofften, dass dadurch ein Reformprozess in der Kirche entstehen würde. Doch Cölestin V. war diesen Erwartungen nicht gewachsen. So entstand bei ihm relativ bald der Gedanke einer Abdankung, die bereits am 13. Dezember 1294 – nach nicht einmal einem halben Jahr – vollzogen wurde. Sein Nachfolger Bonifaz VIII. hielt ihn auf der Burg Fumone gefangen, um der Gefahr eines Schismas zu begegnen. Der Schritt Cölestins V. erfuhr damals Lob (Petrarca) und Kritik (Dante), bewahrte zwar die Kirche vor einem Chaos, ebnete jedoch seinem Nachfolger Bonifaz VIII. vorzeitig den Weg, einer der „willenstärksten, aber auch habgierigsten und herrschsüchtigsten Gestalten auf dem Papstthron“ (Josef Gelmi). Trotz allem wurde Cölestin V. bereits 1313 heiliggesprochen, jedoch vor einiger Zeit aus dem röm. Festkalender gestrichen. Bis Benedikt XVI. im Jahr 2013 war er der einzige Papst, der zurückgetreten ist. Sein Beispiel diente immer Spekulationen über eine Wiederholung dieses Schrittes. (H)

Pudens und Pudentiana (Rom; 1. Jh.) – Hadulf (Bf. von Arras; † 728) – Alkuin (Abt von Tours; um 735–804) · Dunstan (Ebf. von Canterbury; um 909–988)

20. Mai

Bernhardin von Siena

Bernhardin (1380–1444) war ein einflussreicher Volksprediger. Bei einer Pestepidemie (um 1400) pflegte er aufopfernd Kranke und Sterbende und schädigte dabei dauerhaft seine eigene Gesundheit. 1402 trat er in den Franziskanerorden ein und wurde 1404 Priester. Er schloss sich den strengen Franziskaner-Observanten an. Nach Jahren stiller Zurückgezogenheit wanderte er ab 1417 als Bußprediger durch ganz Italien. Sein besonderes Anliegen war die Verehrung der Mutter Gottes, des hl. Josef *[19. 3.]* und des Namens Jesu. Auf ihn geht das Monogramm IHS zurück, zunächst eine Kurzform des Namens Jesu in griech. Buchstaben, später mit verschiedenen Deutungen unterlegt. Von 1438 bis 1442 war Bernhardin Generalvikar der Franziskaner-Observanten und bemühte sich um die Reform des Ordens. 1439 nahm er am Konzil von Florenz teil und trat dort für die Union mit der griech. Kirche ein. (B)

Josepha Hendrina Stenmanns

Hendrina Stenmanns (1852–1903) wurde in Issum am Niederrhein geboren und wollte zuerst Franziskanerin werden. 1877 kam sie jedoch in Kontakt mit Arnold Janssen *[15. 1.]* in Steyl und dessen Missionsorden. 1884 zog sie dann als Küchengehilfin dorthin. 1889 gründete sie zusammen mit Helena Maria Stollenwerk und mit Unterstützung Janssens die „Missionsgenossenschaft der Dienerinnen des Hl. Geistes" (Steyler Missionsschwestern) und nahm den Ordensnamen Josepha an. Ihr Wunsch, selber in die Mission zu gehen, konnte wegen ihrer vielfältigen Aufgaben nicht erfüllt werden, denn 1898 wurde sie Oberin dieser Gemeinschaft. (H)

21. Mai

Hermann Josef von Steinfeld

Hermann Josef (um 1150–1241) war ein guter Prediger und Seelenführer. Mit zwölf Jahren wurde er als Schüler im Prämonstratenserkloster Steinfeld in der Eifel aufgenommen und trat später in den Orden ein. Nach Studium und Priesterweihe versah er dort lange den Dienst des Sakristans. Daneben war er außerhalb des Klosters seelsorgerlich tätig, vor allem in Frauenklöstern im Rheinland. Schon früh hatte Hermann Josef mystische Erfahrungen, die er aber zunächst geheim hielt. Er war ein großer Verehrer der Gottesmutter, mit der er sich mystisch vermählte. Wohl deshalb erhielt er den Beinamen „Josef". Um seine Marienliebe rankten sich viele Legenden. Auch die zahlreichen Lieder und Hymnen, die er schuf, waren besonders Maria gewidmet. Bis zur Kalenderreform von 1969/70 war der 7. April sein Gedenktag. (B)

Christophorus Magallanes und Gefährten

Christophorus Magallanes (1869–1927) war Pfarrer in der Erzdiözese Guadalajara in Mexiko und wurde am 25. Mai 1927 mit 24 Gefährten ermordet. Zwischen 1915 und 1929 war die Lage der Kirche in Mexiko besonders schwierig. Es genügte, Priester zu sein, um verfolgt zu werden. Zwischen 1915 und 1929 wurden 17 Priester aus der Gruppe um Christophorus Magallanes getötet, weitere elf aus anderen Diözesen unter der Leitung von Pfarrer Luis Batiz Sainz. Papst Johannes Paul II. *[22. 10.]* sprach die mexikanischen Märtyrer, zu denen neben den Priestern auch Laien gehörten, am 22. November 1992 selig und am 21. Mai 2000 heilig. (B)

Franz Jägerstätter

Franz Jägerstätter (1907–1943) stammte aus Oberösterreich (St. Radegund im Innviertel), war bäuerliche Abkunft und übernahm nach dem Tod seines Adoptivvaters 1933 den Bauernhof. Daneben intensivierte er sein religiöses Leben, und Anfang 1938 gelangte er zur Überzeugung von der Unvereinbarkeit des katholischen Glaubens mit dem Nationalsozialismus. Bei der Abstimmung nach dem Anschluss 1938 stimmte er als einziger seines Ortes mit Nein. Bereits 1940 wurde er zur Deutschen Wehrmacht einberufen, wurde aber 1941 „unabkömmlich" gestellt und konnte zu seiner Familie zurückkehren. In der Folge kam er zu dem Entschluss, einer neuerlichen Einberufung nicht mehr Folge zu leisten. Als er im Februar 1943 den Stellungsbefehl erhielt, erklärte er seine Verweigerung und wurde zuerst in das Wehrmachtsgefängnis Linz eingeliefert. Anfang Mai wurde er in das Wehrmachtsgefängnis Berlin-Tegel überstellt, wo er im Juli 1943 vom Reichsgericht Berlin-Charlottenburg wegen „Zersetzung der Wehrkraft" zum Tode verurteilt wurde. Danach wurde er in das Gefängnis in Brandenburg gebracht. Nachdem er stets abgelehnt hatte, seine Verweigerung zurückzunehmen, wurde er am 9. August 1943 hingerichtet. Am 26. Oktober 2007, dem österreichischen Nationalfeiertag, wurde Jägerstätter seliggesprochen. (H)

Konstantin der Große (Ks.; 285–337) – Hemming (Henning) (Bf. von Abo; um 1290–1366) – Karl Eugen von Mazenod (1782–1861)

22. Mai

Julia von Korsika

Julia († um 440 oder um 618) stammte aus Karthago und soll als Sklavin nach Korsika verkauft worden sein. Beim Vandaleneinfall des Jahres 439 soll sie gekreuzigt worden sein. Sie zählt zu den meistverehrten Heiligen in Italien. (H)

Rita von Cascia

Rita (vor 1370–1447) wird wegen ihrer Herzensgüte und selbstlosen Nächstenliebe als Helferin in aussichtslosen Nöten auf der ganzen Welt, besonders in Italien, in Südamerika und auf den Philippinen, verehrt und angerufen. Sie wuchs in Umbrien auf und wurde jung mit einem Mann vermählt, der nach 18 Ehejahren ermordet wurde. Als bald darauf auch ihre beiden Söhne starben, trat sie in das Augustinerinnenkloster in Cascia ein. Ihre besondere Sorge galt den Armen, Kranken und ihren Familien. Sie führte ein Leben strenger Enthaltsamkeit und Buße in tiefer Liebe zum leidenden Erlöser, mit dem sie sich mystisch verbunden fühlte. 1432 empfing sie das Stigma der Dornenwunde auf ihrer Stirn, das sie 15 Jahre bis zu ihrem Tode als schmerzende, offene Wunde trug. Kurz vor ihrem Tod erblühte der Legende nach mitten im Winter auf ihren Wunsch eine Rose. Die Rose wurde zum Symbol für Leiden und Freude im Leben der hl. Rita. Noch heute werden darum am 22. Mai in Italien „Rita-Rosen“ geweiht. (B)

Aemilius (Emil) von Karthago (Märtyrer; † um 250)

23. Mai

Johannes Baptista de Rossi

Johannes Baptista de Rossi (1698–1764) wurde in Voltaggio (Oberitalien) geboren und studierte in der Folge bei den Dominikanern in Rom. 1721 wurde er zum Priester geweiht. In Rom begannen seine epileptischen Anfälle, die ihn sein ganzes Leben begleiteten. Als Priester galt seine ganze Sorge den Armen und Kranken in Rom. Er wurde Kanonikus an S. Maria in Cosmedin, was ihm ermöglichte, seine Einkünfte daraus unter den Armen zu verteilen. (H)

Desiderius (Bf. von Langres; um 315–355) – Desiderius (Ebf. von Vienne; † um 611)

24. Mai

Esther

Esther (dt. Stern, lat. stella) ist die Hauptfigur des gleichnamigen alttestamentlichen Buches, welches im 3. Jh. v. Chr. entstanden sein dürfte. Dort wird sie als jüdische Ehefrau des persischen Kg. Ahasveros geschildert, der mit Kg. Xerxes I. (519–465 v. Chr.) gleichgesetzt wurde, was aber historisch nicht haltbar ist. Durch ihre mutige Fürsprache bei ihrem Ehemann habe sie ihr Volk vor der Vernichtung gerettet. Auf dem Buch Esther beruht das jüdische Purimfest (im März), welches wie ein Karneval gefeiert wird. (H)

Für diesen Tag gibt es die Bauernregel: „Lein, gesät an Esthern, wächst am allerbesten."

Maria Auxilium – Hilfe der Christen

Das Fest Maria Auxilium bzw. Maria – Hilfe der Christen ist das sog. „Schutzmantelfest". Es wurde von Papst Pius VII. eingeführt, als er nach dem Sieg über Napoleon am 24. Mai 1814 nach Rom zurückkehren konnte. (H)

Johannes von Prado

Johannes von Prado (1563–1631) wurde in Morgovejo (Spanien) geboren und trat in den Franziskanerorden ein. Erst mit 67 Jahren ging er 1630 zusammen mit zwei anderen Ordensbrüdern als Missionar nach Marokko. Doch wurden sie bald verhaftet. Der Sultan selbst enthauptete Johannes von Prado persönlich. Die beiden anderen konnten entkommen. Er steht am Beginn der neueren franziskanischen Mission. (H)

Vinzenz von Lérins (Mönch, † vor 450) – Dagmar (Kg. von Dänemark; † 1212)

25. Mai

Urban

Bis zur Kalenderreform 1969/70 war dieser Tag der Gedenktag, nun ist es der 19. Mai (siehe dort). Für den 25. Mai gibt es zahlreiche Bauernregeln, so u. a.: „Hat der Urbanstag schön Sonnenschein, verspricht er viel und guten Wein“, „Danket Sankt Urban, dem Herrn, er bringt dem Getreide den Kern“.

Beda der Ehrwürdige

Beda (um 672–735), der den Beinamen „der Ehrwürdige“ (*venerabilis*) erhielt, zählte zu den bedeutendsten Gelehrten des frühen Mittelalters. Er wuchs in Nordengland auf. Schon mit sieben Jahren kam er in das Benediktinerkloster Wearmouth und wechselte später in das neugegründete Kloster Jarrow, wo er bis zu seinem Tode als frommer, bescheidener Klosterbruder lebte und seine Erfüllung im Lernen, Lehren und Schreiben fand. Mit 30 Jahren wurde er Priester. Seine etwa 40 Bücher umfassten fast alle Bereiche des damaligen Wissens, darunter zahlreiche theologische Werke, in denen er die Heilige Schrift und die kirchliche Lehre verständlich zu machen suchte. Sein Hauptwerk ist die Kirchen- und zugleich politische Geschichte Englands; sie machte ihn zum „Vater der englischen Geschichtsschreibung“. Als erster Historiker verwandte er die Datierung „nach Christi Geburt“. Leo XIII. erhob ihn zum Kirchenlehrer. (B)

Gregor VII.

Papst Gregor VII. (um 1015–1085) gilt wegen seiner bis heute nachwirkenden Bedeutung für die Kirchenreform als einer der bedeutenden, aber nicht unumstrittenen Päpste. 1047 trat er in das Reformkloster Cluny ein. Doch schon bald (1048) wurde er vom Papst Leo IX. *[19. 4.]* nach Rom berufen und war dort in der Kirchenleitung tätig. 1073 wurde er selbst zum Papst gewählt und trieb seine Reformvorstellungen weiter voran, die er 1075 in 27 Leitsätzen (*Dictatus Papae*) niederlegte. Darin betonte er die Vorrangstellung der geistlichen gegenüber der weltlichen Macht sowie die päpstliche Zentralgewalt. Er kämpfte gegen die Simonie (Käuflichkeit geistlicher Ämter) und für den Zölibat. Im Investiturstreit um die Verleihung geistlicher Ämter durch weltliche Macht exkommunizierte er Ks. Heinrich IV. Dieser Konflikt fand 1077 ein vorläufiges Ende, als Heinrich sich beim Bußgang vor den Toren Canossas dem Papst unterwarf, der daraufhin den Bann löste. Der Kampf ging jedoch weiter. So exkommunizierte der Papst den Kg. nochmals. Daraufhin zog Heinrich 1083/84 in Rom ein, belagerte Gregor in der Engelsburg und ließ sich von einem Gegenpapst zum Ks. krönen. Zwar befreiten die Normannen den Papst. Doch als sie Rom plünderten, musste Gregor nach Salerno fliehen, wo er ein Jahr später starb. (B)

Maria Magdalena von Pazzi

Maria Magdalena von Pazzi (1566–1607) gehört zu den bedeutendsten Mystikerinnen der katholischen Kirche. 1582 trat sie in den Karmel ein. Als sie während ihres Noviziats schwer erkrankte, durfte sie vorzeitig – auf dem Krankenlager – ihr Ordensgelübde ablegen. Nach schweren körperlichen und seelischen Leiden begannen ihre oft mehrstündigen Visionen, die von ihren Mitschwestern aufgeschrieben wurden. Diese Visionen bezogen sich vorwiegend auf die Geheimnisse der Dreifaltigkeit sowie der Menschwerdung und Passion Christi. Bis zur Kalenderreform von 1969/70 war der 29. Mai ihr Gedenktag. (B)

Aldhelm (Bf. von Sherborne; um 639–709)

26. Mai

Philipp Neri

Philipp Neri (1515–1595) war eine der führenden Gestalten der Katholischen Reform des 16. Jh. Als junger Mann ging er nach Rom und arbeitete dort 16 Jahre als Erzieher. Dabei führte er ein Leben des Gebetes und der Nächstenliebe, pflegte Kranke und gab auf der Straße religiöse Unterweisungen. In diesen Jahren studierte er auch Theologie und Philosophie. 1548 gründete er mit seinem Beichtvater

Persiano Rosa die Bruderschaft von der Heiligsten Dreifaltigkeit zur Pflege armer und kranker Rompilger. 1551 wurde er zum Priester geweiht. Er sammelte Menschen um sich, um mit ihnen die Bibel zu lesen, zu beten und zu musizieren. Daraus erwuchs ab 1552 das „Oratorium" Philipp Neris. Der Name leitete sich aus dem Treffpunkt der Gruppe ab, einem Gebetsraum. Die Idee des Oratoriums als einer Gemeinschaft von Priestern und Laien hat sich seither in der ganzen Welt verbreitet. Mit seinen Mitbrüdern führte Neri neue Seelsorgemethoden ein, wie die Kinderpredigt, geistliche Lieder in der Volkssprache, Wallfahrten und geistliche Übungen. Sein Wesen war geprägt von Humor, Lebensfreude und einer tiefen Demut. (B)

Eleutherus (Bf. von Rom; † 189) – Godo (Abt von Oyes; † um 690)

27. Mai

Augustinus von Canterbury

Augustinus (546–604/05) kam als Glaubensbote zu den Angelsachsen und erhielt deshalb den Beinamen „Apostel Englands". Er war Benediktinermönch und Prior des St.-Andreas-Klosters in Rom, als ihn Papst Gregor I. 596 mit vierzig Mönchen zur Mission nach England schickte. Kg. Ethelbert von Kent nahm die Missionare freundlich auf und ließ ihnen freie Hand. Ihre Bemühungen waren bald erfolgreich. Weihnachten 597 ließen sich 10.000 Angelsachsen taufen. 601 wurde Augustinus erster Ebf. von Canterbury. Die berühmte Christuskirche (Christ-Church) in Canterbury geht auf ihn zurück. Auf Geheiß des Papstes wurden die heidnischen Tempel zu christlichen Kirchen umgewidmet und die heidnischen Bräuche so weit wie möglich in christliche gewandelt, ein Vorgehen, das sich als sehr klug erwies. Versuche der Einigung mit der keltisch-irischen Kirche im Norden schlugen fehl, da keine Übereinstimmung in Fragen des Taufritus und des Ostertermins erzielt werden konnte. Erst 664, also lange nachdem Augustinus gestorben war, konnten auf der Synode von Whitby die Differenzen beigelegt werden. Bis zur Kalenderreform von 1969/70 war der 28. Mai sein Gedenktag. (B)

Julius von Durostorum (Märtyrer; † 302) – Bruno (Bf. von Würzburg; † 1045)

28. Mai

Germanus von Paris

Germanus (Germain) von Paris (um 496–576) stammte aus Autun, wurde Priester und lebte als Einsiedler. 540 wurde er Abt eines Klosters in Autun, 550 auf Drängen des merowingisch-fränkischen Kg. Childebert I. Bf. von Paris. Seine Sorge galt vor allem der Armen- und Krankenfürsorge, und er war beim Volk bald sehr beliebt. Bald nach seinem Tod setzte seine Verehrung ein. (H)

Wilhelm von Aquitanien (um 745–812) – Lanfranc (Ebf. von Canterbury; um 1005–1089)

29. Mai

Ursula (Julia Maria) Gräfin Ledóchowska

Julia Maria Halka von Ledochów, Gräfin Ledóchowska (1865–1939) – so der genaue Name – wurde in Loosdorf (Niederösterreich) als Tochter des Grafen Anton von Ledóchowski, einem k. u. k. Kämmerer, und der Josepha Gräfin Salis-Zizers geboren. Die Familie Ledóchowski ist zwar polnischstämmig, jedoch in dem damals zu Österreich gehörenden West-Galizien ansässig gewesen und wurde 1800 von Ks. Franz II. in den Grafenstand erhoben. Der Vater verlor sein Vermögen bei dem Börsenkrach des Jahres 1873. 1886 trat sie in dem damals zu Österreich gehörenden Krakau in den Ursulinenorden ein und nahm den Ordensnamen Ursula an, wo sie zwischen 1904 und 1907 Oberin war. Danach ging sie als Leiterin einer Tochtergründung nach St. Petersburg, aus der ab 1908 die von ihr gegründeten „Ursulinen vom Todesangst leidenden Herzen Jesu" (Grauen Ursulinen) entstanden sind, die sich vor allem der Fürsorge für Arme, Kranke, Alte und Kinder aus sozial schwachen Familien widmeten. Bei Ausbruch des Ersten Weltkriegs musste sie als österreichische Staatsbürgerin ins schwedische Exil, von wo sie in ganz Skandinavien Niederlassungen und Schulen gründete. Nach dem Weltkrieg kehrte sie 1920 ins nunmehr selbstständige Polen zurück und wurde Generaloberin der nun formell genehmigten Grauen Ursulinen. 1931 ging sie nach Rom, der nunmehrigen Zentrale dieser Kongregation, wo sie auch starb. Ihre ältere Schwester, Maria Theresia Gräfin Ledóchowska, wurde ebenfalls seliggesprochen. (H)

Maximin (Bf. von Trier; † 346) – Sisinnius, Martyrius und Alexander (Märtyrer; † 397) – Bona von Pisa (Mystikerin; um 1156–1207/08)

30. Mai

Johanna von Orléans

Johanna von Orléans (Jeanne d'Arc) (1412?–1431) wurde in Domrémy, dem heutigen Domrémy-la-Pucelle in Lothringen, als Tochter eines Bürgermeisters geboren. Ab dem 13. Lebensjahr hörte sie Stimmen, Frankreich von den Engländern zu befreien und dem frz. Kg. zu Hilfe zu eilen. Es war das die Zeit des Hundertjährigen Krieges, in dem England die Oberherrschaft in Frankreich erreichen wollte. Bis zu ihrem 17. Lebensjahr hielt sie diese Audio-Visionen geheim, dann begab sie sich zum Dauphin (Kronprinz), dem späteren Kg. Karl VII. Der ließ sich schließlich von der Mission Johannas überzeugen. Es gelang ihr, die demoralisierten frz. Soldaten aufzurichten und Orléans zu befreien. Weitere militärische Erfolge fügten sich an, und am 17. Juli 1429 konnte sie mit dem Dauphin in Reims einziehen, der dann dort gekrönt wurde. Intrigen am Hof führten dazu, dass Johanna von den Engländern 1430 verhaftet werden konnte. Sie wurde von einem Inquisitionsgericht zum Tode verurteilt und am 30. Mai 1431 in Rouen auf dem Scheiterhaufen verbrannt. Bereits 1456 hob Papst Calixtus II. das Urteil auf. Doch erst im 19. Jh. lebte der Kult um die frz. Nationalheilige wieder auf. (H)

Basilius der Ältere und Emmelia (270/300–330/372) – Ferdinand III. (Kg. von León und Kastilien; 1201–1252) – Otto Neururer (Priester, Märtyrer; 1882–1940)

31. Mai

Petronilla

Petronilla († 1. Jh.) war eine frühchristliche Märtyrerin. Nach einer Legende soll sie die Tochter des Apostels Petrus *[29. 6.]* gewesen sein. (H)

Sie ist Patronin der Pilger und Reisenden sowie gegen Fieber. An ihrem Gedenktag gibt es einige Bauernregeln, so u. a.: „Wer Hafer sät an Petronell, dem wächst er gut und wächst er schnell", „Ist es klar an Petronell, messt den Flachs ihr mit der Ell".

Mechthild von Dießen

Mechthild von Dießen († 1160) wurde als Tochter eines Grafen von Andechs geboren und mit sechs Jahren den Augustinerinnen im nahen Dießen übergeben. Nachdem das entsprechende Alter erreicht war, trat sie offiziell in dieses Chorfrauen-Kloster ein. Sie war dort einige Jahre Priorin, bis sie 1153 vom Bf. von Augsburg als Äbtissin nach Edelstetten (in der Nähe von Krumbach) geschickt wurde, um das dortige Kloster zu reformieren. Nach einigen Jahren kam sie wieder nach Dießen zurück, um dort die letzten Jahre zu verbringen. (H)

Helmtrud (Hiltrud) von Neuenheerse (Einsiedlerin; † um 950) ·

Marienmonat Mai – Maria Kevelaer –
„Maria Trösterin der Betrübten"

Die Drei Bitttage

Nach zahlreichen Feuern und Erdbeben und großen Zerstörungen in seiner Heimstadt Vienne führte der dortige Bf. Mamertus [11. 5.] 470 die Drei Bitttage bzw. Bittgänge vor dem Christi Himmelfahrtstag ein. das sind Prozessionen zur Abwendung von Gefahren. Die hierfür erstellten Litaneien und Bittgebete verbreiteten sich in ganz Gallien und Spanien sowie dann auch im dt.-spr. Raum. (H)

Zu diesen Bitttagen gibt es die Bauernregel: „Fällt an den Bitttagen reichlich Regen, liegt auf der Ernte auch ein Segen."

Christi Himmelfahrt

Die Himmelfahrt Jesu 40 Tage nach der Auferstehung wird am Beginn der Apostelgeschichte berichtet. Als liturgisches Fest zum Gedenken an dieses Ereignis ist es seit Ende des 4. Jh. in Jerusalem bezeugt. An diesem Feiertag hatte sich vor allem in der Barockzeit ein anschauliches und überschwängliches Brauchtum entwickelt. So wurden in den Kirchen bei Gottesdiensten nicht selten Figuren des auferstandenen Christus in eine Öffnung in der Decke hinaufgezogen. Später hat sich für einige Zeit der Brauch entwickelt, bei der Lesung dieses Tages die Osterkerze – Symbol des Auferstandenen – auszublasen. In Österreich finden an diesem Tag in der Regel die Feiern zur Erstkommunion statt. (H)

Zu diesem Tag gibt es Bauernregeln, u. a.: „Wie das Wetter am Himmelfahrtstag, so auch der ganze Herbst sein mag", „Regen am Himmelfahrtstag – vierzig Tage seiner Art".

Pfingsten

Am Pfingstsonntag gedenkt das Christentum an die Aussendung des Heiligen Geistes, die auch als Beginn der Kirche interpretiert wird. Aus dem Bericht darüber in der Apostelgeschichte (2,1–11) geht hervor, dass an diesem Tag das jüdische „Wochenfest“ (Schavuot), gefeiert wurde. Ursprünglich war es ein Erntedankfest für die dort bereits stattgefundene Weizenernte, später wurde auch an die Übergabe der Zehn Gebote am Sinai erinnert. Dieses „Wochenfest“ wurde am 50. Tag (griech. Pentekoste – Pfingsten) nach dem Pesachfest gefeiert. Der Pfingstmontag ist nicht in allen Ländern Feiertag. Bereits seit 1975 gab es an diesem Tag eine liturgische Feier für „Maria, Mutter der Kirche“. 2018 wurde dieser Gedenktag für die ganze katholische Kirche eingeführt. (H)

Zu Pfingsten gibt es auch Bauernregeln, u. a.: „Pfingstregen – Weinsegen“, „Wenn wir Regen an Pfingsten bekommen, wird uns die ganze Ernt' genommen“.

Dreifaltigkeitssonntag

Der Ursprung dieses Dreifaltigkeitsfestes liegt im Mittelalter im gallischen Raum. In Klöstern wurde es schon vor der Jahrtausendwende gefeiert. Erst 1334 wurde es offiziell eingeführt. Die katholische Kirche zählt die folgenden Sonntage „nach Pfingsten“, während die evangelische Kirche noch heute die Sonntage „nach Trinitatis“ benennt. (H)

Zu diesem Sonntag gibt es eine Bauernregel: „Dreifaltigkeitsregen – Feldersegen.“

Fronleichnam

Da der Gründonnerstag stark von der Passion überschattet wird, wurde das Fronleichnamsfest in Erinnerung an die Einsetzung der Eucharistie eingeführt. Es wurde erstmals 1246 in Lüttich gefeiert. Papst Urban IV. fügte dieses Fest 1264 in den kirchlichen Festkalender am zweiten Donnerstag nach Pfingsten ein, dessen allgemeine Geltung erst 1317 durchgesetzt wurde. Bald hat sich der Brauch der Fronleichnamsprozessionen eingebürgert, die in Dtl. ihren Anfang nahmen. 1277 fand in Köln die erste statt. Von der Wortbedeutung her meint Fronleichnam: mhd.: *vron* = Herr, *lichnam* = lebendiger Leib. (H)

Zu diesem Feiertag gibt es Bauernregeln, u. a. „Regnet's am Fronleichnamstag, regnet's noch vier Wochen nach", „Corpus Christ schön und klar, guter Wein in diesem Jahr".

Philipp Neri – 26. Mai

1. Juni

Justinus der Märtyrer

Justinus (nach 100–165) war ein Kirchenlehrer der frühen Kirche. Er entstammte einer heidnischen Familie. Beim Studium der philosophischen Strömungen seiner Zeit erkannte er schließlich das Christentum als die für ihn einzig wahre Philosophie. Im Alter von 30 Jahren ließ er sich taufen und wirkte als Prediger und Missionar. Er verfasste Apologien, in denen er die Richtigkeit der christlichen Lehre darlegte. Als erster christlicher Theologe versuchte er, die christliche Glaubenslehre mit der griech. Philosophie zu verbinden, und legte damit einen Grundstein für die weitere christliche Theologie. Ihm verdanken wir die ältesten Zeugnisse frühchristlicher Liturgie. 165 wurde er mit sechs seiner Schüler gefangen genommen, gegeißelt und dann enthauptet, da sie sich dem Götzenkult verweigerten. Er ist u. a. Patron der Philosophen. Bis zur Kalenderreform von 1969/70 war der 14. April sein Gedenktag, wo es einen Lostagspruch gibt (siehe dort). (B)

Fortunatus

Fortunatus († um 400) war ein Priester in Turrita (Ortsteil von Montefalco, Umbrien, Italien). Er wirkte dort als Wohltäter sowie Wundertäter und wurde dort begraben. (H)

Für diesen Gedenktag gibt es folgende Bauernregeln: „Ist's an Fortunatus rein, bringt der Bauer gute Ernte ein", „Schönes Wetter auf Fortunat, ein gutes Jahr zu bedeuten hat".

Proculus von Bologna (Märtyrer; † um 303) – Luitgard (Äbtissin von Bassum; 9. Jh.) – Simeon von Trier (Einsiedler; † 1035)

2. Juni

Marcellinus und Petrus

Marcellinus († 299) und Petrus († 299) sind Glaubenszeugen der frühen Kirche, die während der Christenverfolgung unter Ks. Diokletian den Märtyrertod erlitten. Papst Damasus I. *[11. 12.]* verfasste eine Inschrift für ihre Gräber an der Via Labicana. Ihr Name findet sich bereits in frühen liturgischen Texten. Ihre Reliquien wurden 827 entwendet und zunächst nach Steinbach-Michelstadt im Odenwald gebracht. Später wurden sie endgültig nach Ober-Mühlheim in Hessen übertragen, das daraufhin Seligenstadt genannt wurde. (B)

Erasmus

Erasmus († um 303) stammte nach legendenhaften Berichten wahrscheinlich aus Antiochia, wo er auch zum Bf. gewählt wurde. Während der diokletianischen Verfolgung sei er zuerst in das Gebiet des heutigen Libanon geflohen, dann wieder zurückgekehrt und verhaftet sowie im Gefängnis gefoltert worden. Ein Engel hätte ihn befreit und nach Fórmia in Kampagnien (Italien) gebracht, wo er dann gestorben sei. Sein Kult ist seit dem 6. Jh. nachweisbar, seit ca. 1300 zählt er zu den Vierzehn Nothelfern mit einer ganzen Liste von Beschwerden, gegen die er helfen soll. (H)

Er ist Patron der Seefahrer, Seiler, Drechsler, Weber, gegen Krämpfe, Koliken, Magenleiden, Geburtsschmerzen und Unterleibsbeschwerden, bei der Geburt sowie gegen Viehkrankheiten. An seinem Gedenktag gibt es die Bauernregeln: „Regen am Erasmustag, verdirbt den ganzen Heuertag", „An Erasmus viel Donner, verkündet trüben Sommer".

Blandina von Lyon (Märtyrerin; † um 177) – Photinus (Märtyrer; Bf. von Lyon; † um 177) – Armin (Märtyrer; † 304) – Eugen I. (Papst; um 600–657) – Stephan (Stenfinn) (Märtyrer, Bf. von Hälsingland; † nach 1072)

3. Juni

Kevin (Coemgen) von Wicklow (von Glendalough)

Kevin († um 618), dessen Name auf Gälisch/Irisch so viel wie „hübsch von Geburt" heißt, stammte aus Irland und gründete in Glendalough eine Einsiedelei. Er sammelte viele Schüler und Bewunderer um sich, sodass daraus eine klösterliche Gemeinschaft und dann eine der großen Klostersiedlungen Irlands entstand. Zu dieser entwickelte sich bald eine bedeutende Wallfahrt. Gegen Ende des 20. Jh. wurde sein Name für die Vornamensgebung im dt.-spr. Raum – obwohl dieser hier bislang nahezu unbekannt war – plötzlich wegen eines Schauspielers populär. (H)

Morandus

Morandus (um 1075–1115) stammte aus Worms und trat nach einer Wallfahrt nach Santiago de Compostela als Mönch in das Benediktinerkloster Cluny ein. In der Folge wurde er Prior des Klosters St. Christoph bei Altkirch im Elsass. Hier wirkte er neun Jahre lang und erhielt auf Grund seiner großen seelsorgerischen Tätigkeit den Titel Apostel des Sundgaus. Teile seiner Reliquien befinden sich im Wiener Stephansdom, denn Morandus war einer der Hauspatrone der Habsburger. (H)

Karl Lwanga und Gefährten

Karl Lwanga (1865–1886), der Patron der Katholischen Aktion der Jugend Afrikas, gehört zu den 22 Blutzeugen von Uganda, die unter Kg. Mwanga für ihren Glauben den Märtyrertod erlitten. Kg. Mwanga war zunächst dem Christentum zugetan, ließ es aber dann verbieten, da seine Ratgeber die fremde Religion ablehnten und die Missionare verleumdeten. Karl leitete die Pagen am Hofe und sprach ihnen Mut zu, als der Kg. die Ausübung des christlichen Glaubens mit dem Tode bedrohte. Am 3. Juni 1886 wurden Karl und zwölf weitere Gefährten bei lebendigem Leibe verbrannt, nachdem sie sich geweigert hatten, ihren Glauben zu verleugnen. Sie gehören zu den 22

Märtyrern, die Papst Paul VI. 1964 heiligsprach und in ihrer besonderen Bedeutung für die Kirche Afrikas hervorhob. (B)

Clothilde (Kg. in Franken; um 474–544) – Hildeburg von Pontoise (Reklusin; † 1115)

4. Juni

Quirinus von Siscia

Quirinus von Siscia († 308/09) stammte aus der Gegend des heutigen Kroatien und wurde zum Bf. von Siscia gewählt, dem heutigen kroatischen Sissek (ungar. Sziszek). Als er sich bei der Christenverfolgung weigerte, den Weihrauch zu opfern, wurde er brutal gefoltert. Man hat ihm einen Mühlstein um den Hals gegeben und ihn in den Fluss Sibaris, heute Güns (ungar. Gyöngyös), bei Sabaria, heute Steinamanger (ungar. Szombathely), versenkt. Seine Reliquien waren ursprünglich dort, wurden dann aber um 600 nach Rom verbracht. (H)

Christa (Märtyrerin; 3./4. Jh.) – Saturnina von Arras (Märtyrerin; 7. Jh.)

5. Juni

Bonifatius (Winfried)

Bonifatius (672/673–754), der „Apostel Deutschlands“, hieß ursprünglich Winfried und stammte aus einer angelsächsischen Adelsfamilie in Wessex. Er wurde Benediktinermönch, Priester und Lehrer an der Klosterschule in Nursling. 716 ging er als Missionar nach Friesland, kehrte aber schon bald erfolglos zurück. Papst Gregor II. beauftragte ihn 719 mit der Germanenmission und gab ihm den Namen Bonifatius (Wohltäter). 722 weihte der Papst ihn zum Missions-Bf. Im Auftrag Gregors begann Bonifatius, die Kirche in Germanien zu ordnen. Er zerstörte heidnische Heiligtümer, z. B. die Donareiche in Geismar (bei Fritzlar). Aus deren Holz soll er eine dem hl. Petrus geweihte Kapelle gebaut haben, wo heute in Fritzlar die Stiftskirche St. Peter steht. Er gründete zahlreiche Kirchen und Klöster. 732 ernannte ihn Papst Gregor III. *[10. 12.]* zum Ebf. und erteilte ihm die Erlaubnis, Bischofssitze einzurichten. So gründete Bonifatius die Bistümer Passau, Salzburg, Freising, Regensburg, Würzburg und Eichstätt sowie Büraburg und Erfurt, die bald Mainz eingegliedert wurden. 744 initiierte er die Gründung seines Lieblingsklosters Fulda. Zwischen 743 und 745 berief er vier Synoden ein, um die fränkische Kirche zu reformieren. 747 wurde er Ebf. von Mainz. Als Bonifatius sich in hohem Alter noch einmal zur Mission nach Friesland aufmachte, wurde er dort mit seinen Mitarbeitern erschlagen. An seinem Grab in Fulda versammelt sich alljährlich die Deutsche Bischofskonferenz. (B)

Bonifatius ist Patron von Dtl. und des Btm. Fulda.

Adalar (Bf. von Erfurt, Märtyrer; † 754) – Eoban (Bf. von Utrecht, Märtyrer; † 754) – Meinwerk (Bf. von Paderborn; um 970–1036)

6. Juni

Norbert von Xanten

Norbert (um 1080–1134) war der Gründer des Prämonstratenserordens, des größten Chorherrenordens der Kirche. Norbert war adeliger Herkunft und führte zunächst als Stiftsherr in Xanten, dann im Dienst des Ebf. von Köln ein angenehmes Leben. Später begleitete er Ks. Heinrich V. als Berater nach Rom. Dann ließ ihn ein innerer Wandel einen neuen Weg geistlichen Lebens suchen. Er verschenkte sein Vermögen, wurde 1115 zum Priester geweiht und zog nach zwei Jahren innerer Einkehr als Wanderprediger durch Dtl., Belgien und Frankreich. Auf der Suche nach einer Verbindung des urkirchlichen Ideals geschwisterlicher Liebe mit einem Leben in Armut, Ehelosigkeit und Gehorsam gründete er 1120/21 im Btm. Laon (Frankreich) das Kloster Prémontré, das zur Keimzelle des Prämonstratenserordens wurde, einer Vereinigung von Chorherren nach der Regel des hl. Augustinus *[28. 8.]*. Klösterliche Lebensweise, Gebet und Meditation verbinden sich hier mit seelsorglichen Aufgaben.

1126 wurde Norbert Ebf. von Magdeburg, wo ihm mit Pflichteifer und Strenge trotz großer Widerstände die innere Erneuerung des Btm. gelang. (B)

Er ist Patron für eine glückliche Entbindung, und an seinem Gedenktag gibt es die Bauernregel: „Wer auf Norbert baut, erntet Flachs und Kraut."

Ceratus (Bf. von Grenoble; um 400–um 452) – Claudius (Abt in Condat († um 694) – Falco (Abt in La Cava; † 1146) – Gilbert (Prior von Neuffontaines; um 1076–1152) – Bertrand (Patriarch von Aquileja; um 1260–1350)

7. Juni

Deochar

Deochar (Deotker, Dietger, Theodegar) († um 832) stammte aus Bayern, war ursprünglich Einsiedler und gründete in Hasareoda, dem heutigen Herrieden in Mittelfranken, 795 ein Benediktinerkloster, dessen Abt er war. Ab 802 war er im Rahmen der karolingischen Verfassung Königsbote und an der Übertragung der Gebeine des hl. Bonifatius *[5. 6.]* nach Fulda beteiligt. Auch ist seine Teilnahme an der Synode von Mainz im Jahr 829 belegt. Ursprünglich in seiner Abtei beigesetzt, gelangten die Reliquien 1316 zuerst nach Nürnberg und dann 1845 nach Eichstätt. (H)

8. Juni

Medardus

Medardus von Noyon (um 475–550/561) war fränkisch-röm. und adeliger Herkunft, wurde 505 zum Priester geweiht und schließlich 535 oder 546 Bf. von Vermand. Den Bischofssitz verlegte er dann nach Noyon (Departement Oise). Als solcher weihte er Radegundis *[13. 8.]* zur Diakonin. Der Überlieferung nach soll er auch Bf. von Tournai (Doornick) gewesen sein und von dort aus die Flamen missioniert haben. Zu seinem Leben gibt es zahlreiche Legenden, die ihn als

Wohl- und Wundertäter schildern. Er wurde bald nach seinem Tod verehrt. (H)

Er ist Patron der Bauern, Winzer, Bierbrauer und Schirmemacher, für eine gute Ernte, für Befreiung von Gefangenen, gegen Regen, Zahnschmerzen, Fieber und Geisteskrankheiten. An seinem Gedenktag gibt es zahlreiche Bauernregeln, so u. a.: „Ein sonniger Medardustag, stillt aller Bauern Klag", „Regen am Medardustag, verdirbt den ganzen Heuertrag".

Maria Gräfin Droste zu Vischering

Maria Gräfin Droste zu Vischering (1863–1899) entstammte einem alten westfälischen Adelsgeschlecht und wurde in Münster geboren. Sie trat 1888 in den „Orden der Schwestern vom guten Hirten" ein und nahm den Ordensnamen Maria vom göttlichen Herzen Jesu an. Bereits 1894 wurde sie Oberin der Ordensniederlassung in Porto (Portugal). Sie litt an einer Rückenkrankheit und war schon bald ans Bett gefesselt, erfüllte dennoch ihre Pflichten. Sie besaß auch außergewöhnliche mystische Begabungen und hatte Visionen, in denen der Wunsch vermittelt wurde, dass die ganze Welt dem Herzen Jesu geweiht werden soll. Das übermittelte sie Papst Leo XIII., der mit seiner Enz. *Annum sacrum* dann die Welt dem Herzen Jesu weihte. (H)

Melania von Rom (die Ältere) (Äbtissin; um 342–um 409) – Chlodulf (Bf. von Metz; † 697)

9. Juni

Ephräm der Syrer

Ephräm oder Ephraim (um 306–373) gilt als der bedeutendste Schriftsteller der syrischen Kirche. Er stammte aus einer christlichen Familie in Nisibis, dem heutigen Nusaybin in der Türkei. Er wurde dort Diakon und Lehrer und zeichnete sich durch seine hohe Sittlichkeit aus. Als Nisibis 363 an die Perser abgetreten wurde, ging Ephräm nach Edessa (heute Urfa, Türkei), wo er zunächst als Einsiedler lebte. Später gründete er dort eine theologische Schule. Er verfasste zahlreiche dogmatische und moraltheologische Werke, daneben mehr als hundert Hymnen, die die Hymnendichtung des Abendlandes beeinflussten und in der syrischen Liturgie noch heute große Bedeutung haben. Viele der Lobgesänge gelten Maria, andere haben lehrhaften Charakter. Deswegen erhielt er den Ehrennahmen „Die Harfe Gottes". Ephräm wird in der orthodoxen und in der katholischen Kirche verehrt. 1920 wurde er zum Kirchenlehrer erhoben. Bis zur Kalenderreform von 1969/70 war der 18. Juni sein Gedenktag. (B)

Liborius

Liborius († 397) entstammte aus einem vornehmen gallischen Geschlecht und wurde 348 zum Bf. von Le Mans gewählt. Er soll eine 49-jährige segensreiche Tätigkeit ausgeübt haben, und mehrere Wunderheilungen werden ihm zugeschrieben. Mit dem hl. Martin von Tours *[11. 11.]* war er befreundet. Bf. Aldric von Le Mans überließ die Reliquien von Liborius 836 dem Bf. Badurad von Paderborn, der damit den Glauben in dem noch jungen Christentum seines Btm. stärken wollte. Im Dreißigjährigen Krieg raubten 1622 Landsknechte den Schrein mit den Reliquien des Liborius. Sie wurden aber nach fünf Jahren gegen Zahlung einer hohen Rückgabesumme zurückgebracht. Dieser Tag, der 25. Oktober, wird in Paderborn als Gedenktag Klein-Libori begangen. Im Ebtm. Paderborn und im Btm. Essen ist der Gedenktag für den hl. Liborius der 23. Juli (Liborifest). Zum Auftakt des Liborifestes findet am ersten Samstag in der Liboriwoche die feierliche Erhebung der Reliquien statt. Alle fünf Jahre verleiht der Ebf. die 1977 gestiftete St.-Liborius-Medaille an eine Persönlichkeit, die sich um die Einigung Europas auf der Grundlage christlicher Prinzipien verdient gemacht hat. (H)

Primus und Felicianus (Märtyrer in Rom; † 305) – Vinzenz von Agen (Märtyrer; 3./4. Jh.) – Kolumban (Abt von Hye; 521–597)

10. Juni

Bardo

Bardo (um 980–1051) entstammte einer adeligen Familie aus Oppershofen in Hessen, die mit Ks. Gisela, der Gemahlin Ks. Konrads II., verwandt war. Er trat in Fulda in das Benediktinerkloster ein und wurde dort auch Leiter der Domschule. Später wurde er dann Abt in Kaiserswerth (Düsseldorf) und 1031 in Hersfeld. 1031 wurde er zum Ebf. von Mainz gewählt. Bekannt wurde seine Frömmigkeit und Mildtätigkeit, und er lebte so asketisch, dass seine Gesundheit in Gefahr war und Papst Leo IX. deswegen einschreiten musste. Unter ihm wurde der Mainzer Dom fertiggestellt. Er starb auf einer Reise in Paderborn und ist im Mainzer Dom begraben. Sein Grab wurde zu einer viel besuchten Pilgerstätte, an der sich Wunder ereignet haben sollen. (H)

Margareta von Schottland

Seit der Kalenderreform von 1969/70 ist der 16. November ihr Gedenktag (siehe dort). Für den 10. Juni gibt es zahlreiche Bauernregeln, so u. a.: „Hat Margarete keinen Sonnenschein, dann kommt das Heu nie trocken rein", „Regnet's am Margaretentag, dauert der Regen noch 40 Tag".

Maurinus von Köln (Märtyrer; 9. Jh.) – Diana von Andaló (Nonne; † 1236) – Heinrich von Bozen (um 1250–1315)

11. Juni

Barnabas

Barnabas hieß ursprünglich Josef und war ein zyprischer Levit. Den Beinamen Barnabas („Sohn des Trostes") erhielt er von den Aposteln (Apostelgeschichte 4,36). In der Apostelgeschichte wird er als Apostel bezeichnet, zählte aber nicht zum Kreis der Zwölf. Möglicherweise war er schon zu Jesu Lebzeiten dessen Jünger. Schon früh gehörte er zur Urgemeinde in Jerusalem und genoss dort großes Vertrauen. Wie die anderen Gemeindemitglieder soll auch er seinen Besitz verkauft und zur Verfügung gestellt haben (Apostelgeschichte 4,37). Ihm ist es zu verdanken, dass Paulus nach seiner Bekehrung in die Jerusalemer Gemeinde aufgenommen und von dieser als Heidenmissionar anerkannt wurde. Barnabas wurde Begleiter des Paulus *[29. 6.]*. Sie wirkten gemeinsam in Antiochia und machten zusammen die erste Missionsreise nach Zypern und durch Kleinasien. Mit Paulus setzte sich Barnabas auf dem Apostelkonvent dafür ein, dass den Heidenchristen nicht die Gesetze der Juden auferlegt wurden. Später kam es zu einem Streit, und die beiden trennten sich. Barnabas ging darauf mit seinem Vetter Markus *[25. 4.]* nach Zypern. Danach ist wenig über sein Leben bekannt. In der zweiten Hälfte des 1. Jh. soll er den Märtyrertod durch Steinigung erlitten haben. Bis zur Gregorianischen Kalenderreform 1582 war sein Gedenktag der 21. Juni, der längste Tag des Jahres. Luzia hatte ihren dagegen am 21. Dezember, dem kürzesten Tag (nunmehr 13. Dezember). (B)

Auf diesen Umstand bezieht sich der erste der Lostagsprüche: „An Barnabas die Sonne weicht, an Luzia wieder her sie schleicht", „Mit der Sens' der Barnabas – schneidet ab das längste Gras". Er ist Patron der Küfer, Böttcher und Weber, bei Streit und Traurigsein sowie gegen Betrübnis, Hagel und Steinschlag.

Rimbert (Ebf. von Bremen-Hamburg; um 830–888)

12. Juni

„Die drei elenden Heiligen": Zimius, Vimius und Marinus

„Die drei elenden Heiligen" Zimius, Vimius und Marinus (11./12. Jh. – 1153/54) lebten als Einsiedler im Altmühltal in der Nähe von Dietfurt. „Elend" hieß damals, dass es Fremde waren. Die drei waren auch in der Seelsorge tätig und begehrte Ratgeber sowie Helfer. In der Bevölkerung wurden sie bald sehr beliebt. Nachdem sie verstorben waren, entwickelten sich ihre Gräber bald zu einer Wallfahrtsstätte. (H)

Hildegard Burjan

Hildegard Freund (1883–1933) wurde in Görlitz geboren und entstammte einer liberalen jüdischen Familie. Sie besuchte das Gymnasium in Berlin und Zürich, wo sie zuerst Literatur und Philosophie (Promotion 1908) und dann in Berlin Nationalökonomie und Sozialwissenschaften studierte. 1907 heiratete sie Alexander Burjan, einen ungarischen Industriellen, mit dem sie nach Wien zog. Nachdem sie von einer schweren Krankheit geheilt wurde, konvertierte sie 1909 zum katholischen Glauben. Sie setzte sich für die Rechte von Frauen ein. 1912 gründete sie den Verband der christlichen Heimarbeiterinnen, 1918 den Verein Soziale Hilfe und 1919 die religiöse Schwesterngemeinschaft „Caritas Socialis“, die bis heute Pflegeheime und ein Hospiz unterhält sowie sich für die Ausbildung in Sozialberufen engagiert. Durch ihr christlich fundiertes soziales Engagement kam sie nach dem Ende des Ersten Weltkriegs in die Politik. 1918 wurde sie Gemeinderätin in Wien und im März 1919 als eine der ersten Frauen für die Christlichsoziale Partei in die Konstituierende Nationalversammlung (verfassungsgebendes Parlament) Österreichs gewählt. Sie wirkte auch an der Neubildung der Österreichischen Bahnhofsmission mit. (H)

Basilides und Gefährten (1. Jh.) – Onuphrius der Große (4. Jh.) – Leo III. (Papst; um 750.–816) – Eskil (Märtyrer, Bf. von Strängnäs;† um 1087)

13. Juni

Antonius von Padua

Antonius (1195–1231) ist einer der beliebtesten Volksheiligen und wird gern bei verloren gegangenen Gegenständen angerufen. Ursprünglich hieß er Fernandez und lebte als Sohn reicher Eltern in Lissabon. Mit 15 Jahren wurde er Augustiner-Chorherr. Die Überführung der ersten Märtyrer des Franziskanerordens von Marokko nach Portugal weckte in ihm den Wunsch, Missionar zu werden. Deshalb wechselte er 1220 zu den Franziskanern und wählte den Namen des Klosterpatrons Antonius. Auf seinen Wunsch hin wurde er nach Marokko geschickt, konnte aber wegen einer Erkrankung nicht als Missionar arbeiten. Auf der Heimreise verschlug es ihn nach Italien, wo Franz von Assisi *[4. 10.]* ihn zum ersten Lehrer der Theologie für die Minderbrüder ernannte. Antonius war ein begnadeter Prediger, der überaus großen Zulauf hatte. Lange wirkte er als überzeugender Bußprediger, besonders gegen die Ketzer in Oberitalien und Südfrankreich. Antonius war ein hervorragender Bibelkenner, seine Theologie war durch Augustinus *[27. 8.]* geprägt. Bereits elf Monate nach seinem frühen Tod in Arcella bei Padua wurde er am 30. Mai 1232 auf stürmisches Verlangen des Volkes, das ihn als großen Wundertäter verehrte, von Gregor IX. heiliggesprochen. 1946 wurde er zum Kirchenlehrer erhoben. (B)

Er ist Patron u. a. der Armen und Sozialarbeiter, der Liebenden und der Ehe, der Frauen und Kinder, der Bäcker, Bergleute, Schweinehirten und Reisenden, der Pferde und Esel; gegen Unfruchtbarkeit, Pest, bei Schiffbruch und in Kriegsnöten, für Wiederauffinden verlorener Gegenstände, gute Entbindung und eine gute Ernte. An seinem Gedenktag gibt es u. a. die Bauernregeln: „Wenn Sankt Anton d'Sonne lacht, Sankt Peter [29. 6.] viel in Wasser macht", „Hat Antonius starken Regen, geht's mit der Gerste wohl daneben".

14. Juni

Basilius

Seit der der Kalenderreform 1969/70 ist 2. Januar sein Gedenktag (siehe dort. Für den 14. Juni gibt es die Bauernregel: „Wie der Basilius, so der September."

Methodius der Bekenner

Methodius der Bekenner (um 790–847) wurde in Syrakus geboren und erhielt dort eine gediegene Ausbildung. Er ging dann nach Bithynien, wurde dort Mönch und später Abt. Er hielt sich ab 815 in Rom auf und kehrte 821 nach Konstantinopel zurück. Wegen seiner romfreundlichen Haltung war er 829 zeitweise inhaftiert. Ks. Theophilus holte ihn wieder an seinen Hof, und 843 wurde Methodius Patriarch von Konstantinopel. Im Bilderstreit dieser Zeit trat er für die Verehrung der Ikonen ein, was zu Zwistigkeiten innerhalb des Klerus führte. (H)

Elisa (Elisäus) (AT) – Valerius und Rufinus (Märtyrer in Soissons; † um 304) – Burchard (Bf. von Meißen; † 970) – Gottschalk und Eppo (Märtyrer; † 1066)

15. Juni

Vitus (Veit)

Vitus († um 304) starb schon im Kindesalter als Märtyrer. Seine geschichtliche Existenz ist gesichert, seine Lebensgeschichte jedoch legendär verdunkelt. Als Siebenjähriger soll er mit seinem Erzieher Modestus und seiner Amme Crescentia (sie hat ebenfalls am 15. Juni ihren Gedenktag) geflohen sein, weil ihn sein heidnischer Vater vom Glauben abbringen wollte. Der Legende nach wurden die drei in Rom unter Diokletian schlimmsten Foltern unterzogen, aus denen sie unversehrt hervorgingen, bevor sie dann starben. Seit dem Ende des 5. Jh. ist die Verehrung des hl. Vitus bezeugt. Der zu seiner Ehre erbaute Veitsdom in Prag reicht bis in das 10. Jh. zurück. Vitus wird zu den Vierzehn Nothelfern gezählt, als Vorname ist Veit gebräuchlich. (B)

Er ist Patron u. a. der Jugendlichen und Epileptiker (sog. „Veitstanz"), der Gastwirte, Apotheker, Winzer, Schauspieler, Bierbrauer, Bergleute, Kupferschmiede, der Stummen und Tauben, für gute Saat und gute Ernte, gegen Besessenheit, Hysterie, Hunde- und Schlangenbiss, gegen Krämpfe, Tollwut, bettnässende Kinder, Augen- und Ohrenleiden, Unwetter sowie gegen Unfruchtbarkeit. An seinem Tag gibt es zahlreiche Bauernregeln. Wie bei Barnabas [11. 6.] gibt es auch einen Spruch, der darauf hinweist, dass sein Gedenktag vor der Gregorianischen Kalenderreform in der Nähe der Sommersonnenwende lag: „St. Veit, der hat den längsten Tag, die Luzi [13. 12.] die längste Nacht vermag", „Regen am St. Vitustag, die Gerste nicht vertragen mag".

Amos (AT) – Crescentia (Märtyrerin; † 304) – Lothar (Bf. von Séez (um 685–756) – Eigil (Abt von Fulda; 750–822) – Bernhard von Aosta (Klostergründer; † 1081) – Gebhard (Ebf. von Salzburg; um 1010–1088) – Isfried (Bf. von Ratzeburg; 1115–1204) – Germaine (Hirtin; 1579–1601)

16. Juni

Benno

Benno (um 1010–1106) wird wegen seiner Bekehrung der Slawen an Elbe und Ostsee „Apostel der Wenden“ genannt. Er stammte vermutlich aus einem sächsischen Grafengeschlecht, wurde Stiftsherr in Goslar und 1066 Bf. von Meißen. Er wurde in die Streitigkeiten zwischen Ks. und Papst gezogen und wechselte dabei oft die Seiten. Das trug ihm die Feindschaft Ks. Heinrichs IV. ein, der ihn 1085 absetzte. 1088 konnte er seinen Bischofsstuhl wieder in Besitz nehmen. Es gibt Berichte von seiner Missionstätigkeit, seinen Kirchenbauten und seiner Förderung des Kirchengesangs, die sich aber nicht historisch belegen lassen. Seine Gebeine wurden im Meißener Dom beigesetzt. Im Verlauf der Reformation waren sie dort nicht mehr sicher, wurden nach Bayern überführt und ruhen nun in der Münchener Frauenkirche. (B)

Er ist Patron u. a. der Fischer und Tuchmacher, für Regen, gegen Unwetter, Trockenheit und Pest. An seinem Gedenktag gibt es die Bauernregel: „Wer auf Benno baut, kriegt viel Flachs und Kraut.“

Ferreulus und Ferrutius (Märtyrer in Besançon; † 215) – Julitta und Quiricus (Märtyrer in Ikonium [Konya]; † 304) – Kunigunde von Rapperswil (3./4. Jh.) – Tychon (Bf. von Amathus; 340–403) – Luitgard von Tongern (Mystikerin; 1182–1246) – Maria Theresia Scherer (Ordensgründerin; 1825–1888)

17. Juni

Ramwold von Regensburg

Ramwold von Regensburg (um 900–1000) stammte aus Trier, wurde Mönch in der dortigen Abtei St. Maximin und dann auch Abt. Der hl. Wolfgang *[31. 10.]*, Bf. von Regensburg, holte ihn 975 zu sich und machte ihn zum Abt von St. Emmeran. Dort führte er die Klosterreform von Gorze ein und machte das Kloster zu einem geistigen und kulturellen Zentrum. Bevor er im hohen Alter starb, war er für zwei Jahre blind. Er wurde in der Kirche von St. Emmeran beigesetzt. An seinem Grab sollen sich Wunder ereignet haben. (H)

Gundolf (Bf. von Bourges; 6. Jh.) – Rainer von Pisa (Einsiedler; um 1100–1160) – Mafalda, Sancha und Theresia von Portugal (12. Jh.–13. Jh.)

18. Juni

Elisabeth von Schönau

Elisabeth von Schönau (1128–1164) wurde in Bingen geboren und trat mit zwölf Jahren in das Benediktinerinnenkloster Schönau in Hessen ein, konnte aber erst mit 18 Jahren die Profess ablegen. Sie führte ein bescheidenes, zurückgezogenes Leben und wurde von ihren Mitschwestern geachtet, sodass sie schon in jungen Jahren zur Äbtissin gewählt wurde. Sie war kränklich und hatte ab 1152 Visionen. Ihr Bruder Egbert, ebenfalls Abt, schrieb diese auf, die im Mittelalter weit verbreitet waren. Berühmt wurden u. a. ihre Schriften über die hl. Ursula *[21. 10.]* und ihre 11.000 Gefährtinnen. Sie starb mit 35 Jahren. (H)

Marcus und Marcellianus (Märtyrer in Rom; † 295) – Amandus (Bf. von Bordeaux; † 432) – Potentinus von Steinfeld (Märtyrer; 4. Jh.) – Maria Dolorosa von Brabant (Märtyrerin; † 1290)

19. Juni

Gervasius

Gervasius († um 300) wird als einer der ersten Märtyrer Mailands verehrt, aber über sein Leben und Sterben ist nichts bekannt. Angeblich war er der Zwillingsbruder von Protasius, der gleichzeitig mt ihm den Märtyrertod erlitten haben soll und ebenfalls am 19. Juni seinen Gedenktag hat. (H)

Er ist Patron von Mailand und Breisach, der Kinder und Heuarbeiter, gegen Diebstahl, Harn- und Blutfluss sowie für eine gute Heuernte. An seinem Gedenktag gibt es die Bauernregel: „Wenn es regnet an Gervasius, vierzig Tage dauern muss."

Romuald

Romuald (951/52–1027) verband die Ideale des alten ägyptischen Einsiedlertums mit der Regel Benedikts. Er war Sohn eines Adeligen. Nach einer stürmischen Jugend trat er 972 in das Benediktinerkloster in S. Appollinare in Classe bei Ravenna ein, um einen Mord zu sühnen, den sein Vater begangen hatte. Vom Mönchsleben beeindruckt, blieb er dort drei Jahre und legte die Gelübde ab. Da ihm das dortige Klosterleben nicht streng genug war, wechselte er zu einem Einsiedler in der Nähe Venedigs. Später gründete er in den Pyrenäen eine Einsiedelei. 987/88 kehrte er nach Italien zurück. Hier reformierte er zahlreiche Klöster und gründete 1012 die Einsiedelei Camaldoli bei Arezzo, wo die Mönche unter strengem Schweigen und Fasten in getrennten Zellen lebten. Camaldoli wurde zur Keimzelle des Kamaldulenserordens. Die Kamaldulenser leben nach der Regel des hl. Benedikt. Ihr Tag ist geprägt von Gebet (gemeinsame Liturgiefeier und einsames Stundengebet in der Zelle), Arbeit und geistlicher Lesung. Schon fünf Jahre nach seinem Tod wurde Romuald heiliggesprochen. Bis zur Kalenderreform von 1969/70 war der 7. Februar sein Gedenktag. (B)

Deodatus (Bf. von Nevers; 590.–680) – Hildegrim (Bf. von Halberstadt; † 827) – Rasso von Andechs (um 880–953/54) – Juliana von Falconieri (Ordensgründerin; um 1270–1341) – Maria Rosa (Margaretha) Flesch (Ordensgründerin; 1826–1906)

20. Juni

Margarete Ebner

Margarete Ebner (um 1291–1351) wurde in Donauwörth geboren und trat mit 15 Jahren in das Dominikanerinnenkloster Maria-Medingen ein. Ab 1312 war sie infolge einer Krankheit ans Bett gefesselt. Sie hatte Visionen, die ihr Beichtvater Heinrich von Nördlingen aufschrieb. Als sie mit 60 Jahren starb, wurde in Bayern die Kunde verbreitet: „Eine Heilige ist gestorben.“ Ihr Grab wurde bald zu einer Pilgerstätte. (H)

Adalbert (Bf. von Magdeburg; 910–981) – Benigna von Breslau (Märtyrerin; † um 1241)

21. Juni

Aloisius von Gonzaga

Aloisius (1568–1591) war der älteste Sohn des Mgf. von Gonzaga. Als Page an den Höfen von Florenz, Mantua und Madrid lernte er schon früh die dortige Sittenlosigkeit kennen. Das veranlasste ihn, bereits als Knabe ewige Keuschheit zu geloben. 1585 verzichtete er zugunsten seines jüngeren Bruders auf seine Rechte als Erstgeborener und trat in den Jesuitenorden ein. Mit Frömmigkeit und Bußstrenge widmete er sich theologischen Studien. Während seines aufopfernden Einsatzes bei einer Pestepidemie steckte er sich an und starb drei Monate später. Er hinterließ zahlreiche Briefe und Schriften, die für die Bildung und Seelsorge der Jugend beispielgebend waren. Er wurde 1726 heiliggesprochen und 1729 zum Patron der studierenden Jugend ernannt. Das Bild des schwärmerischen weltfremden Jünglings, das die Volksfrömmigkeit von ihm zeichnet, wird ihm nicht gerecht. (B)

Alban von Mainz (Märtyrer; † um 406) – Radulf (Rudolf) (Bf. von Bourges; um 800–866)

22. Juni

Paulinus von Nola

Paulinus (353/354–431) stammte aus einer christlichen Senatorenfamilie und erhielt eine fundierte wissenschaftliche Bildung. Er schlug zunächst eine politische Laufbahn ein. Nach dem frühen Tod seines Sohnes beschloss er mit seiner Frau, fortan ein enthaltsames Leben zu führen. 394 empfing er die Priesterweihe und siedelte dann mit seiner Frau nach Nola über, wo er eine streng asketische klösterliche Gemeinschaft gründete. 409 (oder 411) wurde Paulinus zum Bf. von Nola gewählt. Er war sehr gastfreundlich und unterstützte großzügig die Armen. Er stand in brieflichem Kontakt zu bedeutenden christlichen Persönlichkeiten seiner Zeit, z. B. Augustinus *[28. 8.]*, Hieronymus *[30. 9.]*, Martin von Tours *[11. 11.]*, und wurde schon zu Lebzeiten als Heiliger verehrt. (B)

John Fisher

John Fisher (um 1469–1535) studierte in Cambridge, wurde Priester, Professor der Theologie, Kanzler der Universität in Cambridge und Bf. von Rochester. Er war ein hervorragender Prediger, Seelsorger und Helfer der Armen. In den theologischen Streitfragen seiner Zeit bezog er klar Stellung. Aufs schärfste verurteilte er die Reformation und verfasste mehrere Schriften gegen Martin Luther. Als er gegen die Scheidung Heinrichs VIII. von seiner Ehefrau Katharina von Aragon Einspruch erhob, zog er sich den Hass des Kg. zu. Im Suprematsgesetz von 1534 erklärte sich Heinrich VIII. zum Oberhaupt der von Rom getrennten Kirche von England. Da John Fisher sich weigerte, den entsprechenden Anerkennungseid (Suprematseid) zu leisten, wurde er verhaftet und eingekerkert. Während seiner Haft erhob ihn Papst Paul III. 1535 zum Kardinal. Aber auch diese Würde konnte nicht verhindern, dass John Fisher des Hochverrats angeklagt und am 22. Juni 1535 enthauptet wurde. (B)

Thomas Morus

Thomas Morus bzw. More (1478–1535) studierte Rechtswissenschaft, war zugleich Philosoph, Humanist und theologisch interessiert. Seine zahlreichen Schriften zeugen davon, dass er ein sehr kluger, frommer und besonders humorvoller Mann war. 1523 wurde er Sprecher (Speaker) des Unterhauses, und 1529 machte ihn Heinrich VIII. zum Lordkanzler. Thomas Morus legte dieses Amt jedoch 1532 nieder, als sich abzeichnete, dass der Kg. sich gegen den Willen der Kirche von seiner Ehefrau Katharina von Aragon trennen wollte, um eine neue Ehe mit Anne Boleyn einzugehen. Nachdem Heinrich sich von Rom losgesagt und 1534 mit Unterstützung des Parlaments selbst zum Oberhaupt der anglikanischen Kirche erklärt hatte, verweigerte ihm Morus den Treueeid (Suprematseid). Daraufhin wurde er eingekerkert, wegen Hochverrats verurteilt und am 6. Juli 1535 enthauptet. (B)

Alban von England (Märtyrer; † 304) – Albin von Rom (?) – Eberhard (Ebf. von Salzburg; um 1089–1164) – Innozenz V. (Papst; 1225–1276)

23. Juni

Edeltraud (Etheldreda)

Edeltraud (635–679) wurde in Exning als Tochter der Kg. Anna von Ost-Anglien geboren. Sie hatte früh geheiratet, lebte aber enthaltsam. Als ihr Ehemann starb, musste sie aus politischen Gründen den Kg. von Northumbrien heiraten. Auch diesmal beschlossen die Eheleute, enthaltsam zu leben. Als jedoch der Ehemann den Vollzug der Ehe verlangte, ging sie in das Kloster von Coldingham und nahm den Schleier. Sie wollte jedoch wieder auf die Insel Ely, wo sie eine Zeit nach dem Tod ihres ersten Mannes gelebt hatte. Sie zog dorthin, gründete mit ihrem Besitz ein Doppelkloster und wurde die erste Äbtissin. Sie starb in Ely und wurde dort in ihrem Kloster begraben. (H)

24. Juni

Geburt Johannes' des Täufers

Das Lukasevangelium (1. Kapitel) verknüpft die Geburt von Johannes dem Täufer mit der von Jesus, schildert dessen Umstände und stellt eine verwandtschaftliche Beziehung zwischen Maria und Elisabeth, der Mutter des Johannes, her. Daher wird der Geburtstag von Johannes ein halbes Jahr vor Weihnachten gefeiert. Die besonderen Umstände seiner Geburt schildert Lukas (Kapitel 1). Die Nähe zu Jesus, der sich von Johannes im Jordan taufen lässt, prägte das Leben des Täufers. Das Gedächtnis seines Todes wird am 29. August begangen. Siehe dort die näheren Umstände. (H)

Er ist u. a. Patron der Schneider, Kürschner, Färber, Gastwirte, Winzer, Zimmerleute, Architekten, Maurer, Schornsteinfeger, Schmiede, Bauern, Sänger, Tänzer, Kinoinhaber, gegen Alkoholismus, Kopfschmerzen, Schwindel, Angstzustände, Fallsucht, Epilepsie, Heiserkeit, Kinderkrankheiten und Hagel. An seinem Gedenktag gibt es zahlreiche Bauernregeln, so u. a.: „Vor Johanni bitt' um Regen, nachher kommt er ungelegen", „Glüh'n Johanniswürmchen helle, schöner Juni ist zur Stelle", „Bis Johanni nicht vergessen, sieben Wochen Spargel essen".

Rumold von Mechelen (Einsiedler; † 775) – Theodulf (Abt-Bf. von Lobbes; † 776) – Thöger (Dietger, Theodegar) von Thüringen (um 1000–um 1065) – Reingardis von Marcigny († 1135)

25. Juni

Dorothea von Montau

Dorothea (1347–1394) wurde in Montau im damaligen Deutschordensstaat Preußen geboren, heute heißt der Ort Mątowy Wielkie und ist ein Teil der Gemeinde Miłoradz (*Mielenz*), er liegt südlich von Danzig. Ihre Eltern waren Bauern. Sie heiratete mit 16 Jahren und hatte neun Kinder. Nachdem ihr Ehemann verstorben war, zog sie nach Marienwerder (heute Kwidzyn) und lebte als Reklusin beim Dom. Dort wurde sie Seelenführerin und Beraterin für viele Menschen. Sie hatte auch Visionen, die aufgeschrieben wurden. (H)

Prosper (Bf. von Reggio Emilia; 5./6. Jh.) – Adalbert von Egmond († um 740) – Eurosia von Jaca (Märtyrerin; 8./9. Jh.) – Ämilianus (Bf. von Nantes; † um 810) – Wilhelm von Vercelli (Ordensgründer; um 1085–1142)

26. Juni

Vigilius

Vigilius von Trient (um 360–405) stammte aus Rom und wurde um 385 Bf. von Trient. Um 500 entstand seine legendäre Lebensgeschichte, wonach er beim Missionieren erschlagen worden sein soll. An diesem Todesdatum, dem 31. Januar, ist sein Gedenktag in Trient, der sich im dt.-spr. Raum durchsetzte und für welchen Tag es auch Bauernregeln gibt (siehe dort). (H)

Er ist der Patron der Bergwerke. Auch für den 26. Juni gibt es eine Bauernregel: „Regen um Vigilius, wochenlang oft dauern muss."

Johannes und Paulus

Die Brüder Johannes und Paulus († 360/363) waren in Rom frühchristliche Märtyrer. Sie waren Palastbeamte der Constantia *[18. 2.]*, der Tochter Ks. Konstantins. Nach deren Tod ließ sie der spätere Ks. Julian Apostata, der zwischen 360 und 363 regierte und das Heidentum wieder einführen wollte, hinrichten. (H)

Sie sind Patrone bei Gewitter, Blitz, Hagel und Pest sowie für und gegen Regen und Sonnenschein. An ihrem Gedenktag gibt es die Bauernregel: „Johannes und Paulus künden an, wie der Juli werden kann."

Josefmaria Escrivá de Balaguer

Josefmaria Escrivá de Balaguer (1902–1975), der Gründer des Opus Dei, lebte in Spanien. 1925 wurde er zum Priester geweiht. Er studierte Theologie und Rechtswissenschaften. Daneben widmete er einen großen Teil seiner Zeit der Seelsorge bei Armen, Kranken und Sterbenden. 1928 gründete er das Opus Dei (*Institutum Sacerdotalis Sanctae Crucis et Opus Dei*), das seit 1982 den Rang einer Personalprälatur hat und sich nach seinen Vorgaben die Heiligung der Arbeit und die Christianisierung der Gesellschaft zum Ziel gesetzt hat. Bei seinem überraschenden Tod durch einen Herzanfall (1975) hatte das Opus Dei 60.000 Mitglieder in 80 Ländern. Bereits 27 Jahre später (2002) wurde Escrivá – nicht unumstritten – heiliggesprochen. Sein Leichnam ruht in der Prälaturkirche Maria vom Frieden in Rom. (B)

Pelagius von Córdoba (912–925) – Anthelm (Bf. von Belley; um 1106–1178)

27. Juni

Siebenschläfer

Im dt.-spr. Raum hat sich der Gedenktag der „sieben Schläfer" weiterhin am 27. Juni gehalten, obwohl er nach dem *Martyrologium Romanum* nunmehr der 27. Juli ist (siehe dort). Der traditionelle Siebenschläfer-Tag hat für das Wetter großer Bedeutung. Für den 27. Juni und die unmittelbaren Tage davor gibt es eine Fülle von Bauernregeln, die sich auf das kommende Wetter beziehen. Statistische Analysen ergaben, dass diese Regeln für die letzte Juniwoche/erste Juliwoche in manchen Gegenden in 60 bis 70 Prozent der Fälle zutreffen. Das hängt mit dem Jetstream zusammen, der sich üblicherweise zu dieser Zeit stabilisiert. Liegt er im Norden, so werden Tiefdruckgebiete meist in Richtung Nordeuropa abgelenkt und Hochs dominieren das Wetter im südlichen Mitteleuropa, liegt er weiter südlich, so können Tiefs über Mitteleuropa hinwegziehen. (H)

Es gibt für diesen Tag zahlreiche Bauernregeln, u. a.: „Das Wetter am Siebenschläfertag, sieben Wochen halten mag", „Ist der Siebenschläfer nass, regnet's ohne Unterlass", „Scheint am Siebenschläfer Sonne, gibt es sieben Wochen Wonne".

Cyrill von Alexandria

Cyrill (um 380–444) beeinflusste als Kirchenschriftsteller für Jahrhunderte das christologische Denken des Abendlandes. Er erhielt eine hervorragende Ausbildung und wurde 412 als Nachfolger seines Onkels Bf. von Alexandria. Er war ein harter, kämpferischer Mann. Gegen Arianismus und Nestorianismus verteidigte er die personale Einheit der göttlichen und der menschlichen Natur in Christus (und als Konsequenz die Bezeichnung Marias als „Gottesgebärerin" statt „Mutter Christi") und setzte sich damit auf dem Konzil von Ephesus (431) durch. Papst Leo XIII. würdigte seine Verdienste, indem er ihn 1882 zum Kirchenlehrer erhob. Bis zur Kalenderreform von 1969/70 war der 9. Februar sein Gedenktag. (B)

Hemma von Gurk

Die Gräfin Hemma von Gurk (um 995–um 1045) führte mit ihrem Mann Graf Wilhelm von der Sann ein glückliches und unbeschwertes Leben, bis sie Mann und Söhne durch tragische Umstände verlor. Statt zu verzweifeln, widmete sie fortan ihr Leben und ihren Besitz dem Dienst an notleidenden Menschen und verschiedenen geistlichen Stiftungen. Sie gründete das Benediktinerinnenkloster Gurk in Kärnten und schuf die Grundlagen für die Err. des Benediktinerklosters Admont (Steiermark). Ihr Grab in der Krypta des Doms von Gurk wird auch heute noch von zahlreichen Pilgern besucht. Ihr eigentlicher Gedenktag ist der 29. Juni, im dt.-spr. Raum ist es der 27. Juni. (B)

Sie ist Patronin von Kärnten, gegen Augenkrankheiten (Hemma-Segen) und für glückliche Entbindungen (Hemma-Stein in der Krypta).

Arialdus (Märtyrer; um 1010–1066) – Benvenuto von Gubbio († 1232)

28. Juni

Irenäus von Lyon

Irenäus (um 130–um 202) wurde in Kleinasien geboren. Er war ein bedeutender Theologe der frühen Kirche und Zeuge der ältesten kirchlichen Überlieferung. Er war Schüler des Polykarp von Smyrna *[23. 2.]*, wurde Priester in Lyon und später um 177/78 dort Bf. Von hier leitete er die Mission in Gallien. Er bekämpfte besonders den Gnostizismus, der u. a. die Geschichtlichkeit der Erlösung bestreitet, die durch Christi Tod und Auferstehung in der Zeit geschehen ist und in der Kirche geschichtlich weiterwirkt. Die Streitschrift „Gegen die Irrlehren", die Irenäus verfasste, ist die erste zusammenfassende Übersicht über den christlichen Glauben und trug ihm den Beinamen „Vater der Dogmatik" ein. Der Überlieferung nach starb er um 202 als Märtyrer. Er wird zu den Kirchenvätern gezählt. Bis 1962 war der 3. Juli sein Gedenktag, für den es eine Bauernregel gibt (siehe dort). (B)

Theodechild (Diethild) von Sens (Klostergründerin; 523–598) – Paul I. (Papst; um 700–767) – Gero (Ebf. von Köln; um 900–976)

29. Juni

Petrus und Paulus

Im Jahr 354 wird das Fest erstmals im röm. Kalender genannt und erinnert an den Tag der Übertragung der Reliquien in die Kirche San Sebastiano an der Via Appia am 29. Juni 258

Petrus, der Bruder des Apostels Andreas *[30.11.]*, stammte aus Betsaida am See Genezareth. Er hieß ursprünglich Simon, erhielt aber von Jesus den Beinamen Petrus (= Fels), war von Beruf Fischer und lebte mit seiner Familie in Kafarnaum. Jesus gab ihm eine Führungsrolle unter den Aposteln. Über das Wirken des Petrus nach Tod und Auferstehung Jesu wissen wir nur wenig: Zuerst in Jerusalem tätig, missionierte er anschließend in Antiochia und Kleinasien. Beim Apostelkonzil in Jerusalem um 48 trafen Petrus und Paulus zusammen. Zuletzt hielt Petrus sich in Rom auf, wo er unter Ks. Nero um 67 den Märtyrertod am Kreuz fand.

Er ist Patron der Päpste, der Büßenden, der Brückenbauer, Metzger, Schreiner, Schmiede, Eisenhändler, Uhrmacher, Papierhändler, Töpfer, Maurer, Weber, Fischer, Schiffer und Schiffbrüchigen sowie gegen Besessenheit, Fallsucht, Tollwut, Fieber, Schlangenbiss, Fußleiden und Diebstahl sowie vor allem des Wetters.

Um das Jahr 10 wurde ***Paulus*** – mit hebräischem Namen Saulus – im kilikischen Tarsus (Südost-Türkei) geboren und war durch seinen Vater röm. Bürger. Über sein weiteres Leben siehe Pauli Bekehrung *[25. 1.]*. Auf seinen drei Missionsreisen wurde er zum Apostel der Völker. Beim Apostelkonzil in Jerusalem (48) erreichte er die grundsätzliche Zustimmung der Urgemeinde zu seiner Heidenmission. Durch viele Briefe hielt er regen Kontakt mit den von ihm gegründeten Gemeinden und setzte sich leidenschaftlich für das Evangelium ein. Unter Ks. Nero erlitt Paulus um das Jahr 67 den Tod durch das Schwert. (H)

Er ist Patron der Theologen und Seelsorger, Weber, Korbmacher, Sattler, der katholischen Presse, für Regen und Fruchtbarkeit der Felder sowie gegen Ohrenleiden, Krämpfe, Schlangenbiss, Blitz und Hagel. Für diesen Gedenktag gib es zahlreiche Bauernregeln, u. a.: „Schönwetter zu Sankt Paul, füllt Tasche und Maul," „Mit reifen Kirschen füllt die Schüssel, Sankt Peter mit dem Himmelsschlüssel", „Regnet es an Peter und Paul, wird des Winzers Ernte faul".

Beata von Sens (Märtyrerin; † 294)

30. Juni

Die ersten Heiligen Märtyrer der Stadt Rom

An diesem Tag gedenkt die Kirche der frühen Märtyrer von Rom, die während der Christenverfolgung des Ks. Nero ihr Leben lassen mussten. Die Christen der frühen Kirche waren zunächst belächelt worden. Als aber die Gemeinden wuchsen, hielt man ihre Religion mehr und mehr für staatsgefährdend. Der röm. Ks. Nero (37–68) leitete die 250 Jahre währende Christenverfolgung ein, indem er den Christen den Brand der Stadt Rom (64) anlastete. Die Christen, die standhaft ihren Glauben bekannten, wurden auf vielfältige Art grausam gemartert und hingerichtet. Bewusst hat die Kirche diesen Gedenktag auf das Fest der Apostel Petrus und Paulus folgen lassen, die zu den ersten Glaubenszeugen gehörten, die in Rom den Tod fanden. (B)

Otto von Bamberg

Otto (1060/62–1139) stammte aus einer (vermutlich) schwäbischen Adelsfamilie. Er war Hofkaplan, später Kanzler Ks. Heinrichs IV. 1102 wurde er zum Bf. von Bamberg gewählt. Er gründete und reformierte zahlreiche Klöster und ließ den durch Brand zerstörten Bamberger Dom erneuern. Als Mann des Ausgleichs versuchte er, im Streit um die Laieninvestitur (Besetzung kirchlicher Ämter durch weltliche Herrscher) zwischen Papst und Ks. zu vermitteln. Er wirkte maßgeblich an den Beschlüssen des Wormser Konkordats mit, das den Investiturstreit beendete (1122). Große Verdienste erwarb er sich auch durch seine sehr erfolgreiche Missionstätigkeit in Pommern. (B)

Bertrand (Bertechram) (Bf. von Le Mans; † 626) – Erentrudis (Äbtissin in Salzburg; um 663–718) – Theobald (Dietbald) von Provins (Einsiedler; um 1017–1066) – Ladislaus (Kg. von Ungarn; um 1040–1095) – Adolf (Bf. von Osnabrück; um 1185–1224)

Freitag nach dem 2. Sonntag nach Pfingsten

Heiligstes Herz Jesu

Das Herz-Jesu-Fest hat seine Wurzeln in der mittelalterlichen Christusfrömmigkeit, welche sich auf das Herz des Erlösers Jesus Christus konzentrierte. Nach den Visionen der Schwester Margareta Maria Alacoque *[16. 10.]* wurde es auf den jetzigen Termin festgelegt. 1856 wurde es zum Fest in der gesamten röm.-kath. Kirche und wird am Freitag nach dem Sonntag nach Fronleichnam gefeiert. Papst Leo XIII. weihte zur Jahrhundertwende 1899 die ganze Welt dem Herzen Jesu. Bei der Kalenderreform 1969/70 wurde dieses Fest als Hochfest im röm. Messbuch eingetragen. Auch jeder erste Freitag im Monat wird als Herz-Jesu-Freitag begangen. (H)

Samstag nach dem 2. Sonntag nach Pfingsten

Unbeflecktes Herz Mariä

Die Einführung dieses Festes, das ursprünglich am 22. August gefeiert wurde, erfolgte 1944 durch Papst Pius XII. Er hatte 1942 in einer Weihe die von Krieg und Unruhen erschütterte Welt Maria ans Herz gelegt. Die Marienverehrung in Fatima gab auch Impulse für das Fest des Unbefleckten Herzens Mariä. Marias ungeteilte Liebe möge uns Ermutigung sein im Glauben. In der Kalenderreform 1969/70 wurde dieses Fest auf den Samstag nach dem 2. Sonntag nach Pfingsten verlegt. (H)

1. Juli

(Ehemaliges) Fest des kostbaren Blutes Christi

Ab dem 10. Jh. ist eine Verehrung des kostbaren Blutes Jesu nachzuweisen. Weitere Anstöße dazu kamen im Mittelalter durch die Kreuzfahrer, die (angebliche) Blutreliquien mitbrachten. In der Barockzeit war dieses Fest dann allgemein im Gebrauch. Das führte nicht zuletzt dazu, das der hl. Gasparo del Bufalo *[28. 12.]* 1815 den Orden der „Missionare vom kostbaren Blut“ gegründet hatte. Papst Pius IX. *[7. 2.]* führte 1849 für den 10. August das Fest für die ganze katholische Kirche ein. Pius X. *[21. 8.]* verlegte dann den Termin auf den 1. Juli. Bei der Kalenderreform 1969/70 wurde dieses Fest gestrichen, weil dessen Inhalt bereits zu Fronleichnam gefeiert wird. Das tat aber dem Brauchtum der Blutritte (z. B. in Weingarten) und Blutprozessionen (z. B. in Brügge) keinen Abbruch. (H)

Oliver Plunkert

Oliver Plunkert (1629–1681) war adeliger Herkunft, studierte in Rom und wurde dort zum Priester geweiht. 1669 wurde er Ebf. von Armagh und damit Primas von Irland. Er förderte den Klerus und verteidigte den Katholizismus gegenüber der britischen Vormacht. Ab 1674 konnte er nur mehr im Geheimen wirken. 1679 wurde er als Hochverräter gefangen genommen, 1681 zum Tode verurteilt, erhängt und gevierteilt. (H)

Aaron (AT) – Theoderich (Dietrich) (Abt in Reims; † 533)

2. Juli

Mariä Heimsuchung

Beim Fest Mariä Heimsuchung (*Visitatio B. M. V.*) wird des Besuches von Maria bei ihrer Verwandten Elisabeth gedacht (*visitatio* – Heimsuchung – Besuch) (Lukas 1,39–56). Bei dieser Gelegenheit jubelt Maria: „Meine Seele preist die Größe des Herrn ...“ Dieser Lobgesang des Magnificat gehört seit der Spätantike zum kirchlichen Stundengebet. Der Ursprung des Festes liegt im Orient. Nachdem 1263 der hl. Bonaventura *[15. 7.]*, der Ordensgeneral der Franziskaner, das Fest in seinem Orden eingeführt hatte, wurde es 1389 auf das ganze Abendland ausgedehnt. 1570 wurde es durch Pius V. *[30. 4.]* endgültig in den Festkalender aufgenommen. Außerhalb des dt.-spr. Raums wird das Fest am 31. Mai gefeiert, vor dem Geburtsfest des Täufers Johannes, wie es die Kalenderreform 1969/70 bestimmt hatte. (H)

Für den 2. Juli gibt es Bauernregeln, u. a.: „Geht Mariä übers Gebirg' bei Sonnenschein, so wird der Juli trocken sein“, „Geht Mariä übers Gebirge nass, bleibt leer die Scheune und das Fass“.

Processus und Martinianus (Märtyrer in Rom; † 70) – Petrus von Luxemburg (Bf. von Metz; 1369–1387)

3. Juli

Thomas

Thomas, dessen wirklichen Namen wir nicht kennen, war einer der zwölf Apostel. Im Johannesevangelium (11,16) wird sein Beiname „Didymus“ (Zwilling) genannt. Aufgrund der Begebenheit nach der Auferstehung (Johannes 20,24–29) wird er meistens als „der Ungläubige“ oder „der Zweifler“ genannt. Der Überlieferung zufolge war Thomas später als Missionar in Indien tätig, wo er den Märtyrertod erlitt. Noch heute führen dort die sogenannten Thomas-Christen ihren Ursprung auf sein Wirken zurück. Bis zur Kalenderreform von 1969/70 war der 21. Dezember sein Gedenktag, wo es Bauernregeln gibt (siehe dort). (H)

Er ist Patron der Architekten, Geometer, aller Bauarbeiter und – wegen seiner Zweifel – der Theologen; bei Rückenschmerzen und Augenleiden sowie für gute Heirat.

Irenäus von Lyon

Bis zur Kalenderreform 1969/70 war der 3. Juli sein Gedenktag, nun ist es der 28. Juni (siehe dort). Für den 3. Juli gibt es die Bauernregel: „Irenäusregen – bringt keinen Segen."

Anatolius (Patriarch von Konstantinopel; † 458) – Leo II. (Papst; † 683)

4. Juli

Ulrich von Augsburg

Ulrich (um 890–973) wird als Patron von Augsburg verehrt und als Beistand in vielen Notlagen angerufen. Er wurde in Augsburg geboren und dort 923 zum Bf. gewählt. Als Reichsbischof hatte er nicht nur geistliche, sondern auch weltliche Pflichten. Er befestigte Augsburg 926 durch eine steinerne Mauer und verteidigte seine Bischofsstadt 955 in der Schlacht auf dem Lechfeld erfolgreich gegen die Ungarn. Er förderte den Aufbau des durch den Krieg verwüsteten Landes. Unermüdlich widmete er sich auch seinen geistlichen Aufgaben und bemühte sich mit großem persönlichen Einsatz um die innere Erneuerung von Klerus und Laien. Er lebte sehr enthaltsam, war heiter, gerecht und mildtätig und wurde zum Vorbild für die ihm anvertrauten Menschen. Schon 20 Jahre nach seinem Tode wurde er als Erster durch eine förmliche Kanonisation heiliggesprochen. (B)

Er ist der Patron der Winzer, Weber, Fischer und Fischhändler, gegen Augenleiden und Wassergefahren sowie für gutes Wetter. Für diesen Gedenktag gibt es Bauernregeln, u. a.: „Sankt Ulrich lernt', wie's Wetter um d'Ernt", „Regen am Ulrichstag, der Wurm die Birnen mag".

Elisabeth (Isabella) von Portugal

Elisabeth (1271–1336), geboren als Isabella von Aragon, war die Tochter Kg. Peters III. von Aragonien in Spanien. In vielem glich ihr Schicksal dem ihrer Großtante, der hl. Elisabeth von Thüringen *[19. 11.]*. Schon als Zwölfjährige wurde sie mit Kg. Dionysius von Portugal verheiratet. Elisabeth vermittelte in Kriegsfällen und ging deshalb als große Friedenstifterin in die Geschichte ein. Sie unterstützte Kirchen und Klöster in Portugal, ließ Krankenhäuser, Kinderheime und Armeneinrichtungen bauen und stiftete einen großen Teil ihres Vermögens für Notleidende. Nach dem Tode ihres Ehemanns (1325) lebte sie als Terziarin in engem Kontakt mit dem Franziskanerinnenkonvent S. Clara in Coimbra. Sie starb in Estremoz in Portugal und wird dort besonders verehrt. Bis zur Kalenderreform von 1969/70 war der 8. Juli ihr Gedenktag. (B)

Bertha „die Heilige“ (6. Jh.)

5. Juli

Maria Lätitia – Die Sieben Freuden Marias

Das Fest dient dem Gedächtnis der Sieben Freuden Marias (*laetitia* = Freude). Diese sind: die Verkündigung, die Heimsuchung, die Geburt Jesu, die Anbetung der Weisen, das Wiederauffinden des zwölfjährigen Jesus im Tempel (Lukas 2, 41–52), die Auferstehung Jesu und die Aufnahme Mariens in den Himmel. Das Fest geht auf das Mittelalter zurück und wurde erst 1906 von Papst Pius X. *[21. 8.]* offiziell als Gegenpol zu den Sieben Schmerzen Marias *[5. 9.]* eingeführt. (H)

Antonius Maria Zaccaria

Antonius Maria Zaccaria (1502–1539) wurde in Cremona geboren, studierte zunächst Medizin, entschloss sich aber dann, Priester zu werden. Vom hl. Paulus *[29. 6.]* geprägt, gründete er die Kongregation der „Regularkleriker vom hl. Paulus“ (*Congregatio Clericorum Regularium St. Pauli* bzw. Barnabiten), die sich noch heute besonders der Volksmission widmet, und den Frauenorden „Die Englischen Schwestern vom hl. Paulus“ (Angeliken), der sich um gefährdete Mädchen kümmerte. Seine große Verehrung des Altarssakraments bewog ihn zur Anregung des vierzigstündigen Gebets. Auch das Freitagsläuten zur Erinnerung an den Kreuzestod Christi geht auf seine Initiative zurück. Antonius starb in Cremona. (B)

Kyprilla von Cyrene (Märtyrerin; † um 304) – Hugo von St-Victor (von Blankenburg) (um 1097–1141)

6. Juli

Maria Goretti

Maria Goretti (1890–1902) wurde in einer kinderreichen italienischen Landarbeiterfamilie geboren. Schon mit zehn Jahren verlor sie den Vater und versorgte ihre jüngeren Geschwister, während die Mutter auf dem Feld arbeitete. Alessandro, der sechzehnjährige Sohn des Pächters, stellte dem Mädchen nach. Doch sie wies ihn immer wieder ab. Eines Tages versuchte er, die fast Zwölfjährige zu vergewaltigen. Maria widersetzte sich so standhaft, dass er wütend auf sie einstach. Am 6. Juli 1902 erlag sie ihren Verletzungen, nachdem sie sterbend ihrem Mörder verziehen hatte. Dieser trat nach Verbüßung seiner Strafe 1928 als Laienbruder in den Kapuzinerorden ein. Die Heiligsprechung Maria Gorettis erfolgte 1950 in Anwesenheit ihrer betagten Mutter. (B)

Dominica von Tropea (Märtyrerin; † um 304) – Cyriaka von Nikomedien († 307) – Goar (Einsiedler; um 495–575) – Maria Theresia Gräfin von Ledóchowska (1863–1922)

7. Juli

Willibald

Willibald (700–787) war der Sohn eines angelsächsischen Königspaares und der Bruder des hl. Wunibald *[18. 12.]* und der hl. Walburga *[25. 2.]*. 720–729 unternahm Willibald eine lange Pilgerreise nach Rom, dem Heiligen Land und Konstantinopel. Von 730–739 lebte er im Kloster Montecassino und wirkte bei dessen Wiederaufbau mit. 739 sandte ihn Papst Gregor III. *[10. 12.]* in die Mission nach Dtl., wo er vom hl. Bonifatius *[5. 6.]* zunächst zum Priester, dann zum Bf. von Eichstätt geweiht wurde. Von dort aus missionierte Willibald das umliegende Gebiet. Er unterstützte Wunibald bei der Gründung des Klosters Heidenheim als Stützpunkt für die Mission und betraute Wunibald und Walburga mit der Leitung. Willibald baute den ersten Dom in Eichstätt, wo seine Gebeine ruhen. (B)

Edelburg (Äbtissin von Faremoutiers; † 695) – Benedikt XI. (Papst; 1240–1304)

8. Juli

Kilian und Gefährten

Der irische Wander-Bf. Kilian († 689?) wurde mit seinen Gefährten Kolonat und Totnan nach Germanien gesandt, um dort zu missionieren. Es wird überliefert, dass er in Würzburg den Hz. Gozbert bekehrte und von diesem verlangte, sich zum Beweis der Ernsthaftigkeit seiner Entscheidung von der Witwe seines Bruders zu trennen, mit der er zusammenlebte. Gozbert kam dieser Forderung nach. Die Frau aber verzieh Kilian nicht und ließ ihn und seine beiden Gefährten ermorden, als der Hz. auf einem Kriegszug war. Kilian gilt als Apostel des Frankenlandes. (B)

Er ist Patron gegen Augenleiden, Gicht und Rheumatismus. An seinem Gedenktag gibt es Bauernregeln, u. a.: „Sankt Kilian, der heilige Mann, stellt die ersten Schnitter an“, „Wer Rüben will essen, darf den Kilian nicht vergessen“.

Aquila und Prisca (Märtyrer; † nach 60) – Landrada (Äbtissin von Munsterbiltzen; † um 690) – Hadrian III. (Papst; † 885) – Edgar der Friedfertige (Kg. von England; 943–975) – Eugen III. (Papst; † 1153)

9. Juli

Augustinus Zhao Rong

Augustinus Zhao Rong (1746–1815) war zunächst Soldat in der kaiserlichen Armee in China. Die Glaubenstreue der christlichen Märtyrer überzeugte ihn so sehr, dass er Christ, später Priester und Missionar wurde. 1815 erlitt er für die unerschrockene Verkündigung des Glaubens den Märtyrertod. Am 9. Juli denkt die Kirche nicht nur an ihn, sondern auch an die zahllosen mutigen Christen, die in den vergangenen Jahrhunderten in China wegen ihres Glaubens verfolgt und getötet wurden. (B)

Wigfrid (Ebf. von Köln; † 953)

10. Juli

Siebenbrüdertag

Der Siebenbrüdertag gedenkt der sieben Söhne der hl. Felicitas *[23. 11.]*, die zusammen (um 166) den Märtyrertod erlitten hatten. Als Namen dieser sieben Söhne sind überliefert: Alexander, Felix, Januarius, Martialis, Philippus, Silvanus (Silanus) und Vitalis. (H)

Dieser Gedenktag ist ein wichtiger Lostag mit Bauernregelm u. a.: „Wenn sich die sieben Brüder sonnen, kommt sieben Wochen Wonnen", „An Siebenbrüder Regen, der bringt dem Bauern keinen Segen".

Amalia

Amalia (Amalberga) († um 690) entstammte dem fränkischen Adelsgeschlecht der Merowinger. Sie wurde in späteren Lebensjahren Nonne in Maubeuge in Nordfrankreich (fläm. Mabuse; dt. Malbode), ihr Mann Mönch. Deren Tochter war die hl. Gudula von Brüssel [8. 1.]. (H)

Zu ihrem Gedenktag gibt es die Bauernregel: „An Amalie Sonnenschein, bringt viel Korn und Weizen ein."

Knud

Knud IV. (Kanut) von Dänemark (um 1040–1086) wurde um 1080 Kg. Er war ein Herrscher von großer staats- und kirchenpolitischer Durchsetzungskraft. Er unterstützte Kirche und Klerus, förderte den Kirchenbau und sorgte für die Einhaltung kirchlicher Vorschriften. Gleichzeitig strebte er danach, seine Königsmacht zu stärken. Da er seine Vorstellungen mit großer Strenge vorantrieb, fehlte es nicht an Gegnern. So wurde er bei einem Aufstand in der St.-Alban-Kirche in Odense ermordet. Bis zur Kalenderreform von 1969/70 war der 19. Januar sein Gedenktag. (B)

Erich

Erich IX. Jedvardsson (um 1120–1160), der Patron Schwedens, war ein frommer, asketischer Mann. Als Kg. von Schweden (seit 1150) bemühte er sich, den christlichen Glauben in seinem Land zu festigen. Er unternahm zwei Kreuzzüge zur Bekehrung der Finnen und gründete in Finnland Kirchen und Klöster. 1160 wurde er aufgrund einer Verschwörung ermordet. Schon bald nach seinem Tod wurde er als Heiliger verehrt. (B)

Olaf

Olaf II. Haraldsson (995–1030), der Patron Norwegens, machte als Sohn eines wikingischen Kleinkönigs zunächst auf Piratenzügen die Küsten Europas unsicher. In England lernte er das Christentum kennen und ließ sich in Rouen (Normandie) taufen. Es gelang ihm, ab 1015 die kleinen Königtümer Norwegens zu einem Reich zu vereinigen und deren „Oberkönig“ zu werden. Er holte zahlreiche Missionare ins Land und setzte dort das Christentum durch. Wegen seiner rüden Methoden wurde er aus seinem Lande vertrieben. Er fiel bei dem Versuch, sein Reich zurückzuerobern. Sein eigentlicher liturgischer Gedenktag ist der 29. Juli, der 10. Juli ist Gedenktag im dt.-spr. Raum. (B)

Amalberga von Gent (Mystikerin; † 772)

11. Juli

Benedikt von Nursia

Benedikt („der Gesegnete") (um 480–547) wurde in Nursia (Mittelitalien) geboren. Sein Studium in Rom gab er auf und ging in die Einsamkeit der Sabiner Berge, wo er sich dann einer Gruppe von Asketen anschloss und drei Jahre in völliger Abgeschiedenheit lebte. Als eine Gemeinschaft von Eremiten ihn zu ihrem Leiter berief, bemühte sich Benedikt, ihr Leben durch Richtlinien zu ordnen. Doch das konnte nicht umgesetzt werden. so dass er nach Subiaco zurückkehrte. Doch dort wurde er von vielen Einsiedlern aufgesucht, mit denen er seine Vorstellung von einem dauerhaften klösterlichen Leben verwirklichen konnte. 529 gründete er dann ein Kloster auf dem Monte Cassino, wo er seine Mönchsregel, die *regula Benedicti*, verfasste, deren Grundpfeiler das *ora et labora* („bete und arbeite") war. Dieses benediktinische Leben wird durch den Wechsel von Gebet, Gottesdienst, geistlicher Lesung und Arbeit bestimmt. Nach der Zerstörung Monte Cassinos durch die Langobarden 580 wurden seine Gebeine nach Fleury überführt, wo sie am 11. Juli 674 (?) in der Marienkirche ihren Platz fanden. Papst Pius XII. ernannte ihn zum Vater Europas und Papst Paul VI. zum Schutzpatron Europas. Bis zur Kalenderreform von 1969/70 war der 21. März sein Gedenktag. An diesem gibt es Lostagsprüche (siehe dort). (H)

Rahel (AT) – Pius I. (Bf. von Rom; † 155) – Hildulf (Bf. von Trier; † 700) – Placidus von Disentis (Märtyrer; † um 719) – Sigisbert von Disentis (Märtyrer; † um 719) – Olga (Helga) (Gft.; 890–969)

12. Juli

Hermagoras und Fortunatus

Hermagoras und Fortunatus († 305) lebten in Singidunum, dem heutigen Belgrad, und waren dort Lektor bzw. Diakon. Beide erlitten unter Diokletian den Märtyrertod. Die Reliquien von Hermagoras gelangten um 400 nach Aquileja, wo ihn eine spätere Legende zu einem Apostelschüler und zum ersten Bf. von Aquileja machte. Er wird vor allem im heutigen Dreiländergebiet Friaul-Kärnten-Slowenien verehrt, seine Gebeine ruhen nun in Grado. (H)

Für diesen Gedenktag gibt es die Bauernregel: „Ist's am Fortunatstag klar, so verheißt's ein gutes Jahr."

Johannes Gualbertus

Johannes Gualbertus (um 995–1073) stammt aus der Gegend von Florenz und war Adeliger. 1013 wurde er Benediktiner und gründete 1037 eine eigene Mönchsgemeinschaft. (H)

Er ist Patron der Forstleute und Waldarbeiter sowie gegen Besessenheit. Für diesen Gedenktag gibt es die Bauernregel: „Der Juli bringt die Sichel, für (Jo-) Hans und den Michel [29. 9.]."

Nabor und Felix (Märtyrer; † um 304) – Ansbald (Abt von Prüm; um 810–886) – Uguzo von Cavargna (Märtyrer; 12. Jh.)

13. Juli

Heinrich II.

Heinrich II. (973/978–1024) war ein Sohn von Heinrich dem Zänker, Hz. von Bayern, und ein Großneffe von Ks. Otto I. dem Großen. Im Jahr 1000 ehelichte er Kunigunde von Luxemburg *[3. 3.]*. 1002 wurde er in Mainz zum röm.-dt. Kg. und 1014 gemeinsam mit seiner Gemahlin in Rom vom Papst zum Ks. gekrönt. Klug schützte er den Frieden in seinem Reich. Er besetzte die Bischofssitze mit seinen Anhängern und sicherte sich so deren Loyalität. Von tiefer Frömmigkeit geprägt, förderte er Kirchen und Klöster, unterstützte Reformbewegungen, erneuerte das Btm. Merseburg und gründete das Btm. Bamberg (1007). Im Jahr 1146 wurde er heiliggesprochen. Er ist der einzige Ks. bzw. Kg. des Heiligen Röm. Reiches, der heiliggesprochen wurde. Allerdings wird in neuester Zeit die „Heiligkeit" Heinrichs wegen seiner mangelden Herrschertugenden wie Barmherzigkeit und Milde seitens der Geschichtswissenschaft kritisch gesehen. (B)

Silas (Begleiter des Paulus, Bf. von Korinth; 1. Jh.) – Sara (Einsiedlerin; 4. /5. Jh.) – Mildred von Minster (Äbtissin; um 660–734)

14. Juli

Kamillus von Lellis

Kamillus von Lellis (1550–1614) war der Sohn eines Offiziers. Früh verwaist und ungebildet, wurde er schon als Jugendlicher Soldat, musste aber wegen eines Fußleidens den Dienst quittieren. Es folgte ein unstetes Leben, das von Streitlust, Spielsucht, Gelegenheitsarbeiten und nicht zuletzt von seinem immer wieder aufbrechenden Fußleiden bestimmt war. Ein innerer Wandel bewog ihn schließlich, sein Leben zu ändern. Seine Bestimmung fand er aber erst, als er im Jakobusspital in Rom als Pfleger arbeitete, während sein Fuß behandelt wurde. Dort stieg er zum Spitalsmeister auf und reformierte die Krankenhausseelsorge und Krankenpflege. Er lernte Philipp Neri *[26. 5.]* kennen, der seinen weiteren Weg begleitete und ihn dabei unterstützte, Priester zu werden. 1584 wurde er geweiht. Schon zuvor (1582) hatte Kamillus den Plan verwirklicht, eine Gemeinschaft von Männern zum Dienst an den Kranken zu gründen. Seine „Regularkleriker vom Krankendienst" (*Ordo Clericorum Regularium Ministrantium Infirmis* bzw. Kamillianer) wurden 1586 anerkannt und 1591 zum Orden erhoben. Die Kamillianer, zu denen heute auch Frauengemeinschaften gehören, geloben neben Armut, Keuschheit und Gehorsam auch den Dienst an den Kranken, selbst unter Einsatz des Lebens. Das rote Kamillianer-Kreuz soll Henry Dunant, den Gründer des „Roten Kreuzes", inspiriert haben. Bis zur Kalenderreform von 1969/70 war der 18. Juli sein Gedenktag. (B)

Goswin von Sint-Truiden (Märtyrer; † 835) – Ulrich von Zell (Prior; 1029–1093) – Roland (Abt von Chézery; um 1150–um 1200) ·

15. Juli

Apostelteilung

An diesem Tag gedenkt man, dass sich der Überlieferung nach die Apostel getrennt haben, um das Evangelium in aller Welt zu verkünden. (H)

Für diesen Gedenktag gibt es die Bauernregel: „Ist Apostelteilung schön, kann das Wetter der sieben Brüder [10. 7.] geh'n."

Bonaventura

Bonaventura (1221–1274), der Kirchenlehrer mit dem Ehrennamen *Doctor Seraphicus*, war einer der bedeutendsten Theologen des Mittelalters. Eigentlich hieß er Johannes Fidanza. Den Beinamen Bonaventura (gute Fügung), den er später als Ordensnamen wählte, soll ihm ursprünglich Franz von Assisi *[4. 10]* gegeben haben. 1242 trat er in Paris dem Franziskanerorden bei. Von 1243–1248 studierte er unter Alexander von Hales an der Pariser Universität, promovierte und wurde dort gemeinsam mit Thomas von Aquin *[28. 1.]* Professor der Theologie. Er beschäftigte sich besonders mit dem Gedankengut des Augustinus *[28. 8.]*. 1257 wurde er zum Ordensgeneral gewählt und leitete den Orden 17 Jahre lang von Paris aus. In der Frage, wie streng die Armutsverpflichtung verwirklicht werden müsse, gelang es ihm, eine drohende Spaltung des Ordens zwischen rigorosen und gemäßigteren Strömungen zu überwinden. Da er die Einheit bewahren konnte, wird er auch als zweiter Gründer des Ordens bezeichnet. 1273 ernannte Papst Gregor X. ihn zum Kardinalbischof von Albano und betraute ihn mit der Vorbereitung und Durchführung des 2. Konzils von Lyon, bei dem es vor allem um die Wiederherstellung der Einheit mit der Ostkirche ging. Bonaventura erlebte dort noch die erfolgreiche Wiedervereinigung, starb aber kurz vor dem Abschluss des Konzils. Bis zur Kalenderreform von 1969/70 war der 14. Juli sein Gedenktag. (B)

Er ist der Patron der Theologen, Kinder, Arbeiter, Lastenträger und Seifenfabrikanten. Für den 14. Juli gibt es die Bauernregel: „Regen am Bonaventuratag, kein Bauer loben mag."

Donald (Donewald) (Einsiedler; † um 716) – Gumbert (Abt von Ansbach; † 790) – Wladimir I. (Gft. von Kiew; um 956–1015) – Answer (Bf. von Ratzeburg; um 1035–1066)

16. Juli

Carmen – Unsere Liebe Frau auf dem Berge Karmel

Dieser Gedenktag erinnert an den Berg Karmel bei Haifa. Dort verteidigte der Prophet Elija (Elias) die Verehrung Jahwes gegen die kanaanäischen Fruchtbarkeitsgötter Baal und Astarte (1 Könige 18,20–40). Ende des 12. Jh. siedelten sich auf dem Karmelgebirge Kreuzfahrer als Eremiten an. Aus einer solchen Gruppe entstand der Orden der Karmeliten (*Ordo Fratorum B. M. V. de Monte Carmelo* bzw. *Ordo Fratorum Carmelitarum disvaleatorum*), der sich in besonderer Weise unter den Schutz Mariens stellte. Im 13. Jh. kamen die Karmeliten auf der Flucht vor den Sarazenen nach Europa und führten hier die Verehrung der Gottesmutter auf dem Karmel ein. Als Zeichen ihrer besonderen Verehrung tragen sie das Skapulier (ein zusätzliches schmales Ordenskleid). Deshalb trägt der 16. Juli auch den Namen „Skapulierfest". Seit 1726 gilt der Gedenktag für die ganze Kirche. (H)

Maria Magdalena Postel

Julie Postel (1756–1846) wurde als Tochter einer Seilersfamilie in Barfleur (Normandie) geboren. Nach einer Schulausbildung kehrte sie mit 18 Jahren nach Barfleur zurück und eröffnete eine Schule für Mädchen. Mit Ausbruch der Französischen Revolution 1789 ging sie in den Untergrund und übernahm vielfältige seelsorgliche Aufgaben. Nach den Wirren der Revolution verließ sie Barfleur, eröffnete in Cherbourg eine Schule für arme und verwaiste Kinder, gründete dort 1807 die klösterliche Gemeinschaft „Arme Töchter der Barmherzigkeit“ (heute „Schwestern der hl. Maria Magdalena Postel“, SMMP) und wählte den Ordensnamen Maria Magdalena. 1832 zog die Gemeinschaft in die Ruinen der ehemaligen Benediktinerabtei von Saint-Sauveur-le-Vicomte, die wieder aufgebaut wurde. (H)

Monulf (Meinolf) (Bf. von Maastricht; † 599) – Reinhild (Reineldis) von Saintes (Einsiedlerin; um 630–um 670) – Fulrad (Abt von St-Denis; um 710–784)

17. Juli

Alexius von Edessa

Über Alexius († um 430) gibt es nur spätere Legenden. Er soll in Edessa (heute Sanliurfa, Türkei) als Einsiedler gestorben sein. (H)

Er ist Patron der Pilger, Bettler, Vagabunden und Kranken, gegen Erdbeben, Blitz und Unwetter, Pest und Seuchen. Für diesen Gedenktag gibt es Bauernregeln, u. a.: „Wenn Alexius verregnet heuer, werden Korn und Früchte teuer“, „Wenn's an Alexius regnet, ist die Ernt' und Frucht gesegnet“.

Hedwig von Polen

Hedwig (1374–1399) wurde in Ungarn als Tochter des dortigen Kg. Ludwig von Anjou geboren und nach dessen Tod als Zehnjährige zur Kg. von Polen gekrönt. Ein Jahr später wurde sie mit dem litauischen Gft. Jagiello verheiratet, allerdings machte sie zur Bedingung, dass er sich taufen lässt. Beide widmeten sich in der Folge der weiteren Christianisierung Polens und Litauens. Sie starb bereits im Alter von 25 Jahren und wurde in Krakau beigesetzt. (H)

Donata (Märtyrerin; † 180) – Justa und Rufina von Sevilla (Märtyrerinnen; † um 305) – Marina von Bithynien (5. Jh.) – Leo IV. (Papst; um 790–855)

18. Juli

Arnulf von Metz

Arnulf (582–641) war zuerst fränkischer Hausmeier unter den Merowingern, und einer seiner Söhne heiratete eine Tochter des Karolingers Pippin des Älteren. Nachdem Arnulfs Ehefrau in ein Kloster eingetreten war, ließ er sich zum Priester weihen und wurde 614 zum Bf. von Metz berufen. Er trat jedoch 627 von diesem Amt zurück und lebte fortan als Einsiedler. (H)

Symphorosa und ihre sieben Söhne (Märtyrer; † um 120) – Arnold von Arnoldsweiler († 793) – Friedrich (Bf. von Utrecht; um 780–838) –Bruno (Bf. von Segni; um 1047–1123) – Radegund von Wellenburg († um 1290)

19. Juli

Bernulf von Utrecht

Bernulf (auch Bernold) († 1054) stammte entweder aus Süddtl. oder aus den Niederlanden. Er war Pfarrer in Geldern am Niederrhein und wurde vom Salier-Ks. Konrad II. zum Bf. von Utrecht bestellt. Er war ein Vertrauter von dessen Sohn, Ks. Heinrich III., der ihm für sein Btm. Grafschaftsrechte verlieh und Güter schenkte. Damit wurde die Utrechter Territorialherrschaft begründet. Bernulf war ein Vertreter der damaligen Kirchenreform und err. in seinem Btm. zahlreiche Kirchen und Klöster. (H)

Vinzenz von Paul

Bis zur Kalenderreform 1969/70 war dieser Tag der Gedenktag. Nunmehr ist es der 27. September (siehe dort). Für den 19. Juli gibt es die Bauernregel: „Vinzenz Sonnenschein – füllt die Fässer mit Wein."

Symmachus (Papst; † 514) – Stilla von Abenberg († um 1140)

20. Juli

Prophet Elias

Elias (Elija) (um 912–nach 850 v. Chr.) war ein Prophet im Nordreich Israel. Über seine Tätigkeit wird in den beiden Büchern Könige des Alten Testamentes berichtet. Er gilt als der größte Prophet und wurde vor den Augen seines Nachfolgers, des Propheten Elisäus (Elischa), im feurigen Wagen in den Himmel entrückt (2 Könige 2,1–18), daher die Bezeichnung „feuriger Elias". (H)

Er ist der Patron der Flugzeuge und Luftschiffe, der Autofahrer, gegen Gewitter und Feuer sowie gegen Fieber und Pocken. An seinem Gedenktag gibt es die Bauernregeln: „Hat Elias einen Regenhut, er den Mäusen gefallen tut", „Regnet's am Tage Elias, gibt's viel Mehltau und Mäusefraß".

Apollinaris von Ravenna

Von Apollinaris († um 150) ist nur weniges bekannt. Alte Legenden erzählen, er sei mit dem Apostel Petrus *[29. 6.]* von Antiochia nach Rom gekommen, sei dann von diesem nach Ravenna gesandt worden, wo er zwanzig Jahre als Bf. gewirkt habe, und schließlich von Heiden nach qualvollen Folterungen getötet worden. Andere Quellen verlegen seine Lebensgeschichte in die Zeit um 200 und schildern einen ähnlichen Verlauf. Den Anspruch, seine Begräbnisstätte zu sein, erhebt neben der Basilika S. Apollinare in Classe in Ravenna seit dem 9. Jh. auch die dortige Kirche S. Apollinare Nuovo. Einige seiner Reliquien sollen ins Rheinland, u. a. nach Köln und Düsseldorf, gekommen sein. So wird Apollinaris auch im Ebtm. Köln besonders verehrt. Er ist Patron der Stadt Düsseldorf. Dort ist der 23. Juli der Gedenktag. (B)

Er ist der Patron der Nadelmacher, gegen Gallen- und Nierensteine, Gicht, Geschlechtskrankheiten und Epilepsie. Für den 23. Juli gibt es die Bauernregel: „Klar muss Apollinaris sein, dann bringt man gute Ernte heim."

Margareta von Antiochien

Margareta († 305), eine legendäre frühchristliche Märtyrerin, soll die Tochter eines heidnischen Priesters gewesen sein, die von einer christlichen Amme zum Glauben erzogen wurde. Als der Vater dies bemerkte, habe er sie verstoßen und beim Stadtpräfekten denunziert. Der soll Gefallen an dem schönen Mädchen gefunden haben, das sich ihm jedoch verweigerte. So habe er sie zahlreichen Martern unterzogen, während sie freimütig ihren Glauben bekannte. Da sie die Foltern überstand, habe er sie schließlich töten lassen. Sie wird seit frühester Zeit in der Ostkirche verehrt, im Westen ist ihre Verehrung seit dem 7. Jh. bezeugt. Mit Barbara *[4. 12.]* und Katharina *[25. 11.]* zählt sie als Nothelferin zur Gruppe der „drei heiligen Madln" und mit diesen und Dorothea *[6. 2.]* zusammen zu den vier *Virgines capitales*, den „wichtigsten Jungfrauen". Margareta war eine der Stimmen, auf die sich später Johanna von Orléans *[30. 5.]* berief. Im dt. pr. Raum ist als Gedenktag auch der 13. Juli überliefert (Datum des Empfangs der Gebeine in Lüttich). (B)

Sie ist Patronin der Bauern, Hirten, Jungfrauen, Ammen, Gebärenden, Gesichtskrankheiten und Wunden sowie gegen Unfruchtbarkeit. An ihrem Gedenktag gib es Bauernregeln, u. a.: „Bringt Margarete Regenzeit, verdirbt die Ernte weit und breit", „Margaret bringt heiße Glut, so gerät der September gut".

Wulmar von Samer (Einsiedler; um 620.–697) – Bernhard (Bf. von Hildesheim; um 1090–1154)

21. Juli

Laurentius von Brindisi

Laurentius von Brindisi (1559–1619) war ein bedeutender Theologe seiner Zeit, ein hervorragender Prediger und einer der führenden Vertreter der Katholischen Reform. Er schloss sich schon früh dem Kapuzinerorden an, studierte in Padua und sprach mehrere Sprachen fließend. Mit besonderem Eifer widmete er sich dem Bibelstudium. 1582 wurde er zum Priester geweiht. Geschätzt wurden seine wissenschaftlichen Kenntnisse und seine eifrige Predigttätigkeit. Seine seelsorgliche Begleitung der kaiserlichen Truppen soll 1601 bei Stuhlweißenburg (Székesfehérvár, Ungarn) zum Sieg über die Türken beigetragen haben. Laurentius wurde Provinzial seines Ordens, später Ordensgeneral (1602–1605). Er verbreitete den Kapuzinerorden in Dtl., Östr. und Ungarn. 1959 wurde er von Papst Johannes XXIII. *[11. 10.]* zum Kirchenlehrer erhoben. (B)

Daniel (AT) – Praxedis von Rom (Märtyrerin; 1./2. Jh.) – Arbogast (Bf. von Straßburg; † 618)

22. Juli

Maria Magdalena

Maria Magdalena oder – wie wir sie aus den Evangelien kennen – Maria von Magdala ist neben der Mutter Jesu die bedeutendste Frau des Neuen Testaments. Schon früh wurde ihre Gestalt verwoben mit Maria von Betanien, der Schwester des Lazarus, und der reuigen Sünderin, die Jesus die Füße salbte, was in beiden Fällen aber exegetisch nicht haltbar ist. Maria von Magdala war die treueste Anhängerin Jesu. Mit anderen Frauen sorgte sie für den Lebensunterhalt Jesu und der Jünger (Lukas 8,3). Sie begleitete ihn bis unter das Kreuz (Markus 15,40–41) und beobachtete seine Grablegung (Markus 15,47). Biblisch ist mehrfach bezeugt, dass der Auferstandene ihr als Erstzeugin der Auferstehung den Auftrag erteilte, den Jüngern diese Botschaft zu bringen (vgl. Johannes 20,14–18; Matthäus 28, 1.9f.; Markus 16,9–11). Deshalb gaben ihr die Kirchenväter den Ehrentitel *apostola apostolorum*, die „Apostelin der Apostel". Neuere Untersuchungen frühchristlicher Zeugnisse weisen die besondere Bedeutung der Maria von Magdala in den frühchristlichen Gemeinden nach. Sie können neue Impulse in der Frage der Beteiligung von Frauen an Leitungsfunktionen geben. Ab 2016 wird ihr Gedenktag auf ausdrücklichen Wunsch von Papst Franziskus als Fest begangen, womit sie liturgisch mit den Aposteln gleichgestellt wurde. (B)

Sie ist Patronin der Frauen, reuigen Sünderinnen, der Kinder, die schwer gehen lernen, der Schüler und Studenten, Gefangenen; der Handschuhmacher,

Friseure, Salbenmischer, Parfümhersteller, Gärtner, Winzer sowie gegen Augenleiden und Pest, gegen Gewitter und Ungeziefer. An ihrem Gedenktag gibt es Bauernregeln, u. a.: „An Magdalena regnet's gern, denn sie weinte um den Herrn", „Am Tag der heil'gen Magdalen, kann man schon volle Nüsse seh'n".

Platon von Ankyra (Märtyrer; † um 306) – Verena von Schönau (Märtyrerin; † um 451) – Wandregisil (Wando) (Abt von Fontenelle; um 600–668)

23. Juli

Ezechiel

Ezechiel († 571 v. Chr.) ist einer der großen Propheten des Alten Testaments. Er ging mit den Juden ins Exil nach Babylon, wo er als Märtyrer starb. Ursprünglich war der 10. April, der 100. Tag des Jahres, wo es eine Bauernregel gibt (siehe dort). (H)

Birgitta von Schweden

Birgitta (um 1303–1373) wurde in Finstad bei Uppsala geboren. Ihre Familie gehörte zum schwedischen Hochadel. Bereits als Kind hatte sie Christusvisionen und wurde früh mit einem Adeligen verheiratet. Nach dem Tod ihres Mannes lebte sie zurückgezogen und hatte in dieser Zeit zahlreiche Visionen. Sie gründete 1346 in Vadstena ein Frauenkloster. Diese Gemeinschaft wurde nach ihr benannte und lebte nach der Augustinerregel. 1349 zog Birgitta nach Rom und bemühte sich um die Anerkennung ihrer Gemeinschaft. Sie setzte sich für den Frieden ein und versuchte, die Päpste zur Rückkehr von Avignon nach Rom zu bewegen – zunächst ohne Erfolg. Nach einer Wallfahrt ins Heilige Land 1372/73 starb sie in Rom. In der Französischen Revolution wurde die Ordensgemeinschaft der Birgitten aufgehoben, jedoch 1911 wieder begründet. Am 1. Oktober 1999 ernannte Papst Johannes Paul II. *[22. 10.]* die hl. Birgitta zur Schutzpatronin Europas. Bis zur Kalenderreform von 1969/70 war der 8. Oktober ihr Gedenktag. (H)

Johannes Cassianius (Klostergründer; um 360–um 435)

24. Juli

Christophorus

Christophorus (um 200–um 250) gehört zu den Vierzehn Nothelfern und ist einer der volkstümlichsten Heiligen. Abgesehen davon, dass er tatsächlich gelebt und den Märtyrertod erlitten hat, gibt es von ihm keine sicheren Kenntnisse. Vermutlich stammte er aus Lykien in Kleinasien und ist unter Ks. Decius wegen seines Glaubens gefoltert und ermordet worden. Von den Legenden über ihn ist uns die abendländische Version am meisten vertraut. Danach soll er ein Riese mit dem Namen Offerus gewesen sein, der nur dem Mächtigsten dienen wollte. Dabei sei er an den Teufel geraten, der allerdings vor dem Kreuz zurückschreckte. So habe er Christus, dem Gekreuzigten, dienen wollen, indem er Menschen über einen reißenden Fluss trug. Als er einmal einen kleinen Knaben auf seinen Schultern hinübertrug, wurde dieser so schwer, dass er zu versinken drohte. Das Kind gab sich als Jesus Christus zu erkennen und taufte ihn im überflutenden Wasser auf den Namen Christophorus: Christusträger. Im Spätmittelalter glaubte man, durch das Anschauen der Darstellung des Jesuskindes auf seinen Schultern den ganzen Tag vor einem unerwarteten Tod geschützt zu sein. Die Christophorusfiguren in und an den Kirchen waren deshalb besonders groß, damit jeder sie sehen konnte. Sein offizieller Gedenktag ist zwar der 25. Juli, für den dt.-spr. Raum ist es jedoch der 24. Juli. (B)

Er ist Patron der Autofahrer, der Furten und Bergstraßen, der Fährleute, Brückenbauer, Seeleute, Pilger, Chauffeure, Straßenwärter, Bergleute, Zimmerleute, Buchbinder, Goldschmiede, Obsthändler, Gärtner, Athleten, der Ärzte und gegen gegen Seuchen, Epilepsie, Hagel, Augenleiden, Zahnweh, Wunden sowie gegen Feuer- und Wassergefahren, Dürre und Unwetter. An seinem Gedenktag gibt es die Bauernregeln: „Sankt Christoph kommt heran, man den Roggen schneiden kann", „Wenn gedeihen soll der Wein, muss der Christoph trocken sein".

Christina von Bolsena

Christina († 287/307) wurde in Bolsena (in der Nähe von Viterbo, Italien) als Tochter heidnischer Eltern geboren und wurde von einer Sklavin zum Christentum bekehrt. Als ihr Vater das erfuhr, ließ er sie einkerkern und foltern. Als sie dabei unverletzt blieb, ließ er sie im Meer ertränken, aber sie kam wieder zurück. Daraufhin wurde sie hingerichtet. Ihre Reliquien befinden sich in der Kirche S. Christina in Bolsena, auf deren Altar 1263 jenes berühmte „Blutwunder von Bolsena“ stattfand, aufgrund dessen dann das Fronleichnamsfest [siehe S. 144] eingeführt wurde. (H)

Charbel Makhlūf

Joseph Makhlūf (1828–1898), mit Ordensnamen Charbel (Scharbel), wuchs im Libanon als jüngstes von fünf Kindern auf und gehörte der mit Rom unierten maronitischen Kirche an. Schon während seiner Kinder- und Jugendzeit zeichnete er sich durch eine besonders tiefe Frömmigkeit aus. 1851 wurde er libanesischer Mönch (Baladit) und empfing 1859 die Priesterweihe. 1875 zog er um in eine Einsiedelei nahe bei seinem Kloster. Er soll zahlreiche Wunder gewirkt haben und wurde schon zu Lebzeiten wie ein Heiliger verehrt. Bei der Öffnung seines Grabes 1899 und 1950 war sein Leichnam unversehrt. (B)

Ursicinus (Bf. von Sens; † um 380) – Siglind (Äbtissin in Troclar; 7. Jh.) – Gerburg (Äbtissin in Gandersheim; um 845–896/97) – Balduin (Baldwin) (Abt von Rieti; † 1140) – Kinga (Kunigunde) von Polen (Hz.; um 1234–1292)

25. Juli

Jakobus der Ältere

Gemeinsam mit seinem Bruder Johannes *[27. 12.]* wurde Jakobus von Jesus zum Apostel berufen. Sie gehörten mit Petrus zum engeren Kreis um Jesus, die z. B. bei der Verklärung Jesu auf dem Berg Tabor (Markus 9,2f.) zugegen waren. Der Überlieferung nach habe er in Jerusalem und in Samaria gewirkt, aber einer Legende nach auch in Spanien. Als Erster der Apostel Jesu erlitt er am Osterfest des Jahres 44 unter Kg. Agrippa I. das Martyrium durch das Schwert. Etwa um 70 sollen die Gebeine des Jakobus zuerst auf den Sinai und dann, um sie vor dem Zugriff der Sarazenen zu retten, im 8. Jh. nach Spanien gebracht worden sein. Vom 10. Jh. an entwickelte sich an der Grabstätte der berühmte Wallfahrtsort Santiago de Compostela. Das bekannteste Attribut des Heiligen ist die Jakobsmuschel. (H)

Er ist Patron der Seeleute, Hutmacher, Wachszieher, Apotheker und Drogisten; der Pilger und Wallfahrer, für das Wetter, für Gedeihen der Früchte sowie gegen Rheumatismus. An seinem Gedenktag gibt es zahlreiche Buarnregeln, u. a.: „Scheinet die Sonn am Sankt Jakobstag, hat man um Weihnachten große Plag", „Sankt Jakob nimmt hinweg die Not, bringt erste Frucht und frisches Brot".

Willebold

Willebold († nach 1230) war ein Jerusalem-Pilger und ist in Berkheim (Kreis Biberach, Baden-Württemberg) verstorben, wo bald nach seinem Tod seine Verehrung einsetzte. (H)

Zu seinem Gedenktag gibt es die Bauernregel: „Sankt Willebold – ist allen Bauern hold."

Thea von Gaza (Märtyrerin; † um 308) – Magnerich (Bf. von Trier; † 587) – Beatus von Trier (Einsiedler; 6./7. Jh.)

26. Juli

Joachim und Anna

Joachim und Anna finden erstmals im Protoevangelium des Johannes Erwähnung (zweite Hälfte des 2. Jh.), wo sie als Eltern Marias, der Mutter Jesu, genannt werden. Danach war Joachim ein in Jerusalem lebender Priester, dessen Ehe mit Anna 20 Jahre kinderlos blieb, bevor ihnen endlich eine Tochter, nämlich Maria, geboren wurde. Auffallend sind starke Anklänge an die Geschichte der alttestamentlichen Hanna, der Mutter Samuels. Joachim und Anna wurden im 5. und 6. Jh. in Marienlegenden ausführlicher dargestellt. Im Zusammenhang mit der wachsenden Marienverehrung setzte im Spätmittelalter eine Hochblüte ihres Kultes ein. Besonders die Karmeliter und Kapuziner förderten ihre Verehrung. In der Volksfrömmigkeit war Anna besonders beliebt. Obwohl nicht überliefert ist, ob sie Jesus noch gesehen hat, wird sie meist zusammen mit Maria und Jesus dargestellt („Anna selbdritt"). Bei der Kalenderreform 1969/70 wurde der bisherige Gedenktag von Joachim am 16. August mit dem der Anna zusammengelegt. Für diesen Tag gibt es jedoch Lostagsprüche (siehe dort). (B)

Anna ist die Patronin der Mütter und der Ehe, der Hausangestellten, Ammen, Witwen, Bergleute, Schneider, Müller, Krämer, Schiffer, Tischler, Goldschmiede, für Kindersegen und glückliche Geburt, für Wiederauffinden verlorener Sachen und Regen sowie gegen Gicht, Fieber, Kopf-, Brust- und Bauchschmerzen. Zu ihrem Gedenktag gibt es zahlreiche Bauernregeln, u. a.: „Annentag warm und trocken, lässt den Bauern frohlocken", „Ist St. Anna erst vorbei, kommt der Morgen kühl herbei".

Gloriosa von Laodicea (Märtyrerin; † um 303) – Lukan (Bf. von Säben, 5. Jh.) – Christiana von Termonde (8. Jh.)

27. Juli

Siebenschläfer (Sieben Schläfer)

Nach einer Legende, die auch in anderen Kulturen zu finden ist, wurden sieben Brüder, Christen und Schafhirten aus Ephesus, wegen ihres Glaubens verfolgt, flohen in eine Höhle und wurden auf Befehl des Ks. Decius im Jahr 251 eingemauert. Als ihre Namen wurden in der westlichen Kirche Maximian, Malchus, Martinian, Dionysius, Johannes, Serapion und Constantin überliefert. Im Jahr 437 wollte man die Höhle als Schafstall benutzen und ließ das Mauerwerk entfernen. Die Brüder erwachten. Einer lief, um Brot zu holen, und gab dem erstaunten Bäcker eine Goldmünze mit dem Bild von Ks. Decius. Da ging der Bf. mit den erstaunten Bürgern zur Höhle und fand alle Brüder lebend vor. Kurz danach starben sie. In Westeuropa wurden die sieben Schläfer schon im frühen Mittelalter verehrt. Bei der Kalenderreform des Jahres 1582 von Papst Gregor XIII. wurde der Gedenktag vom 7. Juli auf den 27. Juni verlegt. Mit diesem Datum ist ein bedeutender Lostag verbunden, der das Wetter der kommenden sieben Wochen bestimmt und der zahlreiche Bauernregeln kennt (siehe dort). Nach dem *Martyrologium Romanum* von 1956 und 2001/2004 ist der 27. Juli der offizielle Gedenktag, im dt.-spr. Raum ist er weiterhin – nicht zuletzt wegen der passenden Wetterregeln – der 27. Juni. (H)

Die Siebenschläfer sind Patrone bei Fieber und Schlaflosigkeit.

Pantaleon

Pantaleon (auch Pantalaimon) (278–305) stammte aus Nikomedien und war der Sohn eines heidnischen Vaters und einer christlichen Mutter. Er wurde Arzt und hatte damit außergewöhnliche Heilungserfolge, sodass ihn Ks. Maximian zu seinem Leibarzt machte. Er versuchte, die Kaiserin zum Christentum zu bekehren. Maximians Nachfolger Galerius ließ Pantaleon foltern und in den Kerker werfen. Dann wurden ihm die Hände auf den Kopf genagelt und dieser angeschlagen. Relativ bald setzte seine Verehrung ein, die mit seinen besonderen Heilkräften in Zusammenhang stehen dürfte. Er zählt auch zu den Vierzehn Nothelfern. In St. Pantaleon in Köln befinden sich Reliquien von ihm, und im süddt.-östr. Raum hat sich ein besonderes Brauchtum um ihn herum entwickelt. (H)

Er ist Patron der Ärzte, Hebammen, der Haustiere, gegen Kopfschmerzen, Heuschreckenplage sowie bei Viehkrankheiten. Zu seinem Gedenktag gibt es die Bauernregeln: „Pantaleon warm und trocken, macht den Bauern frohlocken", „Pantaleons Regen, bringt keinen Segen".

Cölestin I. (Bf. von Rom; † 432) – Simeon Stylites der Ältere (um 390–um 459) – Natalia von Córdoba (Märtyrer; † 852) –

28. Juli

Alphonsa Anna Muttathupadathu

Alphonsa Anna Muttathupadathu (1910–1946) wurde in Arpukara in Kerala (Indien) geboren, trat 1927 in den Orden der Klarissen in Bharnanganam (Kerala) ein und erhielt den Ordensnamen Alphonsa. Sie trug jahrelang körperliche und seelische Schmerzen mit großer Geduld und Demut. Sie starb im Kloster und wurde in der Kirche von Bharananganam beigesetzt, die zu einer Pilgerstätte wurde. Sie wurde als erste Inderin 1986 selig- und 2008 heiliggesprochen. (H)

Viktor I. (Bf. von Rom; † 199) – Nazarius und Celsus (Märtyrer; † 304) –

29. Juli

Lazarus, Maria und Marta von Betanien

Die drei Geschwister Lazarus, Maria und Marta von Betanien (1. Jh.) gehörten zum Freundeskreis Jesu. Überliefert ist Martas Klage über die mangelnde Mithilfe ihrer Schwester bei der Sorge um das leibliche Wohl Jesu und dessen Antwort, Maria habe als seine Zuhörerin den besseren Teil erwählt (Lukas 10,38–42). Deshalb wird Marta gern auf ihre Sorge um den Haushalt reduziert. Dabei sollte aber nicht Martas großes Vertrauen zu Jesus beim Tode ihres Bruders Lazarus vergessen werden. Ihr Gespräch mit Jesus, das der Evangelist Johannes überliefert, endet mit ihrem klaren Bekenntnis zu Jesus als dem Messias (Johannes 11,21–27). Schließlich erweckte Jesus Lazarus von den Toten (Johannes 11,39f.). Über das weitere Schicksal der drei Geschwister ist nichts bekannt. Nach einer Legende soll sie mit ihren Geschwistern nach Frankreich in die Provence gekommen und in Tarascon begraben sein. Zu Lazarus gibt es die Überlieferung, dass er von Paulus zum Bf. von Larnaka (Zypern) eingesetzt worden sei. Ursprünglich war ihr Gedenktag am 17. Dezember, wo es Wetterregeln gibt (siehe dort). (B)

Lazarus ist Patron der Metzger; der Totengräber, Bettler und Aussätzigen; Marta ist die Patronin der Häuslichkeit, der Hausfrauen, Hausangestellten, Köchinnen, Wäscherinnen und Arbeiterinnen, Gastwirte, Hoteliers und Hotelangestellten, Bildhauer und Maler, der Sterbenden sowie gegen Blutfluss.

Beatrix, Flora, Ladislaus, Lucilla und Olaf

An diesem Tag wird mehreren Märtyrern und Heiligen gedacht, die im Volksglauben eine Rolle spielten: Beatrix (Beate) († 304) war eine Märtyrerin in Rom; Flora (Florentine) und Lucilla waren Sklavinnen, die 265 den Märtyrertod erlitten hatten; Ladislaus I. (1040–1095) war Kg. von Ungarn. Dieses Datum ist der Gedenktag der Übertragung der Gebeine, sein eigentlicher Gedenktag ist der 30. Juni (siehe dort); Olaf II. (995–1030) war Kg. von Norwegen und erlitt den Märtyrertod. Im dt.-spr. Raum ist auch der 10. Juli sein Gedenktag (siehe dort). (H)

Für diesen Gedenktag gibt es die Bauernregeln: „Olaf, Beate, Lucilla, Ladislaus, verbrennen dem Bauern Scheun' und Haus", „Ist Florentine trocken 'blieben, schickt sie Raupen in Korn und Rüben".

Simplicius und Faustinus von Rom (Märtyrer; † 304) – Lupus (Bf. von Troyes; um 390–um 479) – Urban II. (Papst; um 1035–1099)

30. Juli

Petrus Chrysologus

Von Petrus Chrysologus (um 380–nach 450) wissen wir wenig. Er wurde in seiner Heimatstadt zum Priester geweiht und vor 431 zum Bf. von Ravenna gewählt, das während seiner Amtszeit Ebtm. wurde. Er galt als ebenso gelehrter wie volkstümlicher Prediger, weshalb man ihm den Beinamen „Chrysologus", Goldredner, gab. Er bemühte sich, nie länger als 15 Minuten zu sprechen. Viele seiner Predigten sind noch erhalten. Er war mit Papst Leo I. dem Großen *[10. 11.]* befreundet und ging gemeinsam mit ihm gegen Irrlehren vor. Außerdem hatte er großen Einfluss am kaiserlichen Hof. Er starb in Imola. 1729 verlieh Papst Benedikt XIII. ihm den Ehrentitel eines Kirchenlehrers. Bis zur Kalenderreform von 1969/70 war der 4. Dezember sein Gedenktag. (B)

Abdon und Sennis von Persien (Märtyrer: † um 250) – Julitta von Caesarea in Kappadokien (Märtyrerin, † um 303) – Godeleva (Godelina) von Gistel (Märtyrerin; † 1070) – Leopold von Castelnuovo (Bogdan Mandić) (Mystiker; 1866–1942)

31. Juli

Ignatius von Loyola

Ignatius (1491–1556) wurde in Loyola (Baskenland) geboren (sein eigentlicher Name war Iñigo). Er wurde zuerst Soldat und als Offizier 1521 bei der Belagerung von Pamplona schwer verletzt. Auf dem Krankenlager beschloss er, seine Militärlaufbahn zu beenden, und war zuerst Einsiedler. In seinem „Pilgerbericht“ beschreibt er seine innere Wandlung, und in den „Geistlichen Übungen“ schildert er den Prozess der Exerzitien, wie er ihn selbst erlebt hatte. Nach einer Pilgerreise ins Heilige Land 1523 studierte er u. a. in Paris, wo er die ersten sechs Gefährten fand, mit denen er auf dem Montmartre 1534 Gelübde ablegte. In Venedig 1537 zum Priester geweiht, ging er mit seinen Gefährten nach Rom. Papst Paul III. anerkannte den Orden, die Gesellschaft Jesu (*Societas Jesu* – SJ), deren erster Generaloberer Ignatius wurde. Er stellte seine Gemeinschaft in den Dienst des Papstes. Wegen der größeren Beweglichkeit verzichtete er auf bestimmte Formen des Zusammenlebens. Die „Geistlichen Übungen“ sind bis heute die Grundlage der Gemeinschaft und darüber hinaus eine Hilfe zur Vertiefung des geistlichen Lebens. (H)

Er ist Patron der Exerzitien und Exerzitienhäuser, der Kinder, Schwangeren und Soldaten sowie gegen Fieber, Zauberei, Skrupel, schwere Geburt, Viehkrankheiten, Pest und Cholera. Zu seinem Gedenktag gibt es die Bauernregel: „So wie Ignaz stellt sich ein, wird der nächste Jänner sein.“

Germanus (Bf. von Auxerre; um 378–448)

Ignatius von Loyola – 31. Juli

1. August

Petri Kettenfeier

Petri Kettenfeier bezieht sich auf die in der Apostelgeschichte (12,5–10) berichtete wundersame Befreiung des Apostel Petrus *[29. 6.]* aus dem Kerker in Jerusalem. Papst Gregor I. der Große *[3. 9.]* bestimmte dieses Datum als Fest Petri Kettenfeier. (H)

Für diesen Tag gibt es die Lostagsprüche: „Ist's vom Petrus bis Laurentius [10. 8.] heiß, dann bleibt der Winter lange weiß", „Zu Petri Kettenfeier von diesem Ort, ziehen die ersten Störche fort".

Peter Faber

Peter Faber (1506–1546) wurde als Sohn eines Bauern in St-Jean-de-Sixt in Savoyen (Frankreich) geboren und studierte ab 1525 in Paris, wo er Ignatius von Loyola *[31. 7.]* traf. Er gehörte zu jenen sieben Studenten, die mit ihm eine Gemeinschaft bildeten, aus der dann die Gesellschaft Jesu (Jesuiten) entstanden ist. 1534 wurde er zum Priester geweiht, ging anschließend nach Rom und wurde mit verschiedenen Aufgaben betraut. So nahm er 1540/41 an den Religionsgesprächen mit den Protestanten in Worms und Regensburg teil. 1544 gründete er gemeinsam mit Petrus Canisius *[27. 4.]* in Köln die erste Niederlassung der Jesuiten in Dtl. 1546 zum Delegierten Papst Pauls III. für das Konzil in Trient bestimmt, starb er an einer Fieberkrankheit. 1872 wurde er selig- und 2013 heiliggesprochen. (H)

Alfons Maria von Liguori

Alfons Maria von Liguori (1696–1787) sah sich selbst in erster Linie als Seelsorger, leistete aber auch als Theologe Bedeutendes. Er stammte aus einer reichen italienischen Adelsfamilie. Schon früh war er ein erfolgreicher Rechtsanwalt, gab seine Karriere aber auf und wurde 1726 mit 30 Jahren Priester. Er schloss sich einer Weltpriestervereinigung an und widmete sich besonders der Aus- und Weiterbildung der Seelsorger, organisierte das Laienapostolat und die Volksmission. 1731 gründete er den beschaulichen Orden der Redemptoristinnen und 1732 die „Kongregation des allerheiligsten Erlösers" (*Congregatio Sanctissimi Redemptoris* bzw. Redemptoristen), einen Orden für die Volksmission. 1762–1775 war er Bf. von Sant' Agata de' Goti im Königreich Neapel. Hier bemühte er sich erfolgreich um die religiöse Erneuerung von Klerus und Volk. Besonders wichtig war ihm die Schulung der Beichtväter, Seelenführer und Prediger, die den Menschen die Liebe und Barmherzigkeit Gottes vermitteln sollten. Aus gesundheitlichen Gründen gab er 1775 sein Bischofsamt auf und zog sich in ein Kloster zurück, wo er bis zu seinem Tode lebte. Er hinterließ zahlreiche Werke, darunter eine Moraltheologie und eine Anleitung für Beichtväter. 1871 wurde er zum Kirchenlehrer erhoben und 1950 zum Patron der Beichtväter und Seelenführer erklärt. Bis zur Kalenderreform von 1969/70 war der 2. August sein Gedenktag. (B)

Fides, Spes und Caritas (Märtyrerinnen; † um 130)

2. August

Maria Portiuncula

Das Portiuncula-Fest geht auf die Gewährung eines Ablasses für den Besuch der kleinen Kirche Santa Maria degli Angeli (Unsere Liebe Frau von den Engeln) zurück, die von Franz von Assisi *[4. 10.]* nahe seiner Heimatstadt benutzt wurde. Franziskus nannte sie *Portiuncula*, kleines Fleckchen, und baute daneben zunächst bescheidene Hütten, woraus später cin Haus und das Stammkloster der Franziskaner wurde. Papst Honorius III. bewilligte 1223 diesen Ablass auf Bitten von Franz von Assisi und setzte ihn auf den 2. August fest. Die Gewährung dieses Ablasses wurde in der Folge von Papst Gregor XV. auf alle Kirchen der drei von Franziskus gestifteten Orden ausgedehnt. Die katholische Kirche gewährt heute diesen vollkommenen Ablass jedem Gläubigen, der mit frommer Gesinnung seine Pfarrkirche besucht sowie bestimmte Gebete verrichtet, und zwar an deren Patrozinium und am 2. August. (H)

Eusebius von Vercelli

Eusebius (um 283–371) wurde auf Sardinien geboren, kam aber sehr früh mit seinen Eltern nach Rom. Dort wurde er hervorragend ausgebildet und zum Priester geweiht. Nach seinem Wirken als Lektor in Rom wurde er 340 (oder 345) zum ersten Bf. von Vercelli (Norditalien) gewählt. Erstmalig im Abendland führte er für die Geistlichen der Kathedralkirche eine Form des gemeinsamen Lebens ein. Er trat energisch gegen den Arianismus auf und wurde deshalb 355 verbannt. 363 durfte er wieder in seine Diözese zurückkehren. Spätere Legenden behaupten, er sei von Arianern gesteinigt worden. Bis zur Kalenderreform von 1969/70 war der 16. Dezember sein Gedenktag. (B)

Petrus Julianus Eymard

Petrus Julianus Eymard (1811–1868), ein besonderer Verehrer der hl. Eucharistie, wurde in La Mure-d'Isère bei Grenoble geboren und empfing 1834 die Priesterweihe. Einige Jahre gehörte er der „Kongregation der Maristen" (*Societas Mariae* bzw. Gesellschaft Mariens) an, bevor er 1856 in Paris die „Kongregation vom heiligsten Sakrament" (*Congregatio Presbyterorum a Ssmo Sacramento* bzw. Eucharistiner) zur Förderung der Verehrung der Eucharistie gründete und später den weiblichen Ordenszweig der „Dienerinnen des allerheiligsten Altarssakramentes". Er starb in seinem Geburtsort. Zehn Jahre später wurde sein unversehrter Leichnam in die Corpus-Christi-Kirche in Paris übertragen. (B)

Stephan I. (Bf. von Rom; † 257)

3. August

Lydia

Lydia (1. Jh.) war eine wohlhabende Purpurhändlerin in Philippi (Makedonien). Sie war nicht-jüdischer Herkunft, stand aber der jüdischen Gemeinde nahe. Sie wird im Neuen Testament zweimal erwähnt: in der Apostelgeschichte 16,11–15 und 40. Der Apostel Paulus kam um das Jahr 50 über Kleinasien nach Philippi. Hier begann er erstmals auf europäischem Boden zu missionieren. Unter seinen Zuhörern waren Frauen, unter diesen Lydia. Sie erfuhr von Paulus, dass es eine Möglichkeit gibt, zur Gemeinde Jesu und damit zum Volk Gottes zu gehören, ohne belastende Gesetze einhalten zu müssen. Sie entschied sich dazu und wurde somit zur ersten Christin Europas. Sie bedrängte Paulus, ihr Haus zur Hauskirche einer christlichen Gemeinde in Philippi zu machen. In der Folge wurden Paulus und sein Gefährte Silas als religiöse Unruhestifter eingesperrt, aber auf wunderbare Weise wieder aus dem Gefängnis befreit. Von dort begaben sich die beiden sofort zu Lydia. Nur zwei knappe Hinweise belegen die Tatsache, dass die Gründung der ersten christlichen Gemeinde in Europa auf die Initiative einer Frau zurückging. (H)

Sie ist Patronin der Färber, und es gibt für diesen Tag die Bauernregeln: „Wenn Lydia den Himmel rötet, Regen bald die Hitze tötet". „Lydiatau, macht den Himmel blau".

August Kažotic

August Kažotic (um 1260–1323) wurde in Traù (heute Trogir in Dalmatien bzw. Kroatien) geboren, trat dem Dominikanerorden bei und wurde dort ein bekannter Prediger. 1304 wurde er Bf. von Agram (Zagreb) in Kroatien, später von Lucera (Süditalien), wo er auch verstorben ist. (H)

Petrus (Bf. von Anagni; um 1033–1105)

4. August

Johannes Maria Vianney (Pfarrer von Ars)

Johannes Maria Vianney (1786–1859) ist besser als „Pfarrer von Ars" bekannt. Er lebte in Frankreich und entstammte einer streng katholischen Bauernfamilie. Er war schon als Kind sehr fromm und hatte die Absicht, Priester zu werden. Mit 19 Jahren begann er sein Studium. Allerdings fiel ihm das Lernen wegen mangelnder Schulbildung sehr schwer. Die napoleonischen Kriege brachten eine weitere Verzögerung. Erst 1815 wurde er zum Priester geweiht. Seit 1818 war er Seelsorger der religiös völlig uninteressierten Gemeinde von Ars. Mit großem persönlichen Einsatz gelang es ihm, hier ein neues, wahrhaft christliches Leben zu wecken. Unermüdlich war er als Beichtvater, Prediger und Seelenführer tätig. Sein Ruf lockte bald Menschenscharen von nah und fern an, die bei ihm Rat und Hilfe suchten. Er bürdete sich immer mehr auf. Hinzu kam sein asketischer Lebenswandel, sodass er die Grenzen seiner Belastbarkeit weit überschritt. Viermal versuchte er, sich seiner Aufgabe als Pfarrer zu entziehen, um in der Einsamkeit ein kontemplatives Leben zu führen. Seine Gemeinde holte ihn jedoch jedes Mal zurück. 1859 starb er völlig erschöpft. Papst Pius XI. erklärte ihn 1929 zum Patron der Pfarrer. Bis zur Kalenderreform von 1969/70 war der 8. August sein Gedenktag. (B)

Eleutherios Cubicularius (4. Jh) – Rainer (Bf. von Spalato bzw. Split; † 1180)

5. August

Weihe der Basilika Santa Maria Maggiore – „Maria Schnee"

An diesem Tag wird der Weihe der Basilika Santa Maria Maggiore gedacht. Sie ist die größte der 80 Marienkirchen in Rom und die älteste Marienkirche des Abendlandes. Sie gehört zu den sieben röm. Pilgerkirchen und darunter zu den vier Patriarchalbasiliken. Nach röm. Überlieferung soll sie der röm. Bf. Liberius († 366) an einem durch ein Schneewunder angezeigten Ort erbaut haben. Daher trägt sie auch den Namen „Santa Maria della Neve" (Maria Schnee). Papst Sixtus III. († 440) nahm die Verkündigung des Glaubenssatzes von der Gottesmutterschaft Marias durch das Konzil von Ephesus (431) zum Anlass, den Bau des Liberius abbrechen zu lassen und durch eine größere sowie schönere Kirche zu ersetzen. (B)

Für diesen Tag gibt es die Wetterregel: „Regen an Mariä Schnee, tut dem Korn empfindlich weh."

Oswald

Oswald (um 604–642) wurde in Northumbrien als Sohn eines angelsächsischen Teil-Königs geboren und nach dem Tod seines Vaters im Kloster Hy auf Iona getauft. Er konnte 634 seine Herrschaft wiedererobern und wurde Kg. von Northumbrien. Als solcher christianisierte er das Land weiter und gründete u. a. das Kloster Lindisfarne. Zahlreiche Legenden ranken sich um seine Person. Er fiel in der Schlacht von Ostwestry gegen einen heidnischen Kg., der seinen Leichnam zerstückeln ließ. Die nach Mitteleuropa ausgesandten Missionare aus England verbreiteten sein Andenken. Besondere Verehrung erfuhr Oswald im süddt.-östr. Raum. (H)

Er ist Patron des Viehs; der Schnitter sowie gegen die Pest. Es an diesem Gedenktag diese Wetterregeln, u. a.: „Oswaldtag muss trocken sein, sonst wird teuer Korn und Wein."

Non(n)a (Nonne; um 280–374)

6. August

Verklärung Jesu

Von der Verklärung Jesu auf dem Berg Tabor, deren Zeugen Petrus *[29. 6.]*, Johannes *[27. 12.]* und Jakobus *[25. 7.]* waren, berichten alle drei Synoptiker (vgl. Markus 9,2f.). Seit dem 4./5. Jh. feiert man das Fest der Verklärung Jesu Christi (*In Transfiguratione D. N. J. C.*) im Orient am 6. August, seit dem 9. Jh. auch in Spanien. Erst 1457 übernahm Papst Calixtus III. das Fest für die gesamte westliche Kirche, um damit für einen Sieg über die Türken 1456 bei Belgrad zu danken. (H)

Für diesen Tag gibt es die Bauernregel: „Wenn der Herr auf Tabor steht, der Bauer sein Getreide mäht."

Justus und Pastor von Madrid (Märtyrer; um 295–305) – Hormisdas (Papst; † 523)

7. August

Sixtus II. und Gefährten

Sixtus II. (oder auch Xystus II.) († 258) war von 257 bis 258 Bf. von Rom. Er bemühte sich um Ausgleich im Streit mit Häretikern. Bei der Christenverfolgung durch Ks. Valerian wurde er während eines Gottesdienstes in der Calixtus-Katakombe verhaftet und danach enthauptet. Auch vier Diakone, darunter Laurentius *[10. 8.]*, Agapitus und Felicissimus, sind dieser Verfolgung zum Opfer gefallen. Sixtus wurde in der Calixtus-Katakombe bestattet. (B)

Afra

Afra († um 304) wurde als Märtyrerin auf dem Lechfeld bei Augsburg enthauptet. Ansonsten sind nur Legenden über sie überliefert. (H)

Sie ist Patronin der Büßerinnen, reuigen Dirnen und armen Seelen, der Heilkräuter sowie bei Feuersnot. Für diesen Tag gibt es eine Wetterregel: „Für den Bauer ungelegen, ist St. Afratag mit Regen."

Kajetan von Thiene

Kajetan (1480–1547) war Sohn eines italienischen Grafen von Thiene (Vicenza). Als Jurist wurde er Geheimsekretär von Papst Julius II. in Rom. Dort trat er der Bruderschaft der göttlichen Liebe bei und bemühte sich um die Reform des Klerus. Nach seiner Priesterweihe (1516) und der Rückkehr nach Vicenza schloss er sich der Bruderschaft des hl. Hieronymus an, die sich um Arme und Kranke kümmerte. Nach einigen Jahren ging er wieder nach Rom und gründete dort 1524 mit Bf. Caraffa von Theate (Chieti), dem späteren Papst Paul IV., die Kongregation der Theatiner (oder Kajetaner) zur religiösen Bildung des Klerus und des Volkes. Der Orden wurde schon nach wenigen Wochen von Papst Klemens VII. bestätigt. Losung der Theatiner ist das Jesuswort: „Suchet zuerst Gottes Reich und seine Gerechtigkeit, dann werden euch alle Dinge hinzugefügt werden."

(Mt 6,33) Der Orden breitete sich rasch in ganz Italien aus und wurde neben den Jesuiten zur wichtigsten Kraft der Reform in der katholischen Kirche. Heute haben die Theatiner nur noch wenige Mitglieder. (B)

Donatus (Bf. von Arezzo; † 362) – Donatus (Bf. von Besançon; um 594–vor 660) – Albert von Trapani (Ordensprovinzial; 1212–um 1307)

8. August

Cyriakus

Das Leben von Cyriakus († 305) ist – abgesehen von seinem Martyrium – historisch nicht überliefert. Nach der Legende soll er in Rom Archidiakon gewesen sein und musste jahrelang als Häftling in den röm. Lehmgruben arbeiten. Unter Diokletian wurde er gefoltert und hingerichtet. Er wird vor allem im Rheinland stark verehrt und zählt zu den Vierzehn Nothelfern. (H)

Er ist Patron der Zwangsarbeiter, des Weinbaus, bei schwerer körperlicher Arbeit sowie gegen Gewitter, Versuchung und böse Geister, Besessenheit und Anfechtungen in der Todesstunde. Für diesen Tag gibt es die Bauernregel: „An Cyriak viel Regen, ist dem Wein kein Segen."

Dominikus

Dominikus (um 1170–1221), der Gründer des Dominikanerordens, war ein Mann von großer Frömmigkeit und Sorge um die Seelen der Menschen. Er stammte aus Spanien, studierte Philosophie und Theologie, wurde Priester und Mitglied des regulierten Domstiftes von Osma (Nordspanien) sowie 1201 dessen Subprior. Auf zwei Reisen mit seinem Bf. Diégo (Didacus) durch Südfrankreich erlebte er dort die weite Verbreitung der Katharer und Waldenser, deren Armutsbewegung die Bevölkerung durch Wanderpredigt und strenge Askese überzeugte. In der Bekehrung der Anhänger von Irrlehren fand Dominikus seine Lebensaufgabe. 1215 gründete er eine Gemeinschaft von Predigern nach der Augustinerregel, die Dominikaner (*Ordo*

Fratorum Praedicatorum), die in evangelischer Armut als Wanderprediger das Wort Gottes verkündigen sollten. Hierzu sollten die Brüder durch ein gründliches Studium befähigt werden. Schon bald sandte Dominikus die wenigen Brüder des Ordens nach Paris und Bologna aus und erwirkte vom Papst eine universale Empfehlung des Ordens. So war es seiner Weitsicht zu danken, dass sich der Dominikanerorden schnell über die ganze Welt ausbreitete. Seinem vielfach bezeugten Verständnis für Frauen und deren Religiosität verdanken auch die Dominikanerinnen ihre Gründung. Dargestellt wird Dominikus häufig mit einem Rosenkranz, weil er diesen einer Legende zufolge in einer Vision von Maria erhalten haben soll. Bis zur Kalenderreform von 1969/70 war der 4. August sein Gedenktag. (B)

Für diesen 4. August gibt es Bauernregeln, u. a.: „Hitze an Sankt Dominikus, ein strenger Winter folgen muss", „Zu Dominik, wachsen Rüben dick".

Justinus von Louvre (Märtyrer; † 304) – Eusebius (Bf. von Mailand; † 462) – Altmann (Bf. von Passau; um 1015–1091) – Wardo (Famianus) (Einsiedler; um 1090–1150)

9. August

Teresia Benedicta vom Kreuz (Edith Stein)

Edith Stein (1891–1942) wurde in Breslau in eine orthodoxe jüdische Familie hineingeboren. Sie studierte in Breslau und Göttingen Philosophie, wurde 1916 promoviert und war dann einige Jahre Mitarbeiterin des Philosophen Edmund Husserl in Freiburg/Br. Als sie nach dem Tod eines Freundes dessen Witwe trösten wollte, erfuhr sie, dass diese im Glauben Kraft fand. Nun begann Edith Stein, das Neue Testament zu lesen. Das zweite wichtige Ereignis für sie war die Lektüre einer Biographie Teresas von Ávila *[15. 10.]*. Sie ließ sich mit 31 Jahren taufen. 1933 trat sie in den Kölner Karmel ein und erhielt den Ordensnamen Teresia Benedicta a Cruce (Teresia, die vom Kreuz Gesegnete). Im November 1938 floh sie in das holländische Kloster Echt, wo sie am 2. August 1942 verhaftet wurde – ein Racheakt gegen die holländischen Bischöfe, die die Naziverbrechen öffentlich angeprangert hatten. Am 9. August 1942 starb sie in den Gaskammern von Auschwitz. Papst Johannes Paul II. *[22. 10.]* sprach sie 1998 heilig und ernannte sie 1999 zusammen mit Katharina von Siena *[29. 4.]* und Birgitta von Schweden *[23. 7.]* zur Patronin Europas. (H)

Romanus von Rom (Märtyrer; † 258)

10. August

Laurentius

Über die Herkunft von Laurentius (Lorenz) (um 230–258) ist nichts Sicheres bekannt. Er war in Rom Archidiakon und fiel der Christenverfolgung unter Ks. Valerian zum Opfer. Einer Legende zufolge wurde er auf einem glühenden Rost zu Tode gequält. Seinen Henkern soll er zugerufen haben: „Der Braten ist schon fertig, dreh ihn um und iss!" Unter Ks. Konstantin wurde bei seinem Grab eine Kirche err., zu der viele Pilger kamen. Die dem Heiligen gewidmete Basilika „S. Lorenzo fuori le mura" zählt zu den sieben Hauptkirchen Roms. Im dt.-spr. Raum verbreitete sich die Laurentius-Verehrung, als Ks. Otto I. und der hl. Ulrich *[4. 7.]* auf dem Lechfeld bei Augsburg die Ungarn am Laurentius-Tag des Jahres 955 besiegt hatten. Es bildeten sich zahlreiche Bräuche (z. B. „Laurentiusbrot") heraus, die bis heute gepflegt werden. (H)

Er ist Patron der Armen, Bibliothekare, Studenten, Köche, Bäcker, Bierbrauer, Wirte, Wäscherinnen, Köhler, Glaser, der Feuerwehr, für Gedeihen der Weintrauben, für die armen Seelen sowie gegen Feuersbrunst, Augenleiden, Hexenschuss, Hauterkrankungen, Pest und Fieber. Es gibt zahlreiche Bauernregeln, u. a.: „Um Sankt Laurenzi Sonnenschein, bedeutet gutes Obst und Wein."

Asteria (Astrid) von Bergamo (Märtyrerin; † um 304) – Plektrudis von Köln (fränk. Adelige; † 725)

11. August

Klara von Assisi

Klara (1194–1253) war adeliger Herkunft. Franz von Assisi *[4. 10.]* gewann sie für das Armutsideal. Mit 18 Jahren floh sie aus ihrem Elternhaus und erhielt von Franz im Portiunkulakirchlein Ordensgewand und Schleier. Mit ihrer Schwester Agnes zog sie in ein kleines Haus in der Nähe von San Damiano. Weitere Gefährtinnen kamen hinzu. Dies war die Keimzelle des ersten franziskanischen Frauenklosters. Die Gemeinschaft, der sich später auch Klaras Schwester Beatrice und ihre verwitwete Mutter Hortulana anschlossen, wurde nach Klaras Tod „Klarissen" genannt. Franziskus verfasste für die Frauen eine kurze schriftliche Anweisung für das tägliche Leben. Um 1215 erhielt Klara von Innozenz III. ein für Frauen damals ungewöhnliches Privileg, nämlich das *Privilegium pauperitatis*, das besondere Recht der Armut. Die endgültige Regel, die weiterhin das Ideal vollkommener Armut verfolgt, geht auf Klara selbst zurück und wurde zwei Tage vor ihrem Tod von Papst Innozenz IV. gebilligt. Klaras zarte Gesundheit verschlechterte sich durch ihre strenge Askese. Etwa vom dreißigsten Lebensjahr an konnte sie ihren Orden, der sich weiter ausbreitete, nur noch vom Bett aus leiten. Mit großer Geduld ertrug sie ihr Leiden, dem sie schließlich erlag. Bereits zwei Jahre nach ihrem Tod wurde sie heiliggesprochen. Bis zur Kalenderreform von 1969/70 war der 12. August ihr Gedenktag. (B)

Sie ist Patronin der Wäscherinnen, Stickerinnen, Glasmaler und Vergolder; der Blinden, der Telefone und des Fernsehens sowie gegen Fieber und Augenleiden, bei schwerer Geburt sowie für gutes Wetter. An ihrem Gedenktag gibt es die Wetterregel: „Wie Sankt Klara ist bestellt, zumeist sich der Herbst verhält."

Philomena von Rom (Märtyrerin; † 302) – Susanna von Rom (Märtyrerin; † um 304) – Taurinus (Bf. von Evreux; † 411)

12. August

Johanna Franziska von Chantal

Johanna Franziska (1572–1641), die Gründerin des Ordens der Salesianerinnen, stammte aus Burgund und heiratete mit 20 Jahren den Baron de Chantal. Als ihr Mann 1601 bei einem Jagdunfall starb, beschloss sie, künftig ehelos zu leben, und widmete sich ganz der Erziehung ihrer vier Kinder, den Werken der Nächstenliebe und dem Gebet. 1604 lernte sie Franz von Sales *[24. 1.]* kennen, der ihr geistlicher Führer wurde. Der Briefwechsel der beiden zeigt uns eine Frau mit mystischen Erfahrungen, die sich mit großer Demut dem Willen Gottes anvertraute. Mit Franz von Sales und einigen Gefährtinnen gründete sie 1610 den „Orden der Heimsuchung Mariä" (*Ordo Visitationis S. Mariae* bzw. Salesianerinnen), deren Mitglieder ein heiligmäßiges Leben ohne Klausur und strenge Ordensregeln führen sollten. Dieses Konzept wurde aber von der Kirche nicht gebilligt. So wurde er in einen kontemplativen Orden umgewandelt und 1618 von Papst Paul V. unter der Augustinerregel zu einem Orden mit päpstlicher Klausur erhoben. Die letzten Jahre ihres Lebens widmete Franziska der Verbreitung ihres Ordens. Bis zur Kalenderreform von 1969/70 war der 16. August ihr Gedenktag, danach bis 2002 der 12. Dezember. (B)

Karl Leisner

Karl Leisner (1915–1945) stammte aus dem niederrheinischen Kleve, war in der katholischen Jugend aktiv und beschloss, Priester zu werden. Im November 1939 befand er sich als gerade geweihter Diakon wegen einer Tuberkulose-Erkrankung im Schwarzwald. Als er zum missglückten Hitler-Attentat vom 9. November 1939 im Münchener Bürgerbräukeller die Bemerkung „Schade!" machte, wurde er denunziert und verhaftet. Über Gefängnisaufenthalte in Freiburg/Br. und Mannheim kam er zuerst ins KZ Sachsenhausen, dann ins KZ Dachau. Dort wurde er Ende 1944 im Geheimen von einem frz. Bf. zum Priester geweiht. Durch Krankheit und KZ-Aufenthalt war er so geschwächt, dass er nach der Befreiung des KZ's durch die US-Army nicht sofort nach Hause fahren konnte. Entkräftet starb er in Dachau am 12. August 1945. Seine Tagebücher sind überliefert und ein eindrucksvolles Zeugnis. Sein Grab befindet sich in der Krypta des Domes von Xanten. (H)

Hilaria von Augsburg (Märtyrerin; † 304) – Innozenz XI. (Papst; 1611–1689)

13. August

Hippolyt und Pontianus

Hippolyt (um 170–235) war ein Schüler des Irenäus von Lyon *[28. 6.]* und ein bedeutender Schriftsteller und Gelehrter der frühen Kirche. Dem 217 zum Bf. von Rom gewählten Calixtus I. warf er Irrlehren vor und ließ sich zum Gegen-Bf. wählen. Dieses Schisma blieb auch noch unter den Nachfolgern des Calixtus, Urban I. *[19. 5.]* und ***Pontianus*** († 235), bestehen. 235 brach unter Ks. Maximinus Thrax eine neue Christenverfolgung aus, bei der Hippolyt und Pontianus ins Exil nach Sardinien verbannt wurden. Dort verzichteten beide auf ihr Amt und versöhnten sich. Wohl noch im selben Jahr starben beide im Exil an den Strapazen der Zwangsarbeit in einem Steinbruch. (B)

Hippolyr ist Patron der Pferde und gegen Körperschwäche. An diesem Tag gibt es die Wetterregel: „Regnet es an Hippolyt, einige Tage lang es schütt'."

Kassian

Kassian (Cassianus) († um 304) war der Legende nach der erste Bf. von Sabiona, dem späteren Säben bei Brixen in Südtirol. Von dort vertrieben, soll er in Bayern das Evangelium verkündet haben. Cassianus wird aber auch als Bf. von Imola überliefert. (H)

Er ist der Patron der Lehrer, Erzieher und Stenografen sowie in Bedrängnis. An diesem Tag gibt es die Wetterregel: „Wie das Wetter an Kassian, hält es mehrere Tage an."

Radegundis von Thüringen

Radegund(is) (518–587) war die Tochter des thüringischen Kg. Berthachar. Als sie 13 Jahre alt war, wurde Thüringen von den Franken einverleibt. Sie selber wurde als Geisel an den Hof des merowingischen Kg. Chlothars I. von Neustrien gebracht und dort christlich erzogen. 540 erzwang Chlothar die Heirat mit Radegundis. Ihre Ehe blieb in der Folge kinderlos. Sie lebte am Hof asketisch und kümmerte sich um Arme und Kranke. Als Chlothar um 550 den Bruder von Radegundis ermorden ließ, trennte sie sich von ihrem Ehemann und floh nach Noyon. Dort wurde sie von Bf. Medardus *[8. 6.]* zur Diakonin geweiht – die historischen Zeugnisse gelten als sicher –, was gerne verschwiegen wird. Sie floh dann nach Soissons. Der Kg. bat sie in der Folge um Verzeihung und unterstützte ihre Vorhaben, so u. a. eine Klostergründung in Poitiers, wo sie Arme und Kranke pflegte. Nach ihrem Tod setzte bald ihre Verehrung bzw. ihr Kult ein, wobei sich im dt.-spr. Raum in Östr. ein Schwerpunkt bildete. (H)

Concordia und Gefährten (Märtyrerin; † 258) – Maximus der Bekenner (um 580–662) – Wigbert (Abt in Fritzlar; um 680–737/38) – Ludolf (Abt von Corvey; um 915–983) ·

14. August

Maximilian Maria Kolbe

Raimund Kolbe (1894–1941) wurde in Zduńska Wola bei Lódz, das damals zu Russisch-Polen gehörte, geboren, war Sohn eines Arbeiters und trat mit 17 Jahren unter dem Namen Maximilian Maria dem Franziskanerorden bei. Er studierte in Rom und promovierte dort in Theologie und Philosophie. Seine große Marienverehrung ließ ihn 1917 mit Freunden die *Militia Immaculata* gründen, eine Gebetsgemeinschaft zur Bekehrung der Sünder. Später gab er eine entsprechende Zeitschrift heraus. 1918 empfing er in Rom die Priesterweihe. 1919 kehrte er nach Polen zurück, wo er neben seiner Lehrtätigkeit am Priesterseminar der Franziskaner in Krakau christliche Zeitschriften herausgab. 1927 gründete er westlich von Warschau die

Klosterstadt Niepokalanow („Stadt der Unbefleckten") mit Verlag, Druckerei, Werkstätten, Rundfunkstation, Klostergebäude und einem Seminar für Gymnasiasten. 1930 ging er als Missionar nach Nagasaki in Japan, gründete im Fernen Osten zahlreiche neue Missionsstationen und war auch dort publizistisch aktiv. 1936 kehrte er nach Polen zurück. Nach der Besetzung durch die Deutschen (1939) wurde er in das KZ Oranienburg und 1941 nach Auschwitz gebracht. Hier ließ er sich stellvertretend für einen Familienvater mit neun weiteren Häftlingen in den Hungerbunker sperren. Dort hörte man ihn tagelang singen und beten. Schließlich richtete man den schon leblosen Körper durch eine Giftspritze hin. Als er 1982 heiliggesprochen wurde, war Franz Gajowniczek, den er gerettet hatte, auf dem Petersplatz zugegen. (B)

Eusebius von Rom (Märtyrer; † 361) – Werenfried von Friesland († um 760) – Arnulf (Bf. von Soissons; um 1040–1087)

15. August

Mariä Aufnahme in den Himmel – Mariä Himmelfahrt

Das Hochfest Mariä Aufnahme in den Himmel (*In Assumptione B. M. V.*), auch „Hoher Frauentag" genannt, feiert man seit 450 in der Ostkirche, für den Westen ist es seit dem 7. Jh. bezeugt. 1950 wurde die leibliche Aufnahme Mariens in den Himmel von Papst Pius XII. zum Dogma erhoben. Es gibt für eine solche zwar keinen Beleg in der Bibel, doch der Glaube an diese ist schon sehr früh vorhanden gewesen. Der Todestag Marias ist zwar nicht bekannt; aber am 15. August feierte man in der Jerusalemer Marienkirche einen Feiertag zu Ehren Marias. (H)

Maria ist an diesem Tag Patronin der Färber, Gerber, Sattler und Kinder sowie in jeglicher Not. Für diesen Tag gibt es zahlreiche Bauernregeln, so u. a.: „Mariä Himmelfahrt klar Sonnenschein, bringt meistens gern viel guten Wein", „Wie das Wetter am Himmelfahrtstag, so der ganze Herbst sein mag".

Mechthild von Magdeburg

Mechthild von Magdeburg (um 1207–1282/1285) hatte bereits als Zwölfjährige ihre erste mystische Erfahrung. Als rund Zwanzigjährige begann sie ein Leben als Begine nach der Regel der Dominikaner. Ihre mystischen Erfahrungen und Visionen schrieb sie ab 1250 in Versen und Hymnen nieder, die das erste schriftliche Zeugnis der dt. Mystik sind. Wegen ihrer besonderen Erlebnisse musste sie aber viele Verfolgungen und Nachstellungen erdulden, sodass sie sich in das Zisterzienserinnenkloster von Helfta (nunmehr Stadtteil von Lutherstadt Eisleben) zurückzog, wo sie die letzten zwölf Jahre ihres Lebens verbrachte. Mechthilds Werk zählt zu den beeindruckendsten Zeugnissen dt. Frauenmystik. (H)

Tarcisius (Märtyrer; 242–257) – Napoleon (Neopolus) (Märtyrer; † um 300) – Altfrid (Alfred) (Bf. von Hildesheim; um 800–874) – Hyazinthus von Polen (um 1183–1257)

16. August

Joachim

Bei der Kalenderreform 1969/70 wurde sein bisheriger Gedenktag mit dem seiner Ehefrau, der hl, Anna, am 26. Juli zusammengelegt (siehe dort). Er ist der Patron der Schreiner, Gerber und Leinenhändler. Am 16. August gibt es die Wetterregel: „Wenn es an Joachim regnet. dann folgt ein warmer Winter."

Stephan von Ungarn

Stephan I. (969–1038) vollzog die Christianisierung Ungarns. Er hieß ursprünglich Vaijk, war der Sohn des Arpadenfürsten Géza und mit der später seliggesprochenen Gisela *[7. 5.]* verheiratet, der Schwester Ks. Heinrichs II. *[13. 7.]*. Es gelang ihm, seine Herrschaft gegen andere Stammesfürsten durchzusetzen. Im Jahre 1000, vermutlich am Weihnachtsfest, wurde er mit der von Papst Silvester II. zugesandten Krone in Gran (Esztergom) zum Kg. von Ungarn gekrönt. (Die sog. „Stephanskrone" entstand erst später.) Stephan gab seinem Reich eine christliche Verfassung, gründete zwei Erzbistümer sowie acht Bistümer und stiftete Kirchen und Klöster. Als einer der bedeutendsten Herrscher der europäischen Geschichte regierte er streng, gerecht und gütig nach den Prinzipien des christlichen Glaubens. Trotz vieler Kriege zeichnete ihn das Bemühen um Frieden und Versöhnung aus. Die Ungarn verehren ihn als ihren Nationalheiligen und Patron. Bis zur Kalenderreform von 1969/70 war der 2. September sein Gedenktag. (B)

Rochus

Rochus (um 1349–1379) wurde in Montpellier geboren. Als seine Eltern früh verstorben waren, verschenkte er deren Besitz unter den Armen und begab sich auf Pilgerfahrt nach Rom. Auf dem Weg dorthin heilte er viele Pestkranke durch das Spenden des Kreuzzeichens. Auf der Rückreise erkrankte er selber an der Pest und verstarb in Piacenza. Viele Legenden ranken sich um sein Leben und Sterben, und so war es kein Wunder, dass bald nach seinem Tod die Verehrung begann – aus naheliegenden Gründen, denn die Pest wütete in Europa vor allem im Spätmittelalter (Mitte 14. Jh.). Man erhoffte durch seine Fürsprache die Errettung von dieser Geißel der damaligen Menschheit. Er zählt daher zu den Pestheiligen, und es gibt viele Bräuche um Rochus. (H)

Er ist der Patron der Gefangenen, Kranken, der Ärzte, Apotheker, Bauern, Schreiner, Pflasterer, Totengräber und Kunsthändler, gegen Pest und Cholera, Seuchen, Fuß-, Bein- und Knieleiden. An seinem Gedenktag gibt es die Bauernregel: „Wenn Sankt Rochus trübe schaut, kommen Raupen in das Kraut."

Theodor (Theodul) (Bf. von Sitten; um 400 oder 6. Jh. oder 9. Jh.)

17. August

Beatrix da Silva Meneses

Beatrix da Silva Meneses (um 1426–1491/92) wurde in der heutigen spanischen Enklave Ceuta in Marokko geboren und stammte aus portugiesischem Adel. 1447 wurde sie Hofdame bei der Kg. Isabella von Kastilien in Toledo. Dort verliebte sie sich unglücklich und wurde zusätzlich das Opfer höfischer Intrigen. Daher nahm sie Wohnung im Dominikanerkloster Santo Domingo in Toledo, ohne jedoch ein Gelübde abzulegen. 1484 gründete sie den „Orden von der Unbefleckten Empfängnis" (Konzeptionistinnen), der in den romanischen Ländern und in Südamerika verbreitet ist. (H)

Mammas (Märtyrer; um 255/260–um 270/75) – Eusebius (Bf. von Rom; † 309) – Jeron (Hieron) von Noordwijk († 856) – Johanna vom Kreuz (Ordensgründerin; 1666–1736)

18. August

Agapitus

Agapitus von Praeneste (255/260–um 274) wurde Berichten zufolge als 15-jähriger unter Ks. Aurelian enthauptet. (H)

Er ist Patron der schwangeren Frauen und kranken Kinder sowie gegen Koliken. An seinem Tag gibt es die Bauernregel: „Holz, zu Agapitustag geschlagen, fault nicht bis zum Jüngsten Tag."

Helena

Helena (um 249–329) wurde als Tochter eines heidnischen Gastwirts wahrscheinlich in Drepanon in Bithynien (heute Hersek, Türkei) geboren. Sie wurde Ehefrau des späteren röm. Ks. Konstantius I., der Mitkaiser des Christenverfolgers Diokletian war, und Mutter von Ks. Konstantin dem Großen. 289 wurde Helena von ihrem Ehemann wegen niederen Standes verstoßen. Sie konnte aber durch Intrigen die zweite Ehefrau von Konstantius trennen und ihrem Sohn die Nachfolge sichern. Dieser bedankte sich, indem er ihr die Titel *nobilissima femina* und *Augusta* verlieh. Im Jahre 312 wurde sie Christin und förderte das Christentum. Zahlreiche Kirchenbauten werden ihr zugeschrieben. Im Jahr 326 – bereits über 70 Jahre alt – unternahm sie eine Wallfahrt nach Jerusalem sowie zu den anderen Heiligen Stätten und hat dabei, wie Berichte es bezeugen, das Kreuz und das Grab Jesu aufgefunden. Dazu gibt es viele weitere Legenden. In manchen Gegenden des süddt.-östr. Raums gibt es eine zusätzliche 15. Kreuzwegstation: Die hl. Helena findet das Kreuz Jesu. Sie starb in Nikomedien (heute Ízmit, Türkei). (H)

Florus und Laurus von Illyrien (Märtyrer; 2. Jh.) – Rainald (Rinaldo) (Ebf. von Ravenna; nach 1250–1321)

19. August

Sebaldus

Sebaldus († vor 1072) war angeblich ein dänischer Königssohn, der in Nürnberg als Einsiedler lebte und nach Legendenberichten Wunder vollbrachte. (H)

An diesem Tag gibt es die Wetterregel: „Regnet's an Sankt Sebald, nahet teure Zeit sehr bald."

Ludwig von Toulouse

Ludwig (1274–1297) war der Sohn Kg. Karls II. von Neapel, trat in den Franziskanerorden ein und wurde Ebf. von Toulouse. (H)

An diesem Tag gibt es die Bauernregel: „Wenn im März die Veilchen blüh'n, an Ludwig schon die Schwalben zieh'n."

Johannes Eudes

Johannes Eudes (1601–1680) lebte in Frankreich. In Paris wurde er 1623 Oratorianer und erhielt 1625 die Priesterweihe. Nach der Betreuung von Pestkranken in Argentan widmete er sich seit 1631 verstärkt der Volksmission. Dabei fiel ihm der beklagenswerte Bildungsstand der Priester auf. Deshalb gründete er 1643 die „Kongregation von Jesus und Maria" (Eudisten), deren Aufgabe vor allem die Priesterausbildung war. 1644 gründete er die Schwesternkongregation „Unsere Frau von der Liebe", heute bekannt als „Schwestern vom Guten Hirten", die sich verstärkt um verwahrloste Mädchen kümmerte. Er förderte die Herz-Jesu- und die Herz-Mariä-Verehrung. Johannes Eudes war berühmt für seine Predigten, in denen sich volkstümlicher Ton und lebendige Theologie verbanden. Er gilt als einer der großen Erneuerer des religiösen Lebens in Frankreich. (B)

Sixtus III. (Bf. von Rom; † 440) – Bertulf (Benediktiner, † 639/40)

20. August

Bernhard von Clairvaux

Bernhard von Clairvaux (1090–1153) ist eine der großen und einflussreichen Heiligengestalten des Mittelalters. Er stammte aus einer adeligen und frommen Familie in Burgund. 1112 trat er zusammen mit 30 Gefährten in das Reformkloster Cîteaux ein. 1115 wurde er mit zwölf Mönchen nach Clairvaux gesandt, um dort ein neues Kloster zu gründen, dessen Abt er wurde. Von hier aus gründete er 69 weitere Klöster (Zisterzienser). Bernhard war ein begabter Prediger. Sein Rat und Einfluss wurde von den mächtigen Persönlichkeiten seiner Zeit, Päpsten, Bischöfen und Fürsten, gesucht und geschätzt. Trotzdem blieb er zutiefst Mönch und lehnte hohe kirchliche Ämter und Würden ab. Er bekämpfte verschiedene Irrlehren, ebenso die rationalistische Glaubensauslegung des Abaelard. Seine Christusmystik, in deren Mittelpunkt der Gekreuzigte steht, war wegweisend für die mittelalterliche Mystik. Auf Veranlassung von Papst Eugen III. warb er landauf, landab für den zweiten Kreuzzug. Die große Enttäuschung über die verheerende Niederlage überschattete sein Lebensende. Bernhard wurde 1830 zum Kirchenlehrer erhoben. (B)

Er ist Patron der Imker und der Bienen, der Barkeeper, gegen Besessenheit (Dämonie), bei Unwetter sowie in der Todesstunde. Ab diesem Tag gibt es die Wetterregel: „Sankt Bernhard schön – guter Herbst vorauszuseh'n."

Samuel (AT) – Oswin (angelsächs. Kg., Märtyrer; † 651)

21. August

Balduin

Balduin (Baldwin, Baudoin) von Rieti († 1140) war der Lieblingsschüler von Bernhard von Clairvaux *[20. 8.]* und wurde Abt des Zisterzienserkloster S. Matteo am See von Montecchio bei Rieti, Sein eigentlicher Gedenktag ist zwar der 24. Juli, jedoch am 21. August bei den Zisterziensern. (H)

Für diesen Tag gibt es die Bauernregel: „Um Sankt Balduin, die ersten Vögel südwärts zieh'n."

Pius X.

Obwohl Pius X. (1835–1914) seinen Zeitgenossen oft sehr wenig modern erschien, war er in gewissem Sinne einer der großen Reformpäpste der Neuzeit. Er wuchs in Venetien als Sohn einer armen Bauernfamilie auf. 1858 wurde er Priester, 1884 Bf. von Mantua, 1893 Patriarch von Venedig und Kardinal. 1903 wurde er nach dem Tod Leos XIII. zum Papst gewählt. Sehr umstritten war seine unnachgiebige Haltung gegen moderne Zeitströmungen, die er unter dem Sammelnamen „Modernismus" verurteilte. 1910 schrieb er den sogenannten „Antimodernisteneid" für alle vor, die eine Weihe oder ein kirchliches Amt innehatten. Entsprechend seinem Wahlspruch „Alles in Christus erneuern" lag jedoch die bis heute wirkende besondere Bedeutung des sehr bescheiden lebenden, frommen Papstes in seinen zahlreichen bahnbrechenden Reformen, darunter das Dekret über die häufige Kommunion und die Frühkommunion der Kinder, die Reform der Kurie, des kirchlichen Rechts, der Liturgie, der Priesterausbildung und des Theologiestudiums. Bis zur Kalenderreform von 1969/70 war der 3. September sein Gedenktag. (B)

Quadratus (Bf. von Utica, Märtyrer; † 259)

22. August

Maria Regina – Maria Königin des Himmels

Die Verehrung Marias als Königin geht auf eine lange Tradition zurück und hat ihre Grundlage im Glauben an die leibliche Aufnahme Marias in den Himmel. Papst Pius XII. führte dieses Fest 1954 zum Abschluss des „Marianischen Jahres“ ein. Zunächst wurde der Gedenktag am 31. Mai gefeiert (als Abschluss des Marienmonats Mai), nach der Kalenderreform 1969/70 wurde es aber auf den früheren Oktavtag von Mariä Himmelfahrt verlegt. (H)

Symphorianus von Autun (Märtyrer; um 165–um 180)

23. August

Rosa von Lima

Rosa von Lima (1586–1617) – getauft auf den Namen Isabella – ist die erste Heilige Amerikas. Sie war spanischer Herkunft und wurde in Lima (Peru) geboren. Sie weigerte sich zu heiraten und wurde 1606 Dominikaner-Terziarin. Bis 1614 lebte sie in einer Hütte im Garten ihrer Eltern ein frommes Büßerleben. Körperliche Leiden und seelische Anfeindungen konnten ihren fröhlichen, kindlichen Glauben nicht mindern. Durch den Verkauf von Web- und Stickarbeiten trug sie zum Lebensunterhalt der Familie bei. Daneben widmete sie ihr Leben der Krankenpflege und der Glaubensverkündigung. Gern wäre sie in ein Kloster eingetreten. Da es aber in Lima keines gab, setzte sie sich, unterstützt von einer reichen Gönnerin, für den Bau eines Klosters ein. Es wurde das erste kontemplative Kloster Südamerikas, das nach der von ihr verehrten Katharina von Siena *[29. 4.]* benannt wurde. Die Fertigstellung 1623 erlebte sie nicht mehr, da sie vorher ihren langjährigen Leiden erlag. Bis zur Kalenderreform von 1969/70 war der 30. August ihr Gedenktag. (B)

24. August

Bartholomäus

Bartholomäus (oder Nathanael nach Johannes 1,45–50) gehörte zu den zwölf Aposteln. Der bis ins 2. Jh. zurückreichenden Überlieferung zufolge wirkte er als Wanderprediger in Armenien, Indien und Mesopotamien, wo er als Märtyrer starb. Ks. Otto III. brachte die Gebeine des Apostels 983 nach Rom. Seit 1238 wird seine Hirnschale im Bartholomäus-Dom in Frankfurt/Main aufbewahrt. (H)

Er ist Patron der Fischer, Bergleute, Bauern, Winzer, Lederarbeiter, Gerber, Schuhmacher, Schneider, Bäcker, Metzger, Buchbinder sowie gegen Haut- und Nervenkrankheiten. An seinem Tag gibt es zahlreiche Bauernregeln, so u. a.: „Bartholomä – Herbst in der Näh", „Bartholomäus, pflückt die Nuss".

Ansoalda (Isolde) (Äbtissin von Maubeuge; † um 1040)

25. August

Ludwig IX.

Kg. Ludwig IX. von Frankreich (1214–1270) war eine der hervorragenden Herrscherpersönlichkeiten seiner Epoche. Bereits 1226 wurde er zum Kg. gekrönt. Während seiner Minderjährigkeit regierte seine energische Mutter, die hl. Blanca von Kastilien. Neunzehnjährig heiratete er Margarete von der Provence. Ludwig war tief religiös, demütig, geduldig, ein liebevoller Vater seiner elf Kinder, voller Mitleid für Arme und Kranke. Gleichzeitig war er ein tüchtiger Herrscher, gerecht und willensstark. Er förderte die Bettelorden und unterstützte die Kirche, wusste aber auch staatliche Ansprüche gegen sie zu verteidigen. Er ordnete das Gerichts-, Münz- und Gewerbewesen. Ludwig IX. führte zwei Kreuzzüge durch. Beim zweiten starb er an einer Seuche. (B)

Er ist Patron der der Blinden, Pilger, Kaufleute, Bauarbeiter, Anstreicher, Stuckateure, Tapezierer, Hufschmiede, Weber, Buchdrucker und Buchbinder, Fi-

scher, Bäcker, Friseure, Juweliere und Gerichtsdiener sowie gegen Blindheit, Gehörkrankheiten und Pest. An seinem Tag gibt es die Bauernregel: „Ludwig sammelt allenthalben, für die Reise alle Schwalben."

Josef von Calasanz

Josef von Calasanz (1556–1648), Spanier von Geburt, studierte Philosophie, Rechte und Theologie, erwarb den Doktorgrad und wurde 1583 Priester. 1592 übersiedelte er nach Rom und erlebte dort die Verwahrlosung vieler Kinder der Armen. Hier erkannte er seine Berufung. Fortan widmete er sich besonders dem Unterricht und der Erziehung dieser Kinder. 1597 eröffnete er zusammen mit zwei anderen Priestern in Rom die erste öffentliche unentgeltliche Volksschule Europas. Er fand rasch weitere Mitarbeiter. Aus ihrer Gemeinschaft entstand der „Orden der armen Regularkleriker der Mutter Gottes der frommen Schulen" (*Ordo Clericorum Regularium Pauperum Matris Dei Scholarium piarum* bzw. Piaristen), der sich zum unentgeltlichen Unterricht der Jugend verpflichtete. Bis zur Kalenderreform von 1969/70 war der 27. August sein Gedenktag. (B)

Elvira vom Périgord (Märtyrerin; 3. Jh.) – Patricia von Neapel († 665) – Ebba (Äbtissin von Coldingham; † 682) – Gregor (Abt in Utrecht; 707/08–775)

26. August

Johanna Elisabeth Bichier des Ages

Johanna Elisabeth Bichier des Ages (1773–1838) wurde in Les Ages (Frankreich) geboren und gründete zusammen mit Andreas Hubert Fournet Anfang des 19. Jh. in La Puye die Kongregation der „Kreuztöchter vom hl. Andreas" zur Armen- und Krankenpflege, die 1867 von Papst Pius IX. *[7. 2.]* bestätigt wurde. Die Andreas-Schwestern wirken bis heute in Frankreich, Italien, Spanien und Kanada. (H)

Anastasius der Tuchwalker (Märtyrer; † 304)

27. August

Monika

Monika (um 332–387) wurde in Nordafrika geboren. Über ihr Leben wissen wir hauptsächlich aus den Schriften ihres Sohnes Augustinus. In seinen *Confessiones* („Bekenntnisse“) beschreibt er, wie sie mit ihrem unermüdlichen Eifer und Einfluss an seiner Bekehrung zu Gott beteiligt war. Er machte es ihr nicht leicht. Sie litt sehr darunter, dass er ein ausschweifendes Leben führte, mit einer langjährigen Geliebten ein Kind hatte und sich den Manichäern zuwandte. Sie bestürmte Gott mit Gebeten für ihn. Als er vor ihr aus Karthago nach Rom floh, folgte sie ihm beharrlich. In Mailand erlebte sie den positiven Einfluss des Bf. Ambrosius *[7. 12.]* auf Augustinus und schließlich die Bekehrung und Taufe ihres Sohnes. Auf der gemeinsamen Heimreise nach Afrika starb sie in Ostia. Bis zur Kalenderreform von 1969/70 war der 4. Mai ihr Gedenktag. (B)

Gebhard

Gebhard II. von Konstanz (949–995) entstammte einem Grafengeschlecht, das im heutigen Vorarlberg ansässig war. Er erhielt seine Ausbildung an der Domschule zu Konstanz. 979 wurde er Bf. von Konstanz und war Nachfolger von Konrad *[26. 11.]*. Er war sehr besorgt um die arme Bevölkerung des Schwarzwalds. 983 gründete er die Benediktinerabtei Petershausen, die er reichlich mit Gütern ausstattete. In dieser Abtei wurde er später bestattet. Er ist der Landespatron von Vorarlberg. Im dt.-spr. Raum ist auch der 26. November sein Gedenktag. (B)

Er ist Landespatron von Vorarlberg sowie Patron gegen Halsleiden sowie für glückliche Entbindung. An seinem Tag gibt es die Wetterregel: „Wie's Sankt Gebhard hält, ist der ganze Herbst bestellt.“

Cäsareus (Ebf. von Arles; um 470–542) – Guarinus (Warin) (Bf. von Sitten; um 1065–1150) – Amadeus (Bf. von Lausanne; um 1110–1159)

28. August

Augustinus

Augustinus (354–430) ist einer der vier großen lat. Kirchenlehrer. Seine Mutter, die hl. Monika *[27. 8.]*, erzog ihn christlich. Er wurde allerdings zunächst nicht getauft. Als junger Mann führte er ein ausschweifendes Leben. Eine vorübergehende Hinwendung zum Manichäismus ließ Augustinus enttäuscht zurück. In Mailand erfolgte durch die Predigten des Bf. Ambrosius *[7. 12.]* die entscheidende Wende. Augustinus ließ sich mit seinem unehelichen Sohn Adeodatus taufen, gab seinen Besitz auf und führte fortan mit Freunden ein klosterähnliches Leben. Der Bf. von Hippo, dessen Nachfolger er später wurde, weihte ihn 391 zum Priester. Als Bf. (ab 396) war Augustinus ein guter Seelsorger und eifriger Prediger. Er bekämpfte in Wort und Schrift die zahlreichen Irrlehren seiner Zeit. Seine Theologie ist ein einziges betendes Besinnen auf Gott und auf die von Gott dem Menschen geschenkte Gnade. Augustinus verfasste zahlreiche Schriften, die die nachfolgenden Jahrhunderte beeinflussten, darunter seine *Confessiones*, seine große, erschütternde Lebensbeichte, die 15 Bücher *De trinitate*, die er im Kampf gegen Irrlehren verfasste, und die 22 Bücher von *De civitate Dei* („Der Gottesstaat"), die das Heidentum widerlegen und die kirchliche Lehre rechtfertigen, außerdem viele Werke zur Schriftauslegung. Von den Klosterregeln unter seinem Namen ist vermutlich nur die *regula secunda* als älteste abendländische Klosterregel echt: „Das erste Ziel eures gemeinschaftlichen Lebens ist, in Eintracht zusammenzuwohnen und ein Herz und eine Seele in Gott zu haben. – Wir haben den Wunsch, nach der Art der Apostel zu leben." Er starb, als die Vandalen seine Heimatstadt belagerten. (B)

Er ist Patron der Theologen, Buchdrucker und Bierbrauer sowie für gute Augen. An diesem Tag gibt es die Wetterregel: „Um die Zeit von Augustin, geh'n die warmen Tage hin."

Pelagius (Märtyrer; † 283) – Julianus von Brioude (Märtyrer; † 304) – Hermes von Rom (Märtyrer; † um 115) – Moses (Moussa) der Schwarze (um 320–395) – Elmar (Bf. von Lüttich; 7./8. Jh.)

29. August

Die Enthauptung Johannes des Täufers

Während am 24. Juni der Geburtstag Johannes' des Täufers begangen wird, gedenkt man an diesem Tag seines Todes. In den Evangelien wird berichtet, dass Herodes Antipas, der Tetrarch von Galiläa, Johannes ins Gefängnis werfen ließ, weil dieser dessen Ehe mit seiner Schwägerin Herodias getadelt habe (Markus 6,17f.; Matthäus 14,3f.; Lukas 3,19f.). Über den Tod des Johannes erfahren wir nur bei Markus 6,19–29 und Matthäus 14,5–12 etwas. Herodias habe den Johannes wegen seines Einflusses auf Herodes gehasst und seinen Tod gewünscht. Anlässlich einer Feier habe sie ihre Tochter Salome angestiftet, sich von Herodes das Haupt des Johannes zu erbitten, was dieser gewährt habe. Der Geschichtsschreiber Flavius Josephus dagegen sieht in der Ermordung des Johannes ein politisches Motiv. Herodes habe Johannes aus Furcht getötet, dieser könne das jüdische Volk zum Aufruhr treiben. Bereits im 4. Jh. wurde das Fest der Enthauptung des Johannes im Osten, in Afrika, in Gallien und Spanien gefeiert, in Rom ab dem 5. Jh. (B)

An diesem Tag gibt es die Bauernregel: „Wenn's an Johanni Enthauptung regnet, verderben die Nüsse."

Sabina von Rom (Märtyrerin; † 120) – Sabinianus von Troyes (Märtyrer; † 275) – Candida von Rom (Märtyrerin; 3./4. Jh.) – Adelphus (Bf. von Metz; 4. Jh./5. Jh.)

30. August

Felix und Adauctus

Felix und Adauctus († um 300) stammten aus Rom und wurden Opfer der Christenverfolgungen unter Maximian und Diokletian. Die Legende berichtet, dass der Priester (oder gar Bf.?) ***Felix*** den Götzen opfern sollte. Er brachte durch einen Atemstoß die Statue zum Einsturz und entwurzelte einen Baum. Daraufhin wurde er zum Tode verurteilt. Auf dem Weg zur Hinrichtung sprang plötzlich ein Mann zu ihm und bekannte sich auch zum Christentum. Daraufhin wurde auch er hingerichtet. Da man seinen Namen nicht kannte, nannte man ihn ***Adauctus***, den Hinzugekommenen. (H)

Für diesen Tag gibt es die Wetterregel: „Bischof Felix zeiget an, was wir 40 Tag' für Wetter han."

Rebekka (AT) – Ingeborg (Kg. der Franken; † 594) – Fiacrius von Meaux (Einsiedler; um 610–um 670) –Amaltrud (Alma) vom Jumièges (7. Jh.)

31. August

Paulinus von Trier

Paulinus (um 300–358) stammte der Überlieferung nach aus einer vornehmen aquitanischen Familie und wurde 346 Bf. von Trier. Er kämpfte gegen den Arianismus und weigerte sich auf der Synode von Arles (353) als Einziger der anwesenden Bischöfe, Athanasius von Alexandria *[2. 5.]* zu verurteilen. Deshalb wurde er seines Amtes enthoben und nach Phrygien verbannt. Dort starb er enttäuscht und entkräftet an den großen Entbehrungen seiner Verbannung. Bf. Felix, ein Nachfolger von Paulinus, soll Ende des 4. Jh. vor den Toren des röm. Trier eine Basilika erbaut und dorthin die Gebeine des hl. Paulinus überführt haben. Dort entstand die heutige, nach ihm benannte Kirche St. Paulin, wo er nach wie vor verehrt wird. (B)

Raimund

Raimundus Nonnatus (um 1200–1240) trat dem Mercedarierorden bei, der sich dem Loskauf der Sklaven widmete. Es gibt nur wenige gesicherte Quellen zu ihm. (H)

Er ist Patron der Schwangeren, Ammen und Kinder, der unschuldig Angeklagten sowie für eine glückliche Entbindung. An diesem Tag gibt es die Wetterregel: „Sankt Raimund treibt die Wetter aus."

Josef von Arimathäa und Nikodemus (1 Jh.)

1. September

Verena

Verena (um 300–um 350), die wahrscheinlich aus Ägypten stammte, kam nach dem Martyrium von Teilen der sog. Thebäischen Legion in die heutige Nordschweiz und missionierte die dort ansässigen Alemannen. Zuletzt lebte sie in Zurzach (im heutigen Kanton Aargau), wo sie sich besonders um Kranke und Arme kümmerte. Nach ihrem Tod wurden bald über ihrem Grab eine Kirche und ein Kloster err. Verena gehört zu den meistverehrten Heiligen der Schweiz. Reliquien von ihr kamen durch die Habsburger bzw. den österreichischen Hz. Rudolf IV., den Stifter, im 14. Jh. nach Wien. (H)

Sie ist Patronin der Notleidenden, Pfarrhaushälterinnen, Müller, Fischer und Schiffer sowie für Kindersegen. An diesem Tag gibt es die Wetterregel: „Ist Sankt Verena ein heiterer Tag, guter Herbst stets folgen mag.“

Ägidius (Gil, Til)

Ägidius (um 640–720) wurde vermutlich in Athen geboren und kam als Pilger in die Gegend von Arles (Frankreich). Die Legende berichtet, dass er dort als Einsiedler lebte und von einer Hirschkuh mit deren Milch versorgt wurde. Der Kg. wollte diese erjagen, traf aber Ägidius, der dadurch verletzt wurde. Als Sühne erbaute er ihm an dieser Stelle ein Kloster – Saint-Gilles –, das im Mittelalter u. a. zu einem Sammelpunkt der Jakobspilger wurde. Seine Verehrung breitete sich auch im dt.-spr. Raum aus, nicht zuletzt besonders in Inner-Östr. (Steiermark, Kärnten, heutiges Slowenien), wie dort die zahlreichen Ortsnamen und Patrozinien bezeugen. Er ist einer der Vierzehn Nothelfer. (H)

Er ist Patron der stillenden Mütter, Hirten, Schiffbrüchigen und Bettler, des Waldes und des Viehs, bei Feuer und Unglück sowie gegen Fallsucht (Epilepsie), Pest, Ohrenleiden und Unfruchtbarkeit von Mensch und Tier. An seinem Tag gibt es zahlreiche Bauernregeln, so u. a.: „Wie das Wetter an Aegidius, es vier Wochen bleiben muss“, „Ägidius Regen, kommt ungelegen“.

Josua (AT) – Zwölf Brüder († um 250/290) – Harald (Märtyrer; † 574)

2. September

Nonnosus

Nonnosus (um 500–565) lebte als Mönch und dann als Abt im Benediktinerkloster Monte Seratto im Norden Roms. Da er in seiner Zeit als einfacher Bruder vom Abt schikaniert worden war, was er mit Geduld ertrug, war er als Abt zu seinen Mitbrüdern gütig und freundlich. Im 11. Jh. gelangten seine Reliquien nach Freising und wurden im dortigen Dom beigesetzt. Eine Öffnung unterhalb des Sarges war zum Durchschlupfen der Pilger eingerichtet worden – das sollte vor allem bei schlechtem Schulerfolg helfen. (H)

Wolfsindis (Märtyrerin; 8. Jh.) – Ingrid Elovsdotter (um 1220–1282)

3. September

Phoebe

Phoebe (Phoibe, Phöbe) (1. Jh.) wird von Paulus *[29. 6.]* im Römerbrief (16,1–2) als Diakonin in Kenchreä bei Korinth erwähnt. Ihr griech. Name lässt vermuten, dass sie eine Heidenchristin war. Die Formulierung des Paulus in dieser Stelle legt auch den Schluss nahe, dass sie selbst die Überbringerin des Briefes in Rom war. Phöbe wird nicht in Verbindung mit einem Mann genannt, sondern als eigenständige Person. Sie war offensichtlich wohlhabend genug, um missionarische und wohltätige Unternehmen finanzieren zu können. Vielleicht war sie eine Geschäftsfrau, ähnlich wie Lydia *[20. 5.]*. Phöbe muss demnach eine einflussreiche Frau gewesen sein, deren Autorität in der Gemeinde und auch von Paulus anerkannt worden ist. Er nennt sie sogar „unsere Schwester". (H)

Gregor der Große

Gregor der Große (um 540–604) ist einer der vier großen lat. Kirchenväter. Er stammte aus einer röm. Patrizierfamilie. Schon früh

(572–573) stand er als Präfekt an der Spitze der Verwaltung Roms. Nach dem Tod seines Vaters gründete er im elterlichen Palast ein dem hl. Andreas *[30. 11.]* geweihtes Benediktinerkloster, in das er sich als Mönch zurückzog. Außerdem stiftete er aus seinem Familienbesitz noch weitere sechs Klöster in Sizilien. Von 579–585 war er Gesandter des Papstes Pelagius II. in Konstantinopel. Nach dessen Tod wurde er 590 – gegen seinen Wunsch – zu dessen Nachfolger gewählt. Als kraftvoller und energischer Lenker der Kirche ordnete er die kirchlichen Verhältnisse in Rom und den übrigen Kirchenprovinzen, stärkte die Vormachtstellung Roms innerhalb der Kirche und legte den Grund zum späteren Kirchenstaat. Er initiierte die Christianisierung Englands und verbesserte das Verhältnis zu den Langobarden und Westgoten. Auch in seelsorglicher und sozialer Hinsicht leistete er Hervorragendes. Er baute die soziale Fürsorge und Armenpflege aus und förderte das Mönchstum. Ihm werden große Verdienste um die Reform der röm. Liturgie und den Kirchengesang nachgesagt. Durch seine zahlreichen Schriften beeinflusste er die Theologie bis zur Zeit der Aufklärung. Bis zur Kalenderreform von 1969/70 war der 12. März sein Gedenktag, für den es Lostagsprüche gibt (siehe dort). (B)

Basilissa (Märtyrerin; † um 300) – Sophia von Minden (Märtyrerin; † um 300) – Mansuetus (Bf. von Toul; 4. Jh.) – Remaclus (Bf. von Maastricht; um 600–um 675) – Hildebold (Ebf. von Köln; † um 818)

4. September

Ida von Herzfeld

Ida (um 775–825) war eine fränkische Gräfin, die im Jahr 790 in Herzfeld (heute Lippetal in der Nähe von Soest) mit ihrem Ehemann eine Kirche erbaute. Als sie 811 verwitwete, ließ sie sich neben der Kirche, wo ihr Mann bestattet wurde, ein Haus bauen, wo sie bis zu ihrem Tod wohnte. In dieser Zeit kümmerte sie sich um Bedürftige der Umgebung. Bald nach ihrem Tod begann eine Wallfahrt zu ihrem Grab, die bis in die Gegenwart große Bedeutung hat. Sie ist Patronin der Schwangeren, die den geweihten „Ida-Gürtel“ tragen. (H)

Irmgard von Süchteln

Irmgard (um 1020–um 1085) wurde als Tochter des Grafen Aspel auf dessen gleichnamiger Burg (in Rees) geboren. Nach dem Tod ihrer Eltern verschenkte sie ihr Vermögen an Arme, Kranke und Kirchen und pilgerte nach Rom. Danach ließ sie sich als Einsiedlerin in Süchteln (bei Krefeld) nieder. Die letzten Jahre ihres Lebens lebte sie in Köln, wo sie auch starb. (H)

Rosalia

Rosalia (auch Rusalia) (um 1130–1170) stammte aus Palermo, war die Tochter eines Grafen und lebte am Königshof. Um diesem zu entfliehen, zog sie sich in eine Höhle auf dem Monte Pellegrino bei Palermo zurück, wo sie auch begraben wurde. 1624 wurden ihre Gebeine in den Dom von Palermo überführt. Als dort gleichzeitig eine Pestepidemie endete, begann ihre Verehrung als Pestheilige. (H)

Zu diesem Tag gibt es den Bauernspruch: „Sankt Rosal', treibt's Vieh ins Tal".

Mose(s) (AT) – Iris (Tochter des Apostel Philippus; 1./2. Jh.) – Marinus von San Marino (Einsiedler; † um 360) – Bonifatius I. (Bf. von Rom; † 422)

5. September

Laurentius Justinianus

Seit der Kalenderreform 1969/70 ist der 8. Januar sein Gedenktag (siehe dort). Für den 5. September gibt es die Wetterregel: „Lorenz im Sonnenschein, wird der Herbst gesegnet sein."

Mutter Teresa

Mutter Teresa (1910–1997) wurde als Agnes Gonxhe Bojaxhiu im damals türkischen Üsküb (heute Skopje, Mazedonien) als Tochter einer wohlhabenden albanisch-katholischen Kaufmannsfamilie geboren. Die Schule absolvierte sie in Shkodra (Skutari), Albanien. 1928 ist sie in den Orden der Loretoschwestern eingetreten, einem irischen Zweig der „Englischen Fräulein" (heute *Congregatio Jesu*), der sich besonders im Schulwesen Indiens engagiert. Dort war sie als Lehrerin und Schuldirektorin tätig. 1946 spürte sie in Kalkutta die Berufung, für die Armen tätig zu sein, und gründete 1950 die Ordensgemeinschaft der „Missionarinnen der Nächstenliebe". 1979 erhielt sie für ihr hochgeachtetes Engagement für die Armen den Friedensnobelpreis. Sie starb am 5. September 1997 in Kalkutta und wurde 2003 selig- und 2016 heiliggesprochen. (H)

Roswitha von Gandersheim (Mystikerin; um 938–nach 973)

6. September

Magnus

Magnus (Mang, Mangold, Maginold) (um 699–772) war alemannischer oder rätoromanischer Abkunft und lebte zuerst bis um 730 zusammen mit mehreren Einsiedlern am Grab des hl. Gallus *[16. 10.]* (St. Gallen). Danach missionierte er im Auftrag des Bf. von Augsburg die Gegend um Füssen im Allgäu. Dort erbaute er eine Zelle, aus der sich ein Benediktinerkloster entwickelte. Nach seinem Tod begann bald seine Verehrung, die nicht nur auf das Allgäu beschränkt blieb. (H)

Er ist Patron für das Vieh sowie gegen Augenleiden, Schlangenbiss, Würmer, Ratten, Mäuse und Feldungeziefer. Für diesen Tag gibt es die Wetterregel: „Wie das Wetter am Magnustag, es vier Wochen bleiben mag."

Gundolf (Bf. von Metz; † um 822) – Stephan (Bf. von Die; um 1155–1213) – Alexius von Tamsweg (Märtyrer; † 1529)

7. September

Regina

Regina († um 300) wurde in Alesia, dem heutigen Alise-Sainte-Reine in Nordostfrankreich, geboren und der Legende nach von ihrem eigenen Vater, weil sie Christin war, während der Christenverfolgung unter Ks. Maximian verraten. Sie wurde enthauptet. Seit ungefähr dem Jahr 600 ist ihr Kult nachweisbar. (H)

Sie ist Patronin der Zimmerleute sowie gegen Krätze, Räude und Geschlechtskrankheiten. An ihrem Tag gibt es die Wetterregel: „Ist Regina warm und wonnig, bleibt das Wetter lange sonnig."

Judith (AT) – Chlodoald (Einsiedler; um 522–um 560) – Madelberta (Äbtissin von Maubeuge; † um 705) – Johannes von Lodi (Bf. von Gubbio; um 1026–1105) – Die drei Märtyrer des Grazer Jesuitenkollegs († 1619)

8. September

Mariä Geburt

Der Ursprung des Festes Mariä Geburt liegt wahrscheinlich in der Weihe der Kirche St. Anna, der Mutter Marias, in der Nähe des Betesdateiches in Jerusalem. Man nahm an, hier habe das Geburtshaus Marias gestanden. Die Ostkirche kannte schon im 6. Jh. dieses Fest, im Westen wurde es durch Papst Sergius I. (687–701) eingeführt. Im 10./11. Jh. breitete es sich in der gesamten Kirche aus. Der 8. September als Geburtstag Mariens bezeichnet kein historisches Datum. Er steht im Zusammenhang mit dem Datum ihrer Empfängnis, das entsprechend neun Monate vorher für den 8. Dezember festgesetzt wurde. (H)

An diesem Tag gibt es zahlreiche Bauernregeln, u. a.: „Wenn Maria, die Jungfrau, geboren ist, so säe dein Korn; es ist die rechte Frist", „Wenn's zu Mariä Geburt nicht regnet, bleibt des Bauern Tisch gesegnet", „Zu Mariä Geburt, fliegen die Schwalben furt".

Korbinian

Korbinian (um 680–725) wurde in der Nähe von Paris geboren, baute sich mit 22 Jahren neben seinem Elternhaus eine Zelle und lebte dort als Einsiedler. Als er vor lauter Ratsuchenden keine Ruhe mehr hatte, pilgerte er um 710 nach Rom, wurde dort zum Bf. geweiht und mit der Missionierung in Bayern betraut. Als er zum zweiten Mal nach Rom pilgerte, wurde er von einem Bär überfallen, der sein Maultier tötete. Daraufhin musste der Bär sein Gepäck nach Rom tragen. Nach seiner Rückkehr wirkte Korbinian zuerst in der Gegend von

Meran. Von Bonifatius *[5. 6.]* wurde er um 720 als Bf. des neuerr. Btm. Freising eingesetzt, wo er auch starb. Der Gedenktag im Btm. Freising ist der 20. November. (H)

Coelestina von Rom (Märtyrerin; um 234–um 255) – Hadrian von Nikomedia (Märtyrer; † um 305) – Sergius I. (Papst, † 701) – Seraphina (Äbtissin von Pesaro; 1434–1478)

9. September

Gorgonius

Gorgonius († um 304) war unter Ks. Diokletian Märtyrer in Rom. Er wurde schon im Jahr 354 mit einem Fest verehrt. (H)

An diesem Tag gibt es die Bauernregel: „Regnet's am Sankt Gorgons Tag, geht die Ernte verloren bis auf den Sack."

Petrus Claver

Petrus Claver (1580/1581–1654) war Jesuitenmissionar in Kolumbien, wurde in Spanien geboren und trat mit 22 Jahren in die Gesellschaft Jesu ein. Auf eigenen Wunsch ging er in die Mission nach Lateinamerika und empfing 1616 in Cartagena in Kolumbien die Priesterweihe. Cartagena war damals Zentrum des Handels mit Sklaven aus Afrika. Jeden Monat landete ein neues Schiff mit 1000 schwarzen Sklaven, zu deren Tröster, Helfer und Beschützer er sich machte. Er selbst nannte sich „Sklave der Sklaven". Als leidenschaftlicher Gegner der Sklaverei zog er sich den Hass der Befürworter des Menschenhandels zu. 38 Jahre lang wirkte Petrus Claver unermüdlich als Heidenmissionar, Seelsorger, Krankenpfleger nicht nur für die schwarzen Sklaven, sondern auch für die spanische Bevölkerung. Er besuchte Gefangene im Kerker und begleitete zum Tode Verurteilte. Seit 1650 waren seine Kräfte nahezu erschöpft. In den letzten vier Jahren seines Lebens diente er dennoch – halb gelähmt im Lehnstuhl sitzend – den Menschen als Ratgeber und Beichtvater. (B)

10. September

Nikolaus von Tolentino

Nikolaus (um 1245–1305) wurde in Sant' Angelo in Pontano (Mittelitalien) geboren, nachdem die kinderlosen Eltern zuvor zum Grab des hl. Nikolaus von Myra gepilgert waren. Er trat 1255 bei den Augustiner-Eremiten ein und wurde 1270 zum Priester geweiht. 1275 wurde er nach Tolentino versetzt. Dort war er ein höchst beliebter Prediger sowie Krankenseelsorger und führte ein Leben in Askese sowie tätiger Nächstenliebe. Schon zu Lebzeiten soll er Wunder vollbracht haben. Nach seinem Tod setzte bald seine Verehrung ein. Sein Grab ist bis heute ein bedeutender Wallfahrtsort. (H)

Aelia Pulcheria (oström. Ks.; 399–453) – Theodart (Bf. von Tongern, Märtyrer; um 618–um 669)

11. September

Protus

Protus († um 265 oder um 305) erlitt zusammen mit Hyazinthus unter Ks. Gallienus oder unter Ks. Diokletian den Märtyrertod. Ansonsten gibt es über ihn bzw. diese beiden keine sicheren Berichte sondern nur spätere Legende. (H)

Für diesen Tag gibt es die Wetterregel: „Wenn's an Protus nicht nässt, ein dürrer Herbst sich sehen lässt."

Felix und Regula

Felix und Regula († 302) sollen zum Gefolge der Thebäischen Legion gehört haben, die unter Kaiser Maximian den Märtyrertod erlitten. Sie konnten zuerst entkommen, wurden aber in der Gegend des heutigen Zürich gefasst und hingerichtet. Ihre Reliquien befanden sich ursprünglich im Großmünster von Zürich, wurden aber im Zuge der Reformation nach Andermatt gebracht. Sie sind die Patrone von Zürich. (H)

Paphnutius (Bf. im oberen Thebais; † um 360)

12. September

Mariä Namen

Im 16. Jh. ist ein Fest zu Ehren des Namens Maria von Spanien her bekannt. Eingeführt wurde es für die ganze Kirche nach der Befreiung Wiens von den Türken (am 12. September 1683). Den Sieg über das osmanische Heer führte man auf das inständige Beten zu Maria zurück. Papst Innozenz XI. dehnte das Fest auf die ganze Kirche aus. Zunächst wurde es jeweils am Sonntag nach dem Fest Mariä Geburt gefeiert. Papst Pius X. *[21. 8.]* verlegte es dann auf den 12. September, den Tag der Befreiung. Jedoch wurde es im Zuge der Kalenderreform 1969/70 im Römischen Kalender gestrichen. Weil viele, die ihren eigenen Namenspatron nicht kennen, den Namenstag Mariens als ihren Namenstag feiern und weil dieser Tag im dt.-spr. Raum fest verankert ist, wurde er im Regionalkalender als „Nicht gebotener Gedenktag" beibehalten. Die vielen Marienwallfahrtsorte sorgten zusätzlich für eine feste Verwurzelung dieses Gedenktages. Seit 2002 steht daher dieser Gedenktag wieder im Römischen Kalender. (H)

Zu diesem Tag gibt es die Bauernregel: „An Mariä Namen, sagt der Sommer Amen."

Maximinus (Bf. von Trier; † 346) – Guido von Anderlecht (um 950–1012)

13. September

Tobias

Tobias ist die legendenhafte Hauptperson im gleichnamigen Buch des Alten Testamentes, der vom Erzengel Rafael *[29. 9.]* beschützt und begleitet wird. (H)

Er ist der Patron der Totengräber, der Pilger und Reisenden sowie gegen Augenleiden. Für diesen Tag gibt es die Bauernregel: „Um Tobias, wisse, gibt's die ersten Nüsse."

Johannes Chrysostomus

Johannes Chrysostomus (344/354–407) war mit Basilius dem Großen *[2. 1.]*, Gregor von Nazianz *[2. 1.]* und Athanasius von Alexandria *[2. 5.]* einer der vier großen Kirchenväter des Ostens. Nach ausgedehnten Studien wurde er neunzehnjährig in Antiochia getauft. 374 zog er sich für einige Jahre als Mönch in die Einsamkeit zurück, bis seine schwache Gesundheit ihn zwang, nach Antiochia zurückzukehren. 386 empfing er dort die Priesterweihe und wurde bald als begnadeter und mitreißender Prediger berühmt, was ihm den Beinamen Chrysostomus (Goldmund) eintrug. 397/98 wurde er Patriarch von Konstantinopel. Hier wirkte er vorbildlich als Prediger und Seelsorger, baute Krankenhäuser, sorgte für die Armen und Kranken und förderte die Mission. Durch seine freimütige Kritik an den Reichen und Mächtigen, die sich durch das Elend der Armen nicht rühren ließen, machte er sich bald Feinde am kaiserlichen Hof und wurde aufgrund von Intrigen 403 abgesetzt und nach Kukusus in der damaligen Provinz Armenia Secunda (heute Türkei) verbannt. Da er von dort aus Kontakt mit seiner Gemeinde unterhielt, wurde er an einen weiter entfernten Ort, Pityus (heute Pizunda in Abchasien) am Schwarzen Meer, verbannt. Er starb an den Strapazen des Fußmarsches dorthin. Bis zur Kalenderreform von 1969/70 war der 27. Januar sein Gedenktag. (B)

Notburga

Notburga (um 1265–1313) wurde in Rattenberg (Tirol) als Tochter eines Hutmachers geboren und war Magd auf der Rottenburg in Buch in Tirol. In dieser Stellung hat sie übrig gebliebene Lebensmittel an die Armen verteilt. Als die Burgherrin starb, wurde sie entlassen und Magd bei einem Bauern. Als dieser darauf drängte, beim Vesperläuten an Samstagen mit der Arbeit fortzufahren, rief sie „Feierabend!“ und warf ihre Sichel in die Luft, wo sie stehen blieb – so eine der zahlreichen Legenden über sie. Nach dem Tod der Tochter der Burgherrin kehrte sie wieder auf die Rottenburg zurück. Im dt.-spr. Raum ist der 13. September, offiziell jedoch der 14. September ihr Gedenktag. Sie wird in Tirol und im angrenzenden Alpenraum sehr verehrt. Die Österreichische Bischofskonferenz ernannte sie 2008 sogar offiziell zur Schutzpatronin der Trachten- und Heimatverbände. (H)

Sie ist darüber hinaus Patronin der Bauern, Dienstmägde und der Armen, der Arbeitsruhe und des Feierabends, für eine glückliche Geburt sowie bei allen Nöten der Landwirtschaft. Für ihren Tag gibt es die Bauernregel: „Notburga-Sonne – Bauern-Wonne."

Maurilius (Bf. von Angers; um 364–453) – Amatus (Bf. von Sitten; † 690)

14. September

Kreuzerhöhung

Die Grabeskirche in Jerusalem, die Ks. Konstantin erbauen ließ, wurde am 13. September 335 geweiht. Am 14. September erfolgte die Verehrung des hl. Kreuzes, das dem Volk gezeigt wurde (*exaltatio crucis* – Kreuzerhöhung). Von Jerusalem aus gelangten Kreuzpartikel auch ins Abendland und wurden als Reliquien verehrt. Im Jahre 614 eroberten persische Truppen das Kreuzesholz. Nach der Rückeroberung des Kreuzes von den Persern durch Ks. Heraklios (628) wurde es zunächst nach Konstantinopel und 630 wieder nach Jerusalem gebracht. In einer Schlacht während des 2. Kreuzzuges, als man das Kreuz als Feldzeichen mitführte, ging es 1187 in Palästina verloren. Das Fest ist in Jerusalem seit dem 4. Jh. bezeugt ist und wird in Rom seit dem 7. Jh. gefeiert. (H)

Für diesen Tag gibt es die Wetterregel: „Kreuzerhöhung hell – folgt der Winter schnell."

Maternus (Bf. von Köln; † nach 314) – Albert (Patriarch von Jerusalem; um 1150–1214)

15. September

Mariä Schmerzen (Siebenschmerzenfest, Maria Dolores)

Gedächtnis der sieben Schmerzen Mariens. Diese sind: 1. die Weissagung Simeons (Lukas 2,34–35); 2. die Flucht nach Ägypten (Matthäus 2,13–5); 3. die Suche nach Jesus bei der Wallfahrt (Lukas 2,41–52); 4. Maria auf dem Kreuzweg Jesu; 5. die Kreuzigung Jesu (Johannes 19,25–27); 6. die Abnahme Jesu vom Kreuz; 7. die Grablegung Jesu. Der *Mater Dolorosa*, der „Schmerzensmutter", wurde im 13. Jahrhundert das Lied *Stabat Mater*, „Christi Mutter stand mit Schmerzen", gewidmet. Papst Pius VII. führte 1814 den Gedenktag für die gesamte Kirche ein. Das geschah auch als Dank für seine Rückkehr aus der frz. Gefangenschaft. Durch Pius X. *[21. 8.]* wurde der Gedenktag 1913 auf den 15. September gelegt. Davor war er jeweils am dritten Sonntag im September. Bis zur Kalenderreform 1969/70 wurde das „Fest der Sieben Schmerzen der allerseligsten Jungfrau Maria" in der Hauptsache auch am Freitag vor dem Palmsonntag (sog. „Schmerzensfreitag") begangen. (H)

Für diesen Tag gibt es die Wetterregel: „Wenn Maria lacht, folgt ein Herbst in Pracht."

Anton Maria Schwartz

Anton Maria Schwartz (1852–1929) wurde in Baden bei Wien geboren und absolvierte in Wien das renommierte Piaristengymnasium. Er gehörte kurz selber den Piaristen an, um dann ins Wiener Priesterseminar einzutreten. 1875 wurde er zum Priester geweiht und war danach in der Seelsorge tätig. Ab 1886 widmete er sich dann ausschließlich der Lehrlingsseelsorge in Wien, eröffnete ein Lehrlings-Asylheim und sah seinen Schwerpunkt in der Erziehung junger Arbeiter. Dabei formte er sie nicht nur religiös, sondern unterwies sie auch in den allgemeinen Umgangsformen, förderte ihre geistige Entwicklung und half ihnen in materiellen Notlagen. Er verschaffte entsprechende Unterkünfte, vermittelte Lehrstellen und sorgte für menschenwürdige Behandlung am Arbeitsplatz. Um diese Anliegen besser verwirklichen zu können, gründete er 1889 die „Kongregation für die christlichen Arbeiter vom hl. Josef Calasanz" *[25. 8.]* (*Congregatio pro operariis Christianis a. S. Josepho Calasanctio* bzw. Kalasantiner), die vorerst nur in Österreich anerkannt war. Schwarz leitete seine Kongregation bis zu seinem Tod und erlebte 1939 die gesamtkirchliche Genehmigung nicht mehr. (H)

Melitta von Preslav (Märtyrerin; † um 150) – Katharina von Genua (Mystikerin; 1447–1510)

16. September

Cornelius

Cornelius (um 200–253) wurde 251 zum Bf. von Rom gewählt. In seine Amtszeit fiel der Streit, ob man bußfertige Christen, die während der Christenverfolgung vom Glauben abgefallen waren (sog. *lapsi*), wieder in die Kirche aufnehmen sollte. Anders als sein Gegenspieler Novatian und dessen Anhänger trat er dafür ein, diese Christen nach Buße und Lossprechung wieder in die Gemeinschaft aufzunehmen. Auf einer röm. Synode im Herbst 251 mit sechzig Bischöfen wurde seine Auffassung bestätigt. Aufgrund einer Mitteilung des Cornelius dürfte Rom zu seiner Zeit ca. 30.000 Christen bei insgesamt über einer Million Einwohnern gezählt haben. Während einer Christenverfolgung wurde Cornelius 253 aus Rom nach Centrum Cellae (Civitavecchia) verbannt und starb dort. (B)

Er ist der Patron der Bauern, des Rindviehs, gegen Epilepsie (Kornelkrankheit), Krämpfe, Nerven- und Ohrenleiden sowie der Liebenden.

Cyprian von Karthago

Cyprian (um 200–258), ein Zeitgenosse des Cornelius, war ein bedeutender Kirchenschriftsteller. 248/49 wurde er zum Bf. von Karthago gewählt. Kurz darauf begannen die Christenverfolgungen unter Ks. Decius, die ihn dazu bewogen, die Stadt zu verlassen und sein Btm. von einem Versteck aus zu lenken. Nach Beendung der Verfolgung unterstützte er Cornelius gegen Novatian, verlangte aber von den während der Verfolgung abgefallenen Christen aufrichtige Reue und strenge Buße. In der Frage der durch Ketzer gespendeten Taufe vertrat er gemeinsam mit den nordafrikanischen Bischöfen gegen den röm. Bf. Stephan I. deren Ungültigkeit. Bevor es zur Spaltung kam, wurde Cyprian während der Christenverfolgung unter Ks. Valerian getötet. (B)

Er ist Patron gegen die Pest. Für diesen Tag gibt es die Bauernregel: „Um Cornelius und Cyprian, fangen die langen Nächte an."

Ludmilla

Ludmilla (um 860–921) war die Gemahlin des ersten christlichen Hz. von Böhmen, Bořivoj I. aus der Dynastie der Přemysliden. Sie wurde auf Geheiß ihrer heidnischen Schwiegertochter erdrosselt. (H)

Sie ist Patronin der Erzieher und Mütter. Zu ihrem Tag gibt es die Wetterregel: „Sankt Ludmilla, das fromme Kind, bringt gern Regen mit und Wind."

Julia von Oeren (Äbtissin, † um 795) – Edith von Wilton (961–984) – Viktor III. (Papst; um 1027–1087) – Johannes Massias (1585–1645)

17. September

Hildegard von Bingen

Hildegard (1098–1179) war eine der herausragenden Frauen des dt. Mittelalters. Sie war Naturwissenschaftlerin, Ärztin, Mystikerin, Dichterin und Komponistin. Sie war Schülerin der Nonne Jutta von Spanheim (bzw. von Sponheim) in der Frauenklause in unmittelbarer Nähe der Benediktinerabtei auf dem Disibodenberg. Nach Juttas Tod wurde sie Leiterin der Frauenklause. 1147–1150 gründete sie ein eigenes Kloster auf dem Rupertsberg bei Bingen, später ein weiteres in Eibingen bei Rüdesheim. Seit ihrer Kindheit hatte sie Visionen, die sie in wachem Zustand empfing. In einer solchen Schau befahl ihr Gott aufzuschreiben, was sie sah. Obwohl sie kränklich war, unternahm sie Reisen nach Köln, Trier und Süddtl. Dort predigte sie vor allem Bußbereitschaft und ein ernsthaftes Leben in der Nachfolge Christi. Menschen jeden Standes suchten brieflich oder im persönlichen Gespräch bei ihr Rat. Ihre Schriften durchzieht die Verbindung von Einheit und Ganzheit: Alles ist aufeinander bezogen, wechselseitig verbunden und in Gott vereint. Ihre Gedanken zur Rolle der Frau waren mutig und richtungsweisend. Heute besinnt man sich wieder auf ihre großen Kenntnisse in der Heilkunde. Hildegard wurde bereits zu Lebzeiten wie eine Heilige verehrt. Zwar wurde sie in das röm. Martyrologium (Verzeichnis der Heiligen) aufgenommen, aber nie offiziell heiliggesprochen. 2012 erhob sie Papst Benedikt XVI. zur Kirchenlehrerin. (B)

Sie ist Patronin der Esperantisten, Sprachforscher und Naturwissenschaftler. Zu ihrem Tag gibt es eine Bauernregel: „Hildegard, die heilige Frau, kündigt an den Herbst genau."

Robert Bellarmin

Robert Bellarmin (1542–1621) war ein hochbegabter Theologe und Staatsphilosoph. Seine Darlegungen zur Katholischen Reform blieben jahrhundertelang maßgeblich. Er lebte in Italien und trat 1560 dem Jesuitenorden bei. Nach seiner Priesterweihe 1570 wurde er Theologieprofessor und Prediger in Löwen. 1576 wurde er nach Rom berufen und wirkte dort bis 1589 als Professor der von ihm begründeten Kontroverstheologie. Sein kritischer Geist war nicht immer willkommen. So erfuhr er von den aufeinanderfolgenden Päpsten wechselnd Anerkennung und Ablehnung: 1588 wurde er von Rom in die Provinz geschickt, später nach Rom zurückgeholt, dort 1599 zum Kardinal erhoben, 1602 als Ebf. nach Capua gesandt und schließlich 1605 als Berater des Papstes nach Rom zurückgeholt, wo er bis zu seinem Tode lebte. Er war sehr bescheiden und ein umsichtiger Oberhirte, der sich auch in sozialen Belangen engagierte. Sein „Kleiner Katechismus" erreichte hohe Auflagen, wurde in 60 Sprachen übersetzt und ist in Italien bis heute in Gebrauch. Er wurde 1931 zum Kirchenlehrer erhoben. Bis zur Kalenderreform von 1969/70 war der 13. Mai sein Gedenktag. (B)

Badurad (Bf. von Paderborn; um 780–862) – Unni (Bf. von Bremen-Hamburg; † 936)

18. September

Lambert

Lambert (um 635–705) lebte in Maastricht. Er war Schüler seines Onkels, des Bf. von Maastricht, und wurde um 672 nach dessen Ermordung sein Nachfolger. 675 wurde er durch den fränkischen Hausmeier Ebroin in das Kloster Stablo verbannt und konnte erst nach sieben Jahren wieder zurückkehren. Er bemühte sich besonders um die Heidenmission in Nordbrabant. 705 wurde er in Lüttich ermordet. Die Berichte über den Ort, ebenso wie über Art und Grund seiner Ermordung, gehen auseinander. Seine Gebeine wurden um 715 von Maastricht nach Lüttich überführt. Sein eigentlicher liturgischer Gedenktag ist der 17. September, für den dt.-spr. Raum jedoch der 18. September. (B)

Er ist Patron der Bauern, Chirurgen und Zahnärzte sowie bei Nierenleiden. Zu diesem Tag gibt es eine Wetterregel: „Trocken wird das Frühjahr sein, ist Lamberti klar und rein."

Ariadne (Ariane) (Märtyrerin; † um 140) – Ferreolus von Vienne (Märtyrer; † 303) – Richardis (Äbtissin von Andlau, Ks.; 840–906/09)

19. September

Januarius

Januarius († 305) war der Legende nach Bf. von Neapel oder Benevent. Er soll während der Christenverfolgung unter Diokletian mit seinen Gefährten den Märtyrertod erlitten haben. Seine Gebeine ruhen in Neapel in der nach ihm benannten Kirche San Gennaro. Ebenso werden dort Ampullen aufbewahrt, die sein getrocknetes Blut enthalten sollen, das sich immer wieder verflüssigt, wenn es in die Nähe seines Hauptes gebracht wird. Dieses „Blutwunder" lässt sich wissenschaftlich nicht erklären und ist seit 1389 bezeugt. (B)

Theodor (Ebf. von Canterbury; 602–690) – Lambert (Lantpert) (Bf. von Freising; um 895–957) – Igor (Gft. von Kiew; 1100–1147)

20. September

Eustachius

Über Eustachius († um 118) gibt es keine gesicherten Berichte nur Legenden. Danach soll er ursprünglich Placidus geheißen haben und Jäger bzw. Heermeister einer Legion in Kleinasien gewesen sein. Bei einer Jagd stellte er einem Hirsch nach. Als er ihn erledigen wollte, erschien – ähnlich wie bei der Legende um Hubert von Lüttich *[3. 11.]* – ein Kreuz im Geweih, wobei er eine Stimme hörte „Warum verfolgst du mich?" Daraufhin bekehrte er sich und ließ sich taufen, wobei er den Namen Eustachius annahm. Er und seine Familie mussten nach der Legende große Leiden über sich ergehen lassen und starben schließlich unter Ks. Hadrian den Märtyrertod. Seit dem 8. Jh. ist sein Kult in Rom nachweisbar. Er zählt zu den Vierzehn Nothelfern. (H)

Er ist Patron der Jäger, Tuchhändler, Krämer und Klempner sowie traurigen Familienschicksalen. Zu seinem Tag gibt es die Bauernregel: „Wenn Eustachius weint statt lacht, Essig aus dem Wein er macht."

Andreas Kim Taegon und Paul Chong Hasang

Andreas Kim Taegon (1821–1846) war der erste katholische Priester, der aus Korea stammte. Zwanzigjährig versuchte er, frz. Missionare einzuschleusen, was aber misslang. Deshalb missionierte er nach seiner Weihe zum Diakon selbst in seinem Land, später in Shanghai, wo er zum Priester geweiht wurde. 1845 kehrte er in seine Heimat zurück. Diesmal konnte er erfolgreich Missionare ins Land bringen. Er wurde aber schon bald gefangen genommen, gefoltert und getötet. Zusammen mit ihm werden ***Paul Chong Hasang***, der viele Jahre als Gemeindeleiter fungierte, und 103 andere Koreaner verehrt, die zwischen 1839 und 1867 in Korea für ihren Glauben starben. (B)

Fausta (Märtyrerin; † 307) – Guarinus (Warin) (Abt von Corvey; † 856)

21. September

Matthäus

Der Zöllner Matthäus, den Jesus in den Kreis der Apostel beruft, wird im Markus- und Lukasevangelium mit dem Namen Levi bezeichnet. Außer der Berufung durch Jesus wird er nur in den Apostellisten erwähnt. Über Matthäus, dem die Tradition das erste Evangelium zuschreibt, ist nicht viel bekannt. Es wurde wahrscheinlich zuerst in Aramäisch verfasst. Die griech. sowie die lat. Kirche verehrt ihn als Märtyrer, wobei Ort, Zeit und Art seines Todes unklar sind. Seit dem 11. Jh. werden seine (angeblichen) Gebeine im Dom von Salerno aufbewahrt. Als Evangelist wird Matthäus mit einem Menschen oder Engel als Symbol dargestellt. Andere Attribute, z. B. Beutel oder Zahlbrett, weisen auf seinen Beruf als Zöllner hin. (H)

Er ist Patron der Bankangestellten, Finanz- und Zollbeamten und Buchhalter, gegen Trunksucht, gegen unheilbare Krankheiten sowie für den Milchfluss bei Frauen. Zu ihm gibt es Lostagsprüche, u. a.: „Tritt Matthäus stürmisch ein, wird's ein kalter Winter sein", „Ist an Matthäus Sonnenschein, gibt es nächstes Jahr viel Wein".

Jona (Jonas) (AT) – Debora(h) (AT) – Castor (Bf. von Apt; um 350–um 426) – Gerulf (Märtyrer; um 740–um 750) – Maura von Troyes (Mystikerin; um 800–um 850)

22. September

Mauritius und Gefährten

Nach dem Bericht des Bf. Eucherius von Lyon war Mauritius (Moritz) († 302?) Ende des 3. Jh. röm. Offizier der Thebäischen Legion. Diese bestand in der Hauptsache aus Christen, die sich weigerten, den Göttern zu opfern und sich an der Christenverfolgung zu beteiligen. Daraufhin ließ Ks. Maximianus in Acaunum (bei Saint-Maurice im Wallis) jeden zehnten Soldaten töten. Als diese Abschreckung ohne Erfolg blieb, wiederholte er dies so lange, bis die ganze Legion ermordet war. Von den Gefährten des Mauritius sind namentlich noch Exuperius, Candidus, Innocentius und Vitalis bekannt. Außerdem zählt die Legende noch Gereon, Ursus und Victor zu den Märtyrern der Thebäischen Legion. Der Name Mauritius kommt von Maurus (aus Mauretanien stammend), woher sich wiederum der Begriff Mohr ableitet. Daher wird Mauritius (Moritz) in der bildenden Kunst oft als Schwarzer dargestellt. (B)

Er ist Patron der Soldaten, Waffenschmiede, Kaufleute, Hutmacher, Tuchweber und Glasmaler, in Kämpfen, bei Pferdekrankheiten sowie gegen Besessenheit, Gicht und Ohrenleiden. Zu ihm gibt zahlreiche Wetterregeln, u. a.: „Gewitter um Mauritius, bringen Schaden und Verdruss."

Digna und Emerita (Märtyrerinnen; † 255) – Felix III. (IV.) (Papst; † 530) – Liutrud von Perthois (Einsiedlerin; 5./6. Jh.) – Landelin von Ettenheimmünster (Märtyrer; † um 640) – Emmeram (Bf. von Regensburg; † um 652) – Salaberga (Äbtissin von Laon; † um 668) – Gunthild von Suffersheim († vor 1057) – Otto (Bf. von Freising; 1112–1158) – Ignatius von Santhià (Mystiker; 1686–1770)

23. September

Linus

Nach den Papstlisten des Irenäus von Lyon *[28. 6.]* und des Eusebius von Cäsarea war Linus († 67) der erste Nachfolger des Apostels Petrus *[29. 6.]* als Bf. von Rom. Dem *Liber Pontificalis* zufolge soll er aus der Toskana stammen und ein Schüler des Petrus gewesen sein. Wie alle Päpste der sehr frühen Zeit wird er als Heiliger verehrt. Linus erlebt in jüngerer Zeit eine gewisse Renaissance bei der Vornamensgebung. (H)

Thekla

Nach der legendenhaften Überlieferung aus dem Jahr 180 soll Thekla (1. Jh.) in Ikonium (heute Konya, Türkei) geboren worden und eine Schülerin des hl. Paulus *[29. 6.]* gewesen sein, der sie auch bekehrt haben soll. Sie soll zweimal zum Tod verurteilt, jedoch auf wunderbare Weise immer wieder gerettet worden sein. Obwohl sie nach dieser Überlieferung keinen Märtyrertod starb, wird sie als Erzmärtyrerin, die erste Märtyrerin der Christenheit, bezeichnet. Sie wurde bald verehrt. (H)

Sie ist Patronin der Sterbenden, gegen Augenleiden, Pest, wilde Tiere, Feuersgefahren sowie für die Genesung von Mensch und Tier. An ihrem Tag gibt es die Bauernregel: „An Thekla es passieren kann, man zieht schon warme Sachen an."

Zacharias und Elisabeth (1. Jh.) – Rotr(a)ud (Äbtissin von Neuburg/Donau; 11. Jh.) – Pio da Pietrelcina (Pater Pio) (1887–1968)

24. September

Maria Mercedes – Barmherzige Maria

Das „Fest der allerseligsten Jungfrau Maria von der Erlösung der Gefangenen" (*Festum B. M. V. de Mércede*) wurde zum Gedächtnis an die Gründung des Ordens der Mercedarier (zum Loskauf der christlichen Gefangenen aus der Gewalt der Sarazenen) *[siehe Raimund von Peñafort, 7. 1.]* eingeführt. Papst Innozenz XII. hat es 1696 auf die ganze Kirche ausgedehnt. (H)

Rupert

Zusätzlicher Gedenktag des hl. Ruperts im Land und Ebtm. Salzburg sowie in Teilen des dt.-spr. Raums. Sein eigentlicher Gedenktag ist der 27. März (siehe dort).

Virgil

Virgil (um 700–784) stammte aus Irland und war ins Salzburger Kloster St. Peter eingetreten. Nach dem Tod des hl. Rupert wurde er von Hz. Odilo von Bayern zum Bf. von Salzburg wie auch zum Abt von St. Peter ernannt. Er begann die Missionierung Kärntens (Karantanien), wohin er den „Chorbischof" (von griech. *chora* = Land) Modestus sandte. Er ließ auch den ersten Salzburger Dom (sog. Virgils-Dom) erbauen. Sein offizieller Gedenktag ist der 27. November, im dt.-spr. Raum jedoch der 24. September. (H)

Er ist der Patron der Kinder sowie in Geburtsnöten. Zu diesem Tag gibt es die Wetterregel: „Friert es auf Virgilius, im Märzen Kälte kommen muss."

Gerhard (Gellért) von Csánad

Gerhard (980–1046) entstammte einer Adelsfamilie aus Venedig langobardischer Herkunft. Sein eigentlicher Name war Giorgio bzw. Gerhard Sagredo. Er trat in das Benediktinerkloster S. Giorgio ein und wurde 1012 dort auch Abt. Durch einen Kontakt mit dem Abt von Pannonhalma kam er nach Ungarn und wurde Erzieher von Emmerich (Imré), dem Sohn von Kg. Stephan *[16. 8.]*, der Gerhard 1030 zum ersten Bf. der neuerr. Diözese Csánad machte. Auf dem heute genannten Gerhardsberg in Buda (Ofen) wurde er von heidnischen Aufständischen durch Steinigung und Lanzenstiche getötet. (H)

25. September

Kleophas

Kleophas war einer der beiden Jünger, die Jesus auf dem Weg nach Emmaus begleiteten (Lukas 24, 18). Er wird als Heiliger verehrt. (H)

Zu diesem Tag gibt es die Wetterregel: „Nebelt's an St. Kleophas, wird der ganze Winter nass."

Niklaus von Flüe

Niklaus von Flüe (1417–1487), der Nationalheilige der Schweiz, war einer der letzten Mystiker des Spätmittelalters. Er lebte in Flüeli in der Schweiz, arbeitete dort als Bergbauer, heiratete und wurde Vater von zehn Kindern. In seinem Heimatkanton Obwalden übte er das Amt eines Ratsherrn und Richters aus. Mit fünfzig Jahren gab er nach langem Ringen mit sich und mit dem Einverständnis seiner Frau dem immer größer werdenden Wunsch nach, die Nähe Gottes in der Einsamkeit zu suchen. Nach längerer Wanderschaft ließ er sich in einer Klause nahe dem Hause seiner Familie als Einsiedler nieder. Laut zeitgenössischen Berichten lebte er dort zwanzig Jahre ohne Speise und Trank. Von überall her kamen Menschen zu „Bruder Klaus", die ihn wegen der Kraft seines Gebetes und seiner tiefen Gottverbundenheit verehrten und seine theologische Klarheit als Berater und Seelsorger schätzten. So vermittelte er auch in politischen Uneinigkeiten und bewahrte 1481 die Schweiz vor einer dauerhaften Spaltung. Er wird in der Schweiz hochverehrt. Sein offizieller Gedenktag ist der 21. März, im dt.-spr. Raum ist es jedoch der 25. September. (B)

Zu diesem Tag gibt es die Bauernregel: „Nikolaus von der Flüe, treibt vom Berg die Kühe."

Firminus (Bf. von Amiens; † um 290) – Solemnis (Solenne, Soulain) (Bf. von Chartres; † vor 511) –

26. September

Kosmas und Damian

Kosmas und Damian († um 305) waren Zwillingsbrüder und stammten aus Syrien. Sie sollen Ärzte gewesen sein. Sie fielen in Syrien der diokletianischen Christenverfolgung zum Opfer. Sie wurden bereits im 5. Jh. verehrt, und um 850 kamen ihre Reliquien nach Europa, die sich u. a. in Rom, München und Hildesheim befinden. Bis zur Kalenderreform von 1969/70 war der 27. September ihr Gedenktag. (H)

Sie sind die Patrone der Ammen, Ärzte, Kranken, Apotheker, Drogisten, Friseure, Physiker, Zuckerbäcker, der medizinischen Fakultäten, in Seenot sowie gegen Epidemien, Pest und Pferdekrankheiten. Zu diesem Tag gibt es die Bauernregel: „Sankt Kosmas und Sankt Damian, fangen das Laub zu färben an."

Paul VI.

Giovanni Battista Montini (1897–1978) wurde als Sohn eines Zeitungsverlegers und Politikes geboren. Nach dem Studium und der Priesterweihe war er kurz in der Pfarrseelsorge tätig, um dann die Päpstliche Diplomatenakademie zu absolvieren. 1924 wechselte er in das Staatssekretariat, wo er ab 1937 Substitut war. 1952 wurde er zum Prostaatssekretär (Papst Pius XII. war nominell Staatssekretär) und bereits 1954 zum Ebf. von Mailand ernannt. 1958 wurde er zum Kardinal kreiert. Nach dem Tod von Papst Johannes XXIII. *[11. 10.]* wurde er am 21. Juni 1963 zum Papst gewählt. Er setzte das II. Vatikanische Konzil fort und schloss es 1965 ab. 1967 reformierte er die Kurie. Ebenso setzte er fest, dass die Bf. mit dem 75. Lebensjahr ihren Rücktrott erklären müssen. Zu den bedeutendsten Lehrschreiben seines Pontifikats gehörte die Sozial-Enz. *Populorum progessio* (1967), während die im Juli 1968 veröffentlichte Enz. *Humanae vitae*, die die traditionelle Lehre der Kirche zur Geburtenregelung bestätigte, sehr umstritten blieb. Ein Schwerpunkt seines Pontifikats war die Ostpolitik. Er war seit langem auch der erste Papst, der größere Reisen unternahm, so u. a. 1964 ins Heilige Land. 2014 wurde er selig- und 2018 heiliggesprochen. (H)

Cyprian (Bf. von Antiochia, Märtyrer; † um 304) – Eugenia (Äbtissin vom Odilienberg; † um 735)

27. September

Hiltrud

Hiltrud von Lissies (Nordfrankreich), auch Helmtrud, († um 790) war die Tochter eines Grafen, verweigerte die Ehe und lebte als Reklusin. (H)

Sie ist Patronin gegen das Fieber. Zu diesem Tag gibt es die Bauernregel: „Wenn Hiltrud im Kalender steht, wird noch einmal das Gras gemäht."

Vinzenz von Paul

Vinzenz von Paul (1581–1660) war ein Erneuerer des kirchlichen Lebens im Frankreich des 17. Jh. Schon im Alter von 19 Jahren wurde er zum Priester geweiht. Ab 1608 arbeitete er in der Seelsorge in Paris. Große Sorgen bereiteten ihm die Verlassenheit und religiöse Unwissenheit der Landbevölkerung, aber auch die mangelnde Bildung vieler Geistlicher. 1617 legte er das Gelübde ab, sein Leben den Armen und Kranken zu widmen. Er sammelte gleichgesinnte Männer und Frauen um sich, die ihn bei seiner Arbeit unterstützten. 1625 gründete er die „Kongregation der Mission", die nach ihrem Mutterhaus St. Lazare genannten Lazaristen (oder Vinzentiner). Ihre Hauptaufgabe ist noch heute die Fürsorge für die Armen, die missionarische Arbeit und die Ausbildung des Klerus. Vinzenz half Louise de Marillac *[15. 3.]* bei der Gründung der Kongregation der „Töchter der Liebe" (*Filiae caritatis* bzw. Barmherzige Schwestern, Vinzentinerinnen), die sich ebenfalls den Armen und Bedrängten widmete. Vinzenz schrieb keine Bücher und war ein bescheidener Mensch, der sein ganzes Leben in den Dienst am Nächsten stellte. Durch seine praktischen Werke wurde er zu einem Begründer und Organisator der kirchlichen Caritas der Neuzeit. Bis zur Kalenderreform von 1969/70 war der 19. Juli sein Gedenktag, für den es Bauernregeln gibt (siehe dort). (B)

Er ist Patron aller caritativen Vereine und Werke, des Klerus, der Waisen- und Krankenhäuser, der Gefangenen sowie für das Wiederfinden verlorener Sachen.

28. September

Lioba

Lioba (um 710–782) war von besonders liebenswertem Wesen, was ihr wohl den Kosenamen Lioba (lieb, freundlich) eingetragen hat. Ihr wirklicher Name ist unbekannt. Lioba stammte aus einer vornehmen angelsächsischen Familie und wurde im Benediktinerkloster Wimborne erzogen. Sie führte einen regen freundschaftlichen Briefwechsel mit ihrem Verwandten, dem hl. Bonifatius *[5. 6.]*, der sie zur Mithilfe bei der Christianisierung nach Dtl. rief. Hier wurde sie um 735 erste Äbtissin im Kloster Tauberbischofsheim. Daneben leitete sie auch weitere neugegründete Klöster. Sie wurde hochgeschätzt, weil sich in ihr ein heiteres Wesen mit hoher Bildung, Glaubensverkündigung, Nächstenliebe, Tatkraft und Leitungskompetenz zu einer lebendigen Einheit verbanden. (B)

Wenzel

Wenzel oder Wenzeslaus, eigentlich Vaclav (903/905–929 oder 935), der Patron Böhmens, war Sohn des christlichen Hz. Wratislaw I. von Böhmen. Er wurde von seiner frommen Großmutter Ludmilla *[16. 9.]* erzogen. 922 übernahm er die Regierungsgeschäfte, die seine Mutter nach dem frühen Tod des Vaters als Regentin geführt hatte. Er war ein gerechter Herrscher und auf Frieden bedacht. Er suchte die Leibeigenschaft des Volkes zu mindern und die Christianisierung in Böhmen voranzutreiben. Seine Anlehnung an die röm. Kirche und das dt. Königtum missfiel der heidnischen Opposition. Sie stiftete deshalb seinen Bruder Boleslâv an, ihn in Alt-Bunzlau (Stará Boleslâv) zu ermorden. (B)

Zu diesem Tag gibt es Bauernregeln, u. a.: „Sankt Wenzeslaus, treibt's Vieh ins Haus", „Wenzeslaus – Sommer aus".

Lorenzo Ruiz

Lorenzo Ruiz (um 1600–1637) war einer der Märtyrer, die in Japan für ihren Glauben starben und unter dem Namen „Die sechzehn Märtyrer von Nagasaki" in die Geschichte eingegangen sind. 1602 kamen die ersten Dominikaner von den Philippinen und wirkten sehr segensreich bei der Missionierung in Japan. Dann brachen die ersten Verfolgungen gegen sie aus. Unter diesen Glaubensverkündern war auch Lorenzo Ruiz, ein Familienvater aus Manila, der als Küster und Buchhalter bei den Dominikanern seinen Lebensunterhalt verdiente und am 29. September 1637 das Martyrium erlitt. Mit ihm starben zwei weitere Laien, neun Priester, zwei Schwestern und zwei Brüder. 1987 sprach Papst Johannes Paul II. *[22. 10.]* diese Märtyrer heilig. (B)

Alphäus. Alexander und Zosimus von Antiochien (Märtyrer; † 304) – Salonius (Bf. von Genf; um 400–451) – Chunialdus und Gislar (8. Jh.)

29. September

Michael, Gabriel und Rafael

Engel sind in der Bibel Boten Gottes. Die Namen der drei Erzengel verweisen auf Gott (semitisch *el*), in dessen Dienst sie stehen. Ursprünglich wurden sie unabhängig voneinander zu verschiedenen Zeiten im Kirchenjahr gefeiert, seit der Kalenderreform 1969/70 geschieht das zusammen am 29. September – ursprünglich nur das Fest des Erzengels Michael (Weihe der röm. Michaelskirche).

Der Erzengel ***Michael*** („Wer ist wie Gott?") ist jener Engel, der beim Weltgericht auftritt. Seit dem Mittelalter gilt er als Patron des dt. Volkes; der „deutsche Michel" leitet sich davon ab. Bis zur Kalenderreform gab es am 8. Mai zusätzlich das Fest der „Erscheinung des hl. Michael" (siehe dort).

Er ist Patron der Ritter, Fallschirmjäger, Kaufleute, Bäcker, Waagenhersteller, Apotheker, Sanitäter, Drechsler, Schneider, Glaser, Maler, Vergolder, Bankangestellten und Radiomechaniker, der Sterbenden sowie gegen Blitz und

Unwetter. Zum 29. September gibt es zahlreiche Bauernregeln, u. a.: „Sind auf Michaeli noch die Vögel da, so ist der Winter noch nicht nah", „Regen am Sankt Michelstag, gelinden Winter geben mag".

Gabriel („Gott ist Kraft!") ist der Botschafter Gottes, der dem Zacharias einen Sohn ankündigt und Maria verkündet, dass sie Mutter des Sohnes Gottes werden soll. Bis zur Kalenderreform von 1969/70 war der 24. März sein Gedenktag (siehe dort).

Rafael („Gott heilt") ist der Wegbegleiter des jungen Tobias [13.9.]. Bis zur Kalenderreform von 1969/70 war der 24. Oktober sein Gedenktag. (H)

Liutwin (Bf. von Trier; † 717) – Johannes von Dukla (1414–1484)

30. September

Hieronymus

Hieronymus (um 345/347–419/420) war eine der faszinierendsten Gestalten des christlichen Altertums und stammte aus Dalmatien. Mit Ambrosius *[7. 12.]*, Augustinus *[28. 8.]* und Gregor dem Großen *[3. 9.]* zählt er zu den vier großen lat. Kirchenvätern. Während seiner Studienzeit in Rom ließ er sich taufen. Einige Jahre verbrachte er in strengster Askese in einem Kloster in der Wüste Chalkis bei Aleppo und betrieb exegetische und literarische Studien. 379 empfing er in Antiochien die Priesterweihe. Um 380 wechselte er nach Konstantinopel, wo er Schüler des Gregor von Nazianz *[2. 1.]* wurde. 382 kam er wieder nach Rom und wurde Sekretär von Damasus I. *[11. 12.]*. Er wirkte dort auch als Seelsorger und hatte großen Einfluss auf die weiblichen asketischen Kreise. Nach dem Tod von Damasus musste er 385 Rom verlassen, da er sich durch die Kritik am verweltlichten Klerus einflussreiche Feinde geschaffen hatte. Mit Freunden ging er nach Palästina und kam schließlich nach Bethlehem, wo er drei Frauenklöster und ein Männerkloster gründete und leitete. Bis zu seinem Tode arbeitete er in Bethlehem als Übersetzer, Exeget und Theologe. Hieronymus war ein temperamentvoller Mann mit einer großen Liebe zu Christus und zur Kirche, in deren Dienst er sein ganzes Leben stellte. Er war sehr gelehrt und besaß für seine Zeit einmalige Sprachkenntnisse. Seine lat. Bibelübersetzung, die Vulgata, wurde in späteren Jahrhunderten mehrfach überarbeitet und ist heute noch grundlegend. (B)

Er ist Patron der Studenten, Lehrer, Theologen, Übersetzer, der Theologischen Fakultäten und Asketen sowie gegen Augenleiden. Zu seinem Gedenktag gibt es die Wetterregel: „Sankt Hieronymus – macht mit dem Altweibersommer Schluss."

Urs(us) und Victor von Solothurn (Angehörige der Thebäischen Legion, Märtyrer; † um 303) – Leopardus von Rom (Märtyrer; 362) – Franziskus von Borja (Jesuit; 1510–1572)

Rupert Mayer – 1. November

1. Oktober

Remigius

Seit der Kalenderreform 1969/70 ist der offizielle Gedenktag am 13. Januar (siehe dort). Er ist der Patron gegen Pest, Schlangenbiss, Fieber, Halskrankheiten und Verzagtheit. Für den 1. Oktober gibt es die Wetterregel: „Regen an Stankt Remigius, bringt für den ganzen Mond Verdruss."

Therese von Lisieux

Therese von Lisieux (1873–1897) stammte aus der Normandie (Frankreich). Zur Unterscheidung von der „großen" Teresa von Ávila *[15. 10.]* wird sie die „kleine" Therese vom Kinde Jesu genannt. Schon früh wollte sie in den Karmel eintreten, erhielt aber erst 1888 die kirchliche Erlaubnis dazu. 1890 legte sie ihre Gelübde ab. 1895 brachte sie sich als „Ganzopfer der Liebe des gnädigen Gottes" dar. Ihre autobiographischen Aufzeichnungen „Geschichte einer Seele" beschreiben ihren Weg der Hingabe an Gott und die Mitmenschen, die sich gerade in den kleinen Gesten des alltäglichen Lebens äußert. Sie nennt ihn den „kleinen Weg" des Menschen, der sich im Bewusstsein seiner geistlichen Armut mit leeren Händen vor Gott sieht, von dem er sich alles schenken lassen muss. Sie betont, dass die Liebe zu Gott an der Liebe zum Nächsten gemessen wird und eine unendlich barmherzige Liebe Gottes auch die Sünder erwartet. Die letzten Jahre ihres Lebens waren von körperlichen und seelischen Leiden geprägt. Nach Katharina von Siena *[29. 4.]* und Teresa von Ávila ist sie die dritte Frau, die zur Kirchenlehrerin erhoben wurde (1997). Bis zur Kalenderreform von 1969/70 war der 3. Oktober ihr Gedenktag. (B)

Romanos Melodos (Hymnendichter; um 485–um 560) – Bavo (Allowin) von Gent (Rekluse; um 590–654) ·

2. Oktober

Heilige Schutzengel (Schutzengelfest)

Zusammen mit der Verehrung des Erzengels Michael *[29. 9.]* verbreitete sich im 15. und 16. Jh. die liturgische Verehrung der Schutzengel, und die bildhafte Darstellung des Schutzengels erfreute sich seit dem 16. Jh. großer Beliebtheit. Allerdings muss betont werden, dass die Schutzengel nie Teil der offiziellen Lehre der katholischen Kirche geworden sind. Ursprünglich wurde das Fest der Schutzengel am Michaelsfest mitgefeiert. Papst Pius X. *[21. 8.]* legte den 2. Oktober als eigenen Gedenktag fest. (H)

Leodegar

Leodegar (Lutgar, Leudegarius) von Autun (um 616–um 677) war von adeliger Abkunft und wurde 653 Abt in Poitiers. 660 wurde er zum Bf. von Autun (Westburgund) ernannt. Als solcher bemühte er sich um Reformen in den Klöstern und der Kirche. Er geriet deshalb in Konflikt mit der staatlichen Obrigkeit (König, Hausmaier), an dessen Ende seine Enthauptung stand. Seine Verehrung begann bald nach seinem Tod. (H)

Er ist Patron der Müller sowie bei Augenleiden und Besessenheit. Zu diesem Tag gibt es die Bauernregel: „Fällt das Laub auf Leodegar, ist das nächste ein fruchtbar' Jahr."

Beregis (Abt von Andagium [St-Hubert]; † nach 725)

3. Oktober

Brüder Ewald

Die beiden Brüder Ewald oder Ewaldi († um 690) – wegen ihrer Haarfarbe wird der eine der Weiße, der andere der Schwarze genannt – stammten aus Irland oder Schottland und kamen zusammen mit

Willibrord *[7. 11.]* als Missionare auf das Festland. Ob sie leibliche Brüder, Vettern oder „Glaubensbrüder" waren, ist nicht mehr zu klären. Sie wurden zur Mission nach Sachsen bzw. dem heutigen Westfalen gesandt und starben möglicherweise im Raum Dortmund als Märtyrer. Ihre Reliquien befinden sich in der Kölner Kirche St. Kunibert. (H)

Niketius (Bf. von Trier; † 566) – Udo (Abt von Metten; † 829) – Odilo (Abt von Stablo; † 954) – Gerhard (Abt von Brogne; um 885–959) – Adalgott (Bf. von Chur; † 1160)

4. Oktober

Franz von Assisi

Franz von Assisi (1181/82–1226), ein Sohn reicher Eltern, führte in den ersten 25 Jahren ein unbeschwertes, verschwenderisches Leben, bis sich durch Gefangenschaft und schwere Krankheit eine geistige Wende vollzog. Er trennte sich radikal vom Reichtum seiner Familie und führte fortan ein Leben als armer Wanderprediger. Man hielt ihn zunächst für verrückt, doch sein tiefer Ernst, seine große Liebe zu Gott und den Menschen und zu jedem Geschöpf beeindruckte die Menschen immer mehr. Zahlreiche gleichgesinnte junge Männer schlossen sich ihm an. Mit ihnen gründete er 1209 den Orden der Minderbrüder, der späteren Franziskaner, der bereits 1210 von Papst Innozenz III. bestätigt wurde. Mit Klara von Assisi *[11. 8.]* gründete er 1212 einen „zweiten" Orden, den Orden der Klarissen, und schließlich wegen des großen Andrangs von Laien den „Dritten Orden", eine Laiengemeinschaft. Ein besonderes Geschenk, das von seiner Liebe zu allen Geschöpfen zeugt, hat er uns in seinem „Sonnengesang" hinterlassen. Es ist überliefert, dass er zwei Jahre vor seinem Tod die Wundmale Jesu empfing. Die Entbehrungen und die Erschöpfung zehrten an seiner Gesundheit. So waren die letzten Jahre seines Lebens von Krankheit und Leiden geprägt. (B)

Er ist Patron der Armen, Lahmen, Blinden, Strafgefangenen und Schiffbrüchigen, der Tuchhändler, Schneider, Kaufleute sowie gegen Kopfweh und Pest.

An diesem Tag gibt es die Bauernregel: „Sonne an Sankt Franz, gibt dem Wein den Glanz."

Marsus (Bf. von Auxerre; 3./4. Jh.) – Petronius (Bf. von Bologna; † um 450) – Quintinus von Villeparisis (Märtyrer; † um 500) – Aurea (Äbtissin in Paris; † um 665)

5. Oktober

Franz Xaver Seelos

Franz Xaver Seelos (1819–1867) wurde in Füssen (Allgäu) als Sohn eines Mesners geboren und studierte in München zuerst Philosophie. 1842 kam er in Kontakt mit den Redemptoristen, denen er dann beitrat. Er interessierte sich für deren Missionsarbeit in den USA und ging 1843 dorthin. Bereits 1844 wurde er zum Priester geweiht. 1845 wurde er Pfarrer in Pittsburgh (Pennsylvania), 1854 wechselte er nach Baltimore. Hier engagierte er sich unermüdlich in der Seelsorge, war bei Volksmissionen im Einsatz und kümmerte sich besonders um Bedürftige. Das zehrte an seiner Gesundheit. 1857 wurde er Pfarrer in Cumberland (Maryland) und zugleich Präfekt des Seminars der Redemptoristen, wo er für den Priesternachwuchs verantwortlich war. Beim Ausbruch des Bürgerkriegs 1863 bat Seelos Präsident Abraham Lincoln persönlich, seine Studenten vom Militärdienst zu befreien, was dann tatsächlich geschah. 1863 wurde er als Präfekt des Seminars abgesetzt, weil man ihn beschuldigte, zu wenig streng zu sein. 1865 wurde er Pfarrer in Detroit, dann rief ihn die Ordensleitung nach New Orleans zur Seelsorge an dt. Auswanderern. Als dort im September 1867 das Gelbfieber ausbrach, kümmerte es sich selbstlos um Kranke und Sterbende. Er infizierte sich jedoch und starb im Alter von 48 Jahren. Sein eigentlicher Gedenktag ist der 4. Oktober, in der Stadt Füssen und bei den Redemptoristen jedoch der 5. Oktober. (H)

Placidus von Subiaco (Mönch; † um 545) – Meinolf von Paderborn (Mönch; um 795–847) – Attila (Bf. von Zamora; † nach 916) – Anna Schäffer (Mystikerin; 1882–1925)

6. Oktober

Bruno der Kartäuser

Bruno (um 1030–1101) stammte aus Köln. Er studierte in Köln und Reims, wurde Stiftsherr in St. Kunibert (Köln) und übernahm 1057 die Domschule in Reims. Einer seiner Schüler war der spätere Papst Urban II. 1081 wurde Bruno zum Ebf. von Reims gewählt, musste jedoch zugunsten eines anderen Kandidaten zurücktreten. 1083 ging er mit zwei Gefährten nach Frankreich, wo er bei Abt Robert von Molesme Mönch wurde und eine Eremitensiedlung einrichtete. 1084 erhielt er die Möglichkeit, sich mit sechs Gefährten in der Chartreuse (*Cartusia*), einer Wildnis in der Nähe von Grenoble, als Einsiedler niederzulassen. Die Männer lebten dort in Armut und strenger Askese. Zu den Regeln gehörte ein absolutes Schweigegebot, das nur eine Verständigung durch Zeichen erlaubte. Nur nachts kamen sie zusammen, feierten die Messe und sangen Gregorianische Choräle. Aus dieser Gemeinschaft entstand der Kartäuserorden. Später gründete Bruno in Kalabrien weitere Kartäusereremitorien. (B)

Er ist Patron der Besessenen und gegen die Pest. Zu diesem Tag gibt es die Bauernregel: „Bruno der Kartäuser, treibt die Mäuse in die Häuser."

Fides von Agen (Märtyrerin; † um 307) – Renatus (Bf. von Sorrent; 4./5. Jh.) – Adalbero (Bf. von Würzburg (um 1010–1090) – Arthold (Bf. von Belley; um 1100–1206)

7. Oktober

Unsere Liebe Frau vom Rosenkranz – Rosenkranzfest

Parallel zum Psalmengebet im Chorgebet in den Klöstern entwickelte sich das Rosenkranzgebet. Der Name weist noch auf die ursprüngliche Bedeutung hin. Denn in der Zeit des Minnesangs brachte man seiner „Dame" oder „Unserer Lieben Frau" einen Blumenkranz als Gabe dar, *Rosarium* genannt. Somit wurde der Rosenkranz ursprünglich als Minnedienst verstanden. Seine jetzige Form erhielt er im

15. Jh. Zur Zeit der Türkenkriege rief Papst Pius V. zum Rosenkranzgebet auf. Als Dank für den Sieg Juan d'Austrias in der Seeschlacht bei Lepanto über die Türken am 7. Oktober 1571 führte er das Fest „Maria vom Siege" ein, das nach dem Sieg Prinz Eugens 1716 bei Peterwardein (heute Petrovaradin in Nord-Serbien) als „Rosenkranzfest" (*Festum sacratissimi Rosarii B. M. V.*) auf die ganze Kirche ausgedehnt wurde. Im Rosenkranz meditieren die Betenden die sog. freudenreichen, schmerzhaften oder glorreichen Geheimnisse des Lebens Jesu, die durch Papst Johannes Paul II. um die lichtreichen Geheimnisse erweitert wurden. (H)

Justina von Padua (Märtyrerin; † 304) – Markus I. (Bf. von Rom; † 336) – Palladius (Bf. von Saintes; † nach 596)

8. Oktober

Pelagia

Pelagia (um 269 oder 288–284 oder nach 303) stammte aus Antiochien (Antakya, Türkei). Sie tötete sich bei der Christenverfolgung unter Ks. Numerianus (oder Diokletian) selbst, um ihre Gefangennahme und den damit wohl verbundenen Verlust ihrer Jungfräulichkeit zu verhindern. (H)

Für diesen Tag gibt es die Wetterregel: „Stankt Pelei – führt Donner und Hagel herbei."

Felix von Como

Über Felix († 391) ist nicht viel bekannt. Er wurde wohl im Jahr 386 vom hl. Ambrosius *[7. 12.]*, dem Bf. von Mailand, zum ersten Bf. von Como geweiht. Dort missionierte Felix. Seine Teilnahme an einer Synode in Mailand im Jahr 390 ist belegt. In Como wandelte er einen heidnischen Tempel in eine Kirche um, den Vorgängerbau von S. Carpoforo. (H)

Reparata (Märtyrerin; † 250) – Hugo der Malteser (1168–1233)

9. Oktober

Dionysius und Gefährten

Dionysius (um 200–nach 250) wurde nach einem Bericht des Gregor von Tours im 3. Jh. mit weiteren Gefährten vom röm. Bf. Fabianus *[20. 1.]* als Glaubensbote nach Gallien geschickt. Er war vermutlich der erste Bf. von Paris, dem röm. Lutetia. Auf Veranlassung des damaligen röm. Statthalters soll er später auf Grund seines Glaubens verhaftet und mit dem Schwert enthauptet worden sein. Auch seine Gefährten Rusticus und Eleutherius werden als Märtyrer erwähnt. Dionysius (St-Dénis) ist ein Nationalheiliger Frankreichs und wird zu den Vierzehn Nothelfern gezählt. (B)

Er ist auch Patron der Schützen; gegen Kopfschmerzen, Tollwut, Gewissensunruhe und Seelenleiden sowie bei Hundebissen und Syphilis. Für diesen Tag gibt es die Wetterregel: „Regnet's an Sankt Dionys, nasser Winter ganz gewiss."

Johannes Leonardi

Johannes Leonardi (1541–1609) wurde bei Lucca geboren und war zuerst Apothekergehilfe. Er wurde 1573 Priester. 1574 gründete er die „Bruderschaft der christlichen Lehre" zur Erziehung der Jugend und die „Kongregation reformierter Priester", die späteren „Regularkleriker der Mutter Gottes", für die Seelsorge und die Unterweisung der Armen, die in der Folge mit den Piaristen vereinigt wurden. In Rom gründete er 1603 ein Missionskolleg, förderte das Schul- und Krankenhauswesen und reformierte im Auftrag des Papstes verschiedene Kongregationen. (B)

Abraham (AT) – Sara (AT) – Theofrid (Bf. von Amiens; † nach 683) – Gislenus (Abt; um 650–um 685) –

10. Oktober

Gereon von Köln

Gereon (3. Jh.–um 304) war der Legende nach ein Offizier der sog. Thebäischen Legion. Sie wurde aus der Thebais in Ägypten rekrutiert und bestand nur aus Christen, die laut Befehl von Ks. Diokletian gegen Christen vorgehen sollten. Gereon und seine Soldaten legten aber vor Ks. Maximian in Köln die Waffen nieder und boten sich mit entblößtem Nacken dar. Sie wurden erschlagen und in einen Brunnen geworfen. An dessen Stelle, auf dem christlichen Römerfriedhof vor den Toren von Köln, ließ der Legende nach Ks. Helena *[18. 8.]* die Kirche St. Gereon err. Im 10. Jh. wurde die alte Kirche durch das heutige Gebäude ersetzt. (H)

Cassius und Florentius von Bonn (Märtyrer; † um 304) – Victor von Xanten (Märtyrer; † um 302) – Daniel Comboni (Bf. von Khartoum; 1831–1881)

11. Oktober

Jakob Griesinger von Ulm

Jakob Griesinger (Alemannus) (1407–1491) stammte aus Ulm und war ursprünglich Glasmaler. Nach einer Wallfahrt nach Rom blieb er für mehrere Jahre in Italien und war dort Söldner. 1441 trat er dann als Laienbruder in Bologna dem Dominikanerorden bei, wo er wiederum seinem eigentlichen Beruf als Glasmaler nachgehen konnte. So schuf er u. a. die Glasfenster im Dom zu Bologna. (H)

Johannes XXIII.

Angelo Giuseppe Roncalli (1881–1963) wurde in Sotto il Monte als Sohn eines Bauern geboren. Nach dem Studium in Bergamo und Rom wurde er 1904 zum Priester geweiht. Nachdem er den Ersten Weltkrieg als Militärseelsorger mitgemacht hatte, trat er 1922 in den Dienst der Kurie. Ab 1925 war er Apostolischer Nuntius in Bulgarien, ab 1933 in der Türkei und in Griechenland. 1944 wurde er Nuntius in Paris. 1953 wurde er zum Kardinal kreiert und zum Patriarchen von Venedig ernannt. Am 28. Oktober 1958 wurde er im elften Wahlgang offenbar als Kompromisskandidat zum Papst gewählt. Überraschend nahm er den Namen Johannes an, wobei er mit der Zählung XXIII. klären wollte, dass der während des sog. Abendländischen Schismas regierende Papst Johannes XXIII. (1410–1415) kein rechtmäßiger war. Schon 30 Tage nach seiner Wahl kündigte er die Einberufung eines Konzils an, das die Kirche durch Modernisierung (*Aggiornamento*) in Lehre und Organisation reformieren und die Begegnung der getrennten christlichen Kirchen sowie den Dialog mit anderen Religionen fördern sollte. Johannes XXIII. verstand sich auch als Bf. von Rom, besuchte Gemeinden und gab sich leutselig. Aufsehen erregte sein Besuch im röm. Staatsgefängnis, und er schaffte den Fußkuss und die bislang vorgeschriebenen drei Verbeugungen bei Privataudienzen ab. Wichtig waren auch seine Enz., darunter *Mater et Magistra* zur katholischen Soziallehre von 1961 und *Pacem in Terris* von 1963, wo er zur internationalen Zusammenarbeit für Frieden und Gerechtigkeit aufforderte und die Menschenrechte ausdrücklich anerkannte. 1960 gründete er das Sekretariat für die Einheit der Christen, womit auch ein grundlegender Wandel in den Beziehungen zwischen der röm.-kath. Kirche und den anderen Kirchen geschaffen wurde. Aufgrund seiner persönlichen Ausstrahlung und seines Optimismus wurde er schon zu Lebzeiten hoch verehrt. Selten hatte ein Papst so viel Zustimmung, Anerkennung und weltweite Beachtung gefunden. 2014 wurde er von Papst Franziskus heiliggesprochen. Als sein Gedenktag wurde der 11. Oktober festgelegt, an diesem Tag wurde das II. Vatikanum feierlich eröffnet. Als Seliger war der 3. Juni zuerst sein Gedenktag, (H)

Philippus der Diakon (Märtyrer; 1. Jh.) – Quirinus von Malmédy (Märtyrer; † um 320) – Guntmar von Nivesdonck (Einsiedler; um 710–um 775) – Brun(o) (Ebf. von Köln; 925–965) – Meinhard (Bf. von Livland; † 1196)

12. Oktober

Maximilian

Maximilian(us) (3. Jh.–283/285) stammte aus Claudia Celle bzw. Celeia (bis 1918 Cilli in der Untersteiermark, heute Celje in Slowenien) und war nach einer Überlieferung aus dem 11./13. Jh. der Sohn reicher Eltern. Er verteilte nach deren Tod seinen Besitz und pilgerte nach Rom, von wo er von Papst Sixtus II. 257 als Missionar in seine Heimat, die röm. Provinz Noricum, entsandt wurde. Dort war er sog.

Wander-Bf. und wird als erster Bf. von Lauriacum (Lorch an der Enns) bezeichnet. Während der Christenverfolgung unter Ks. Numerianus wurde er enthauptet. Historisch gesichert ist der Bau einer Kapelle in Bischofshofen im Pongau im Jahr 710 über dem Grab eines Maximilian. Seine Reliquien sollen im 10. Jh. nach Passau gekommen sein, wo sie verehrt werden. (H)

Edistus (Märtyrer, † um 304) – Felix III. (Papst; † 530) – Edwin (Kg. von Northumbrien; 584–633) – Herlind (Äbtissin von Aldeneyk; um 695–um 750) – Seraphin von Montegranaro (Mystiker; 1540–1604)

13. Oktober

Koloman

Koloman († 1012) stammte aus Irland. Er befand sich auf einer Pilgerfahrt ins Heilige Land und wurde in der Gegend von Stockerau (Niederösterreich, nordwestlich von Wien) wegen seiner fremden Sprache als Verdächtiger festgenommen. Man hielt ihn für einen Spion aus Ungarn oder Böhmen. Da eine Folterung keine Erkenntnisse brachte, wurde er an einem Baum aufgehängt. Nach der Überlieferung soll sein Leichnam eineinhalb Jahre unverwest dort gehangen sein. Als ein Jäger einen Spieß in seine Seite stieß, floss Blut heraus. Mgf. Heinrich I. von Österreich ließ den Leichnam abnehmen und in seiner Residenz Melk bestatten. Nach seinem Tod wurde er bald in Österreich, Böhmen und Ungarn verehrt. Sein eigentlicher liturgischer Gedenktag ist der 17. Juli, in Österreich, wo er fast ausschließlich verehrt wird, jedoch der 13. Oktober. (H)

Er ist der Patron der zum Tod durch den Strang Verurteilten, des Viehs; der Reisenden sowie gegen Kopf- und Fußleiden, Pest, Unwetter, Feuergefahr, Ratten- und Mäuseplagen. Zu ihm gibt es den Spruch: „Heiliger Koloman, schick mir einen braven Mann."

Lubentius von Kobern (4. Jh.) – Pantalus (Bf. von Basel; † um 451) – Gerald (Geraud) von Aurillac (um 855–909) – Simpert (Sintpert) (Bf. von Augsburg; um 750–807)

14. Oktober

Calixtus I.

Calixtus (Kallistos, Kalixtus) (um 160–222) war ein besonders lebensfroher und aktiver röm. Bf. der frühen Christenheit. Er war ein ehemaliger Sklave, den Zephyrinus, der Bf. von Rom, zum Diakon bestellte und mit der Verwaltung der Begräbnisstätten an der Via Appia betraute. Diese heißen deshalb noch heute Calixtus (Kalixtus)-Katakomben. Nach dem Tode des Zephyrinus wurde Calixtus vom Klerus und Volk von Rom zu dessen Nachfolger gewählt. Das stieß auf den Widerstand konservativer Kreise, die ihn zu Unrecht der Irrlehren und der Laxheit beschuldigten und Hippolyt zum Gegenbischof wählten. Damit kam es zum ersten Schisma in der Papstgeschichte. Calixtus I. konnte sich aber gegen Hippolyt durchsetzen. Er bekämpfte Irrlehren, trat für eine mildere Bußpraxis ein und erlaubte die Ehe zwischen hochgestellten Römerinnen und Sklaven. Als Erster ließ er Gottesdienststätten (sog. Hauskirchen) mit Malereien ausschmücken. Späteren Legenden zufolge starb er als Märtyrer. (B)

Burkhard

Burkhard (Burkard) (um 684–755) war der erste Bf. von Würzburg. Er starb während einer Rast in einer Tropfsteinhöhle in Homburg im Maintal. Sein offizieller Gedenktag ist der 2. Februar, im dt.-spr. Raum jedoch der 14. Oktober. (H)

Er ist Patron gegen Gelenkkrankheiten, Rheumatismus, Nierensteine sowie Lendenschmerzen. Für diesen Tag gibt es die Bauernregel: „Ist St. Burkhard trübe, kommt kein Zucker in die Rübe.“

Fortunata von Cäsarea (Märtyrerin; † 304) – Fortunat (Bf. von Todi; † 537)

15. Oktober

Teresa von Ávila

Teresa von Ávila oder Theresia von Jesus (1515–1582) trat 1535 in das Kloster der Karmelitinnen ihrer Heimatstadt ein. Dort wurden ihr mystische Erfahrungen zuteil. Sie gründete in den Jahren 1562–1578 viele Reformklöster, unterstützt von Johannes vom Kreuz *[14. 12.]*, der den männlichen Zweig der Karmeliten erneuerte. Berühmt wurde sie durch ihre geistlichen Schriften. In der „Seelenburg", ihrem Hauptwerk, spricht sie von ihren mystischen Erlebnissen, im „Weg der Vollkommenheit" legt sie den Weg des „inneren Betens" dar. 1970 wurde sie zusammen mit Katharina von Siena *[29. 4.]* zur Kirchenlehrerin erhoben. (H)

Sie ist Patronin der Schachspieler und der spanischen Schriftsteller, in geistlichen Nöten, für ein innerliches Leben sowie gegen Kopf- und Herzleiden. Zu ihrem Tag gibt es die Bauernregel: „Zu St. Theres', beginnt d'Weinles'."

Aurelia von Straßburg (Märtyrerin; † 304 oder 451) – Barses (Bf. von Edessa; † 378/79) – Thekla (Äbtissin von Kitzingen; † um 790) –

16. Oktober

Gallus

Der irische Mönch Gallus (um 550–um 640) kam um 590 mit Kolumban *[23. 11.]* und weiteren Mönchen über das Frankenreich nach Alemannien. Bei ihren Missionsversuchen wurden sie immer wieder vertrieben und wanderten so bis in die Bodenseegegend. Hier missionierten sie mehrere Jahre. Dann zog Kolumban weiter nach Italien, während Gallus blieb und mit einigen Gefährten eine Einsiedelei erbaute. Gallus war sehr geachtet wegen seiner Frömmigkeit, Menschenliebe und Naturverbundenheit. Das Ansinnen, Abt oder Bf. zu werden, lehnte er ab und blieb in seiner Einsiedelei. Dort starb er im hohen Alter von etwa 95 Jahren. Aus der kleinen Einsiedelei entwickelte sich später das bedeutende Benediktinerkloster St. Gallen. (B)

Er ist Patron der Gänse, Hühner und Hähne sowie der Fieberkranken. Für den Gallustag gibt es zahlreiche Bauernregeln, u. a.: „Sankt Gallen – lässt den ersten Schnee fallen", „Gießt's an St. Gallus wie ein Fass, wird der nächste Sommer nass", „Tritt St. Gallus trocken auf, folgt ein nasser Winter drauf".

Hedwig von Andechs

Hedwig (1174–1243), die Schutzpatronin Schlesiens, war eine Tochter des Grafen Berthold von Andechs-Meran und Tante der hl. Elisabeth von Thüringen *[19. 11.]*. Mit 12 oder 13 Jahren nahm Hz. Heinrich I. von Schlesien sie zur Frau. Sie wurde Mutter von sieben Kindern, bewog ihren Mann dann aber 1209, mit ihr zusammen das Gelübde der Enthaltsamkeit abzulegen. Mit Heinrich förderte Hedwig die Einwurzelung christlichen Gedankenguts in ihrem Lande. Sie unterstützte die Armen und pflegte Kranke. Sie gründete Frauenklöster und half verschiedenen Orden bei der Gründung von Niederlassungen. Nach dem Tod ihres Mannes (1238) zog sie sich in das von ihr gegründete Kloster Trebnitz (heute Trzebnica, Polen) zurück. Dort lebte sie bis zu ihrem Tod ein strenges asketisches Leben. (B)

Sie ist Patronin der Heimatvertriebenen und der Brautleute. Zu diesem Gedenktag gibt es die Bauernregel: „Mit Hedwige, tritt der Saft in die Rübe.“

Margareta Maria Alacoque

Auf die Bemühungen der Margareta Maria Alacoque (1647–1690) geht die Einführung des Herz-Jesu-Freitags und des Herz-Jesu-Festes zurück. Margareta lebte in Burgund. Schon früh hatte sie den Wunsch, Ordensfrau zu werden, den sie 1671 gegen den Widerstand ihrer Familie durchsetzte. Sie trat in den „Orden der Heimsuchung Mariens“ (Salesianerinnen) ein. Sie hatte Visionen, in denen sie den Auftrag erhielt, sich für die besondere Verehrung des Herzens Jesu einzusetzen. Ihre mystischen Erlebnisse stießen bei ihren Mitschwestern und Oberinnen auf Misstrauen. Voll Geduld ertrug sie Ablehnung und Demütigungen. Es dauerte lange, bis an die Echtheit ihrer Visionen geglaubt wurde. Mitte des 19. Jh. führte Papst Pius IX. *[7. 2.]* das Herz-Jesu-Fest ein (siehe S. 170). Bis zur Kalenderreform von 1969/70 war der 17. Oktober ihr Gedenktag. (B)

Longinus (Hauptmann; 1. Jh.) – Florentius von Trier (Bf. von Tongern; 3. Jh.) – Lullus (Ebf. von Mainz; um 710–786) – Heriburg (Äbtissin in Nottuln, † nach 834) – Gauderich von Languedoc (vor dem 10. Jh.)

17. Oktober

Ignatius von Antiochia

Ignatius (um 35–vor 117) wird zu den apostolischen Vätern gerechnet und ist einer der frühesten und wichtigsten Zeugen der alten Kirche. Er soll Schüler des Apostels Johannes gewesen sein und war Bf. von Antiochia. Er gab sich selbst den Beinamen *Theophoros* (Gottesträger). Unter Ks. Trajan, er regierte von 98 bis 117, wurde er wegen seines Glaubens verhaftet und nach Rom gebracht, wo er später den Märtyrertod starb. Auf der mühseligen Reise dorthin schrieb er sieben Briefe an verschiedene Gemeinden. Diese gehören zu den wichtigsten Quellen für die Kirchen- und Dogmengeschichte. Er betonte darin die bischöfliche Autorität und den Vorrang der Gemeinde von Rom. Als Erster gebrauchte er den Begriff „katholische" (= weltumspannende) Kirche. Bis zur Kalenderreform von 1969/70 war der 1. Februar sein Gedenktag. (B)

Hosea (Oseas) (AT) – Florentius (Bf. von Orange; † um 526) – Ruricius (Bf. von Limoges; † um 550)

18. Oktober

Lukas

Lukas, dem das dritte Evangelium und die Apostelgeschichte zugeschrieben werden, stammte vermutlich aus Antiochia in Syrien, wo er als Arzt tätig war. Ob er Jesus persönlich begegnet ist, ist unbekannt. Das Lukasevangelium ist vor allem für Heidenchristen geschrieben worden. Der Überlieferung zufolge begleitete Lukas zeitweise den Apostel Paulus auf seinen Missionsreisen und auch während seiner röm. Gefangenschaft. Nach 67 soll Lukas in Achaia gewirkt haben. Nach der Tradition starb er im Alter von 84 Jahren in Böotien. Es ist nicht geklärt, ob er als Märtyrer gestorben ist. Seine Gebeine sollen 357 nach Konstantinopel und später nach Padua überführt worden sein. Ein Teil seines Kopfes befindet sich im Veitsdom in Prag, der andere Teil im Panteleimon-Kloster auf dem Athos. (H)

Er ist Patron der Ärzte, Kranken, Künstler, Buchbinder, Notare und Metzger; der christlichen Kunst sowie des Viehs und des Wetters. Zu diesem Tag gibt es zahlreichen Bauernregeln, u. a. „Wer an Lukas Roggen streut, es im Jahr drauf nicht bereut.“

Justus von Beauvais (Märtyrer; † 287) – Gwenn (Keltin; † vor 500) – Petrus von Alcántara (1499–1562)

19. Oktober

Johannes de Brébeuf und Isaak Jogues und Gefährten

Johannes de Brébeuf und Isaak Jogues gehörten zu den ersten Märtyrern Nordamerikas, die 1930 heiliggesprochen wurden.

Der Jesuit ***Jean de Brébeuf*** (1593–1649) ging 1625 nach Kanada, um den Indianerstamm der Huronen zu missionieren. Er baute dort die ersten Missionsstationen der Jesuiten auf. Er verfasste ein Wörterbuch, eine Grammatik und einen Katechismus in der Sprache der Huronen. Nach einem Überfall auf eine Huronenmissionsstation durch die Irokesen erlitt er mit einigen Gefährten einen qualvollen Tod am Marterpfahl.

Auch der Jesuit ***Isaak Jogues*** (1607–1646) kam als Indianermissionar nach Kanada (1636). Er wirkte dort am Huron-See in Missionsstationen, die Jean de Brébeuf gegründet hatte. Auch er wurde von Irokesen gefangen genommen und gefoltert. Es gelang ihm, viele seiner Peiniger zu bekehren und zu taufen. Nach langer qualvoller Gefangenschaft konnte er fliehen und nach Frankreich zurückkehren. Schon ein Jahr später ging er wieder nach Kanada und wurde mit der Vermittlung zwischen den Franzosen und dem Indianerstamm der Mohawks betraut. Nach anfänglichen Erfolgen kam es zu erneuten Konflikten, bei denen er gefangen genommen und von Mohawks nach grausamer Marter erschlagen wurde. (B)

Paul vom Kreuz

Paul vom Kreuz (1694–1775) stammte aus Piemont, war mystisch begnadet und einer der erfolgreichsten Prediger des 18. Jh. Als Neunzehnjähriger erkannte er seine Berufung. Er begann ein Leben voll strenger Bußpraktiken. 1725 ging er nach Rom und erhielt von Papst Benedikt XIII. mündlich die Erlaubnis, Gefährten zu sammeln. 1727 wurde er zum Priester geweiht. 1731 erteilte ihm Papst Klemens XII. die Erlaubnis zur Missionspredigt. 1737 entstand in Orbetello die erste Niederlassung der von ihm gegründeten „Kongregation vom Leiden Christi" (*Congregatio Clericorum excalcatorum Ssmae Crucis et Passionis D. N. Jesu Christi* bzw. Passionisten), deren Mitglieder (Priester und Laienbrüder) Gebet und Predigt, Kontemplation und aktives apostolisches Leben miteinander verbinden. Die von Paul verfasste Ordensregel wurde zunächst wegen ihrer großen Strenge vom Papst abgelehnt und erst 1741 in einer milderen Fassung genehmigt. 1771 entstand das erste Kloster des weiblichen Zweigs, der Passionistinnen. Die Leidensmystik Pauls war von spätmittelalterlichen Vorstellungen geprägt und ließ ihn bis zu seinem Tod in unerbittlicher Strenge gegen sich selbst leben. Bis zur Kalenderreform von 1969/70 war der 28. April sein Gedenktag. (B)

Joël (AT) – Ptolomäus und Lucius von Rom (Märtyrer; † um 160) – Aquilinus (Bf. von Évreux; † 690) – Frideswida (Äbtissin in Oxford; um 700–um 735) – Laura von Córdoba (Äbtissin, Märtyrerin; † 864)

20. Oktober

Wendelin

Wendelin (um 555–617?) war der Überlieferung nach ein iroschottischer Königssohn, der um die Mitte des 6. Jh. auf der Suche nach einem Ort, an dem er Gott dienen konnte, bis nach Trier kam. Die zahlreichen Legenden, die sich um seine Person ranken, verdunkeln das historische Bild. So soll er in den Vogesen zunächst als Hirte und später als Einsiedler gelebt haben. Ungewiss ist, ob er tatsächlich Gründer und Abt des Klosters Tholey (Saarland) war. Der Ort St. Wendel, wo sein Grab um das Jahr 1000 bezeugt ist, verdankt ihm seinen Namen. Im dt.-spr. Raum gedenkt man seiner an diesem Tag, ansonsten am 21. Oktober. (B)

Er ist Patron der Hirten und Herden, der Bauern, gegen Viehseuchen, für gedeihliche Witterung und gute Ernte. Zu seinem Tag gibt es die Bauernregel: „Um Sankt Wendelin, geht der schöne Herbst dahin."

Jakob Kern

Franz Kern (1887–1924) wurde in Wien geboren und musste nach der Matura (Abitur) 1915 gleich einrücken. Anfang 1916 kam er an die Tiroler Front und wurde im September schwer verwundet. Nach seiner halbwegs verlaufenen Genesung trat er im Herbst 1917 ins Wiener Priesterseminar ein und begann an der Universität mit dem Theologiestudium. Hier trat er der CV-Verbindung Amelungia bei. Als Sühne für einen Prämonstratenser der Abtei Strahov (Prag), der Mitbegründer der tschechischen Nationalkirche wurde und das Priesteramt verließ, trat er im Oktober 1920 in die Prämonstratenserabtei Geras (Niederösterreich) ein und nahm den Ordensnamen Jakob an. 1922 wurde er zum Priester geweiht und war anschließend in der Seelsorge tätig. Nach einer Operation im Sommer 1923 in Folge seiner Kriegsverletzung und einer Kur in Meran erlitt er im September 1924 einen Rückfall und starb im Oktober in Wien im Krankenhaus. (H)

Cornelius (Bf. von Cäsarea, Märtyrer; 1. Jh.) – Irene von Portugal (Märtyrerin; 635–653) – Vitalis (Bf. von Salzburg; † um 730) – Andreas Crisinus (Märtyrer; † 767)

21. Oktober

Ursula und ihre Gefährtinnen

Ursula († 4./5. Jh.) wurde vermutlich in England geboren. Über ihr Leben gibt es zahlreiche Legenden, die den historischen Kern überdecken. Diesen Legenden nach war Ursula eine englische Königstochter. Obwohl sie Jungfräulichkeit gelobt hatte, wollte ihr Vater sie mit einem heidnischen Prinzen vermählen. Sie erbat sich eine dreijährige Frist für eine Wallfahrt nach Rom. Die Zahl ihrer vermutlich elf Begleiterinnen wird wohl aufgrund eines Lesefehlers mit elftausend genannt. Bei ihrer Rückkehr aus Rom soll sie mit ihren Gefährtinnen in Köln von den Hunnen niedergemetzelt worden sein. Eine Inschrift in der Ursulakirche in Köln weist auf eine alte Basilika an dieser Stelle hin, die zu Ehren von Märtyrerjungfrauen err. wurde. In der Nähe hatte man im 12. Jh. Grabstätten gefunden, die man Ursula und ihren Gefährtinnen zuordnete. Tatsächlich handelte es sich dabei aber um ein röm. Gräberfeld. Ursula ist die Stadtpatronin von Köln. Von hier aus verbreitete sich ihre Verehrung über ganz Europa. (B)

Sie ist Patronin der Jungfrauen, der Jugend, der Lehrerinnen und Tuchhändler, in Kriegszeiten, für eine gute Ehe, für ruhigen Tod sowie gegen Kinderkrankheiten. Zu diesem Tag gibt es Bauernregeln, u. a.: „Sankt Ursulas Beginn, zeigt auf den Winter hin", „Sankt Ursel, o Graus, zieht die Bäume aus", „Lacht St. Ursula mit Sonnenschein, wird wenig Schnee vorm Christfest sein".

Karl I.

Erzherzog Karl (1887–1922) wurde auf Schloss Persenbeug bei Ybbs/Donau als Sohn des Erzherzogs Otto Franz Joseph und der Maria Josefa von Sachsen geboren. Er war ein Großneffe von Ks. Franz Joseph, durchlief die im Haus Habsburg übliche militärische Ausbildung sowie Laufbahn und ehelichte 1911 Prinzessin Zita von Bourbon-Parma. Nachdem sein Onkel, Erzherzog Franz Ferdinand, 1914 in Sarajevo ermordet wurde, rückte er an dessen Stelle als Thronfolger. Ende November 1916 wurde er nach dem Ableben Ks. Franz Josephs der letzte Ks. von Österreich und Kg. von Ungarn. Mit Hilfe der Brüder seiner Frau, den Prinzen Sixtus und Xavier von Bourbon-Parma, versuchte er, zu einem Separatfrieden mit Frankreich zu kommen. Das flog im Frühjahr 1918 auf (sog. „Sixtus-Affäre"). Nach seiner Abdankung im November 1918 ging er ins Exil, zuletzt auf die Insel Madeira. Relativ mittellos, aber gottergeben starb er dort, wo er auch begraben wurde. Karl war von großem Verantwortungsgefühl getragen und von tiefer Religiosität. Sein Wesen war von einer großen Menschenfreundlichkeit und einer Herzensgüte geprägt. Das alles sind Eigenschaften, die in einer extremen Situation, wie es ein Weltkrieg war, und in einer derart exponierten Stellung nicht immer von Vorteil waren. Im Oktober 2004 wurde er von Johannes Paul II. *[22. 10.]* seliggesprochen, dessen Vater den Treueeid als k. u. k. Offizier auf Ks. Karl abgelegt hatte. Auch wenn es dazu kritische Stimmen gab, so symbolisierte dieser Akt auch einen Dank an das Haus Habsburg für dessen Leistungen für die katholische Kirche. (H)

Clementine (Märtyrerin; 4./5. Jh.) – Hilarion von Gaza (Abt; um 290–um 372) – Malchos (4. Jh.) – Cilinia (Céline) († um 530)

22. Oktober

Cordula

Cordula († um 304?) war von königlicher Abkunft und soll eine der 11.000 Gefährtinnen der hl. Ursula von Köln *[21. 10.]* gewesen sein. Sie hatte sich der Legende nach beim Herannahen der Hunnen im Unterdeck eines Rheinschiffes verborgen und wurde daher nicht entdeckt. Als sie sah, wie tapfer ihre Gefährtinnen in den Tod gingen, verließ sie freiwillig ihr Versteck und wurde mit einem Pfeilschuss getötet. Cordulas Reliquien waren zuerst in der Kölner Johanniterkirche, nach der Säkularisation kamen sie nach Königswinter und Rimini. Cordula war nach dem Zweiten Weltkrieg ein beliebter Mädchenname. (H)

Johannes Paul II.

Karol Wojtyla (1920–2005) wurde als Sohn eines ehemaligen k. u. k. (österreichischen), dann polnischen Offiziers in Wadowice (Wadowitz) im ehemals zu Österreich gehörenden West-Galizien geboren. 1938 begann er in Krakau das Studium der Philosophie. Nach der Besetzung Polens durch die Deutschen im Oktober 1939 unterbrach er sein Studium und konnte als Arbeiter der Deportation entgehen. 1942 trat er in das geheime Priesterseminar in Krakau ein, wurde Ende 1946 zum Priester geweiht und ging dann für zwei Jahre zum Studium nach Rom. Nach seiner Rückkehr war er in der Pfarrseelsorge tätig, habilitierte sich währenddessen an der Theologischen Fakultät in Krakau und lehrte dort Sozialethik. Als diese Fakultät 1954 von den Kommunisten geschlossen wurde, ging er als Professor an die Katholische Universität Lublin. Bereits 1958 wurde er Weih-Bf. in Krakau und dann 1963 dort Ebf. 1967 wurde er zum Kardinal kreiert. Überraschend wurde er am 16. Oktober 1978 zum Papst gewählt und nahm den Namen Johannes Paul II. an. Mit seiner ersten Reise 1979 in seine Heimat Polen hat er einen Prozess angestoßen, an dessen Ende zehn Jahre später der Zusammenbruch des Staatskommunismus in Ost-Mitteleuropa stand. Im Mai 1981 wurde auf ihn auf dem Petersplatz ein Attentat verübt, als dessen Drahtzieher man den sowjetischen KGB vermutete. Das Ende des Kommunismus konnte aber deshalb nicht aufgehalten werden. Dass Johannes Paul II. ursächlich daran beteiligt war, zählt zweifellos zu den positiven Seiten seines Pontifikats, ebenso sein unbedingtes Eintreten für den Frieden und die Gerechtigkeit in der Welt. Er war auch jener Papst, der bislang am meisten gereist ist. Durch die Wirkung seiner Persönlichkeit konnte er viele Menschen für sich begeistern, nicht zuletzt auch die Jugend, für die er die periodisch abgehaltenen Weltjugendtage einführte. Zu den negativen Seiten seines Pontifikats zählen zweifellos seine innerkirchlichen Maßnahmen zur Wiederherstellung der Disziplin, die von manchen nach dem II. Vatikanum als immer weniger vorhanden beurteilt wurde. Dazu gehören auch seine Personalentscheidungen, die gerade im dt.-spr. Raum (aber auch woanders) Unruhe hervorriefen. In gewissem Sinn beeindruckend war „sein öffentliches Sterben", dem viele Menschen auf dem Petersplatz beiwohnten. Am 2. April 2005 um 21.37 Uhr war er von seinem Leiden, das ihm in den letzten Jahren seines Lebens zu schaffen machte, erlöst. Beim Begräbnis rief die Menge „Santo subito!" Am 1. Mai 2011, rund sechs Jahre später, wurde er in einem verkürzten Verfahren, dass gelegentlich kritisch beurteilt wurde, von seinem Nachfolger seliggesprochen. Seine Heiligsprechung erfolgte 2014. (H)

Philippis (Bf. von Herakleia, Märtyrer; † 304) – Ingbert (Einsiedler; † um 650)

23. Oktober

Severin von Köln

Über Severin (4. Jh.–5. Jh.) gibt es keine gesicherten historischen Zeugnisse. Der Tradition nach ist er der dritte Bf. von Köln. Gregor von Tours berichtet, Severin habe durch himmlische Gesänge vom Tod des hl. Martin *[11. 11.]* erfahren. Da dieser um 397 verstarb, nimmt man an, dass Severin noch zu Beginn des 5. Jh. gelebt haben dürfte. Eine um 900 geschriebene Vita des hl. Severin berichtet, dass er in Bordeaux verstorben sei, was aber auf eine Verwechslung mit dem dortigen Bf. Severinus zurückzuführen sein dürfte. Auf Verlangen der Kölner sei dann der Leichnam überführt und in Köln bestattet worden. Der Ort seiner Beisetzung ist der Überlieferung nach eine Kapelle in einem Begräbnisbezirk an der alten röm. Straße nach dem Süden. Seit 1925/26 durchgeführte Grabungen an der Severins-Kirche dürften das bestätigt haben. Schon früh wurde Severin in Köln hoch verehrt. Heute tragen eine Brücke und ein Stadtteil in Köln („Vringsveedel") seinen Namen. (H)

Er ist Patron der Weber, für Regen sowie gegen Unglück und Trockenheit. Zu diesem Tag gibt es die Bauernregel: „Wenn's Sankt Severin gefällt, bringt er mit die erste Kält'."

Johannes von Capestrano

Johannes von Capestrano (1386–1456), auch von Capistrano oder Kapistran genannt, gilt als einer der größten Wanderprediger seines Jh. Er lebte zunächst in Italien und war in Perugia Richter, bevor er dann Franziskaner von der strengen Observanz wurde. Seine vierzigjährige Predigttätigkeit, die er 1417 begann, führte ihn durch Italien und Mitteleuropa. Er predigte fast täglich. Die Massen strömten ihm zu, um ihn zu hören und bei ihm zu beichten. Er wurde von Päpsten und Fürsten als Ratgeber geschätzt. Er stiftete Frieden zwischen streitenden Parteien, gründete Krankenhäuser, organisierte Sozialarbeit. Ab 1451 bemühte er sich sehr erfolgreich um die Rekatholisierung der Hussiten. Im selben Jahr kam er nach Wien, um vor dem Fall von Konstantinopel gegen die Türken zu predigen. An ihn erinnert an der Außenwand des dortigen Stephansdoms noch heute die Capistran-Kanzel. 1456 trug er als Kreuzzugsprediger gegen die Türken mit zur Rettung Belgrads bei. Er hinterließ viele theologische Schriften, Bußbücher und Briefe. Bis zur Kalenderreform von 1969/70 war der 28. März sein Gedenktag. (B)

Romanus (Bf. von Rouen; † 640)

24. Oktober

Antonius Maria Claret

Antonius Maria Claret (1807–1870) war als Volksmissionar, Ordensgründer und Ebf. ein Mann von außergewöhnlicher Tatkraft. Er lebte in Spanien. 1835 wurde er Priester und begann einige Jahre später seine Tätigkeit als Volksmissionar. Zur Unterstützung dieser Arbeit gründete er 1849 die Kongregation der „Söhne des unbefleckten Herzens Mariä“ (Claretiner bzw. *Congregatio Missionariorum filiorum Immaculati B. M. V.*) und 1855 das „Apostolische Bildungsinstitut von der Unbefleckten Empfängnis“ (Claretinerinnen) zur Erziehung der weiblichen Jugend. Von 1850–1857 war er Ebf. von Santiago de Cuba. Dort bemühte er sich besonders um die Erneuerung des christlichen Lebens, die geistliche und pastorale Erneuerung des Klerus, die Gründung von Ordensgemeinschaften, die Bildung der Jugend und die Krankenpflege. Ab 1857 war er Beichtvater der Kg. Isabella II. von Spanien. Er verfasste mehr als 200 Schriften zur Volkserziehung und Priesterbildung. Bis zur Kalenderreform von 1969/70 war der 23. Oktober sein Gedenktag. (B)

Evergisil (Bf. von Köln; † 594)

25. Oktober

Crispinus und Crispianus

Crispinus und Crispianus († 287) waren Brüder und sollen der Legende nach Söhne einer vornehmen röm. Familie gewesen sein. Sie kamen als Missionare nach Soissons (Nordfrankreich) und waren Schuhmacher, womit sie ihren Lebensunterhalt verdienten. Den Armen sollen sie unentgeltlich Schuhe gemacht haben. In der Christenverfolgung unter Ks. Maximinian wurden sie verhaftet und grausam gefoltert: Es wurden ihnen Eisenwerkzeuge (sog. Pfriemen) unter die Fingernägel gesteckt, und sie wurden mit flüssigem Blei übergossen sowie ins Feuer und ins eiskaltes Wasser geworfen. Danach wurden sie enthauptet. An der Stelle ihres Martyriums wurde bereits im 6. Jh. eine Kirche err. Einige Reliquien von ihnen kamen im 9. Jh. u. a. nach Osnabrück. Im Wiener Volksmund gibt es für eine hagere, magere Person die Bezeichnung „Krispindl". (H)

Crispinus ist Patron der Schuhmacher, Sattler, Schneider, Weber und Handschuhmacher. Zu diesem Tag gibt es die Bauernregel: „Mit Krispin – sind alle Fliegen dahin."

Tabita (Tabea) (1. Jh.) – Minias (Märtyrer; † um 250) – Chrysanthus und Daria (Märtyrer; † 285 und 304) – Gaudentius (Bf. von Brescia; † 406) – Maurus (Bf. von Fünfkirchen; um 1000–1070) – Margarete von Roskilde (Märtyrerin; † 1176) – Heinrich von Bonn (um 1100–1147)

26. Oktober

Amandus von Straßburg

Amandus (um 290–um 355) ist der erste historisch gesicherte Bf. von Straßburg im Elsass. Er wird auch als Teilnehmer an den Synoden von Sardika (343) (heute Sofia) und Köln (346) erwähnt. Seine Verehrung ist seit dem 10. Jh. nachweisbar. (H)

Albin

Albin, eigentlich Witta (= angelsächs. weiß) († 746/747) war ein Gefährte des Bonifatius *[5. 6.]*, der ihn 741/742 zum ersten und einzigen Bf. von Büraburg (bei Fritzlar) machte. Nach Albins/Wittas Tod wurde es dem Btm. Mainz angeschlossen. (H)

Zu diesem Tag gibt es die Wetterregel: „Warmer Sankt Albin bringt fürwahr, stets einen kalten Januar."

Lucian von Nikomedien (Märtyrer; † um 250)

27. Oktober

Wolfhard

Wolfhard (um 1070–1127) stammte aus Augsburg und war Sattler. Um 1095 ging er nach Verona und übte dort seinen Beruf weiter aus. Daneben kümmerte er sich aufopferungsvoll um Notleidende und Arme. Um 1097 zog er als Einsiedler in einen Wald im Etschtal. Dort half er den Menschen u. a. mit wunderkräftigen Taten. 1117 kehrte er nach Verona zurück und trat ins Kamaldulenserkloster San Salvatore ein, wo er als Inkluse („Eingeschlossener“) in seiner Zelle lebte. Als er starb, wurde sein Wunsch, unbeachtet an der Straße bestattet zu werden, nicht erfüllt. Eine große Menschenmenge nahm an der Beisetzung des schon zu Lebzeiten als heilig Verehrten in der Kirche seines Klosters in Verona teil. (H)

Evaristus (Bf. von Rom; † 106)

28. Oktober

Simon und Judas Thaddäus

Der Beiname des Apostels ***Simon***, „Zelotes“, weist darauf hin, dass er vor seiner Berufung wohl Mitglied der radikalen Gruppe der Zeloten war, die versuchten, mit Gewalt die röm. Besatzungsmacht abzuschütteln. Simon ist nicht mit dem „Herrenbruder“ Simon gleichzusetzen. Sein späteres Wirkungsfeld lag vermutlich in Palästina. Unklar ist, wann und wo er gestorben ist.

Judas Thaddäus gehört zu den in den Evangelien wenig genannten Aposteln, auch seine Autorenschaft beim Judasbrief ist unsicher. Er hat möglicherweise in Vorderasien und Phönizien das Evangelium verkündet und ist dort als Märtyrer gestorben. Im 18. Jh. begann seine Verehrung als Helfer in aussichtslosen Nöten bzw. verlorenen Sachen und machte ihn zu einem der bekanntesten und beliebtesten Volksheiligen. (H)

Simon ist Patron der Waldarbeiter, Maurer, Gerber, Weber und Färber. Für diesen Gedenktag gibt es Bauernregeln, u. a.: „Simon und Judas kein Regen da, bringt ihn erst Cäcilia [22. 11.]", „Simon und Juda, die heiligen Herrn, sitzen am warmen Ofen gern".

Anastasia die Ältere (Märtyrerin; † um 253) – Ferrutius von Mainz (Märtyrer; † 304) – Salvius (Bf. von Amiens; † 615)

29. Oktober

Ermelindis

Ermelindis (Irmlind, Hermelinde) (um 510–590) wurde in Lovenjoel (heute Belgien) als Tochter einer angesehenen Familie geboren. Sie verließ ihr Elternhaus, als man sie gegen ihren Willen verheiraten wollte. Sie zog sich als Einsiedlerin nach Bevecum (heute Beauvechin) zurück. Als zwei Adelige sie verfolgten, versteckte sie sich in Meldradium (heute Meldert, ein Ortsteil von Lummen), die beiden kamen aber zu Tode. Am Grab von Ermelindis in Meldert entsprang eine als heilkräftig geltende Quelle, die viele Pilger anlockte. Pippin der Ältere ließ dort später ein Nonnenkloster err. (H)

Narcissus (Bf. von Jerusalem; † nach 212) – Zenobius (Bf. von Sidon) und Zenobia (Märtyrer; † um 304) – Honoratus (Bf. von Vercelli; um 330–415)

30. Oktober

Marcellus

Marcellus († 298) war Soldat und weigerte sich, anlässlich des Geburtstags von Ks. Maximian den heidnischen Göttern zu opfern. Er legte seine Uniform ab und seine Waffen nieder. Daraufhin wurde er angeklagt. Vor Gericht sagte er aus, nur Christus dienen zu können. Der Präfekt von Tangis (dem heutigen Tanger in Marokko) ließ ihn daraufhin enthaupten. Die Legende berichtet, dass auch seine Söhne hingerichtet wurden. Seine Reliquien wurden in das Benediktinerkloster von León (Nordwestspanien) gebracht. (H)

Dietger (Thöger) (Missionar in Jütland; um 1000–um 1065)

31. Oktober

Wolfgang

Wolfgang (um 924–994), der Patron Bayerns und Diözesanpatron des Btm. Regensburg, war hochgebildet, zugleich auch ein Mann der Askese und des Gebets. Er stammte aus schwäbischem Adel und wurde im Kloster Reichenau erzogen. Von dort ging er mit seinem Studienfreund Heinrich nach Würzburg. Dieser wurde 956 Ebf. von Trier und machte Wolfgang zum Lehrer an der dortigen Domschule, zum Domdekan und Kanzler. Nach dem Tod Heinrichs trat Wolfgang 964/65 ins Benediktinerkloster Einsiedeln ein, wo er vom hl. Ulrich *[4. 7.]* die Priesterweihe empfing. Für kurze Zeit ging er 971 als Missionar nach Ungarn. Dann wurde er 972 Bf. von Regensburg. Er bemühte sich besonders um die innere Reform der Klöster und versuchte, die Bildung und das geistliche Leben von Klerus und Volk zu fördern. Durch seine Menschenfreundlichkeit, Güte und Bescheidenheit war er in seinem Btm. außerordentlich beliebt. Besonders wird er in Bayern und Österreich verehrt. (B)

Er ist Patron der Hirten, Schiffer, Holzarbeiter, Köhler, unschuldig Gefangenen, des Viehs, bei Schlaganfällen, gegen Gicht, Lähmungen, Fußleiden, Ruhr, Hauterkrankungen, Blutfluss, Augenkrankheiten, Bauchschmerzen und Unfruchtbarkeit sowie Missgeburten. Zu diesem Tag gibt es die Bauernregel: „Regen am Sankt Wolfgangstag, gut für's nächste Jahr sein mag."

Quintinius (Quentin) (Märtyrer; † um 285) – Notburga von Köln (Benediktinerin; † um 700) ·

1. November

Allerheiligen

Ein Fest für alle Heilige ist im Orient bereits im 4. Jh. nachweisbar, wo aller Märtyrer gedacht wurde. Das Datum war dort zunächst unterschiedlich: am 13. Mai oder am Sonntag nach Pfingsten. Im Westen gedachte man am 13. Mai, dem Weihetag des röm. Pantheons zu Ehren der Jungfrau Maria und aller hl. Märtyrer (609/610). In Irland und in England ist im 8. Jh. am 1. November ein Fest aller Heiligen bekannt. Vom 9. Jh. an setzte sich dieser Allerheiligentag auch auf dem Festland durch. Die Kirche gedenkt an diesem Tag aller Heiligen, auch der nicht offiziell zu solchen erklärt wurden. (H)

Auch für diesen Tag gibt es zahlreiche Wetter- und Bauernregeln, u. a.: „Allerheiligenreif – macht zu Weihnachten alles starr und steif", „Regen am Allerheiligentag, ein strenger Winter folgen mag", „Hat Allerheiligen Sonnenschein, wird Martin umso kälter sein".

Rupert Mayer

Rupert Mayer (1876–1945) wurde in Stuttgart geboren und studierte Theologie und Philosophie in Freiburg/Schweiz, München und Tübingen. Während dieser Zeit war er bei mehreren CV-Verbindungen aktiv. Nach der Priesterweihe 1899 in Rottenburg trat er im Oktober 1900 in Feldkirch (Vorarlberg) in den Jesuitenorden ein. 1912 holte ihn Ebf. Franz Kardinal Bettinger als Seelsorger nach München. Im Ersten Weltkrieg war er Militärgeistlicher und verlor 1916 an der Rumänienfront durch eine Verwundung ein Bein. Nach dem Krieg kehrte er nach München zurück und wurde 1921 Präses der Marianischen Männerkongregation. Er war ein entschiedener Kämpfer gegen den Nationalsozialismus und Verteidiger der Rechte der Kirche. Die Gestapo verhängte 1937 gegen ihn ein Predigtverbot, das er missachtete. Daraufhin wurde er wiederholt verhaftet und kam schließlich Ende 1939 ins KZ Sachsenhausen. 1940 wurde er im Kloster Ettal interniert. Nach Ende des Krieges war er wieder in München. Aufgrund seines allgemeinen schlechten Gesundheitszustands starb er am 1. November 1945 in der Kreuzkapelle von St. Michael. Sein vielbesuchtes Grab fand er in der Krypta der Bürgersaalkirche im Zentrum Münchens. P. Rupert Mayer wurde zu einer Symbolgestalt des katholischen Widerstands gegen den Nationalsozialismus. (H)

Marcellus (Bf. von Paris; † 436) – Benignus von Dijon (Märtyrer; † 160 oder 272) – Licinius (Bf. von Angers; um 540–601) – Harald IV. (dänische Kg.; † 987)

2. November

Allerseelen

Seit dem 2. Jh. ist das christliche Gedenken der Toten bezeugt. Den heutigen Allerseelentag als Gedenktag für alle Verstorbenen führte Abt Odilo von Cluny im Jahre 998 ein. Seit dem 11. Jh. breitete sich dieser Tag im Zuge der von Cluny ausgehenden Reformbewegung in der ganzen Kirche des Abendlandes aus. In Rom wurde er im 14. Jh. erstmals begangen. Man feiert aus diesem Anlass nicht nur eine Messe (Requiem) für die Verstorbenen, sondern besucht deren Gräber auf dem Friedhof, um dort Blumen und Kerzen hinzugeben. Schon seit langem hat sich dieser Brauch auf den Allerheiligentag verschoben. (H)

Für den Allerseelentag gibt es die Wetterregel: „Haben die Armen Seelen kalt, wintert es recht bald."

Justus von Triest

Justus († um 303) erlitt unter Ks. Diokletian in der Nähe von Aquileja das Martyrium, indem man Steine an seinen Händen und Füßen befestigte und ihn ins Meer geworfen hatte. Sein Leichnam wurde bei Tergeste, dem heutigen Triest, ans Land gespült und dort begraben. Bald entstand ein Kult um Justus sowie Ende des 4. Jh. auf dem heute nach ihm benannten Hügel San Giusto eine Basilika. Justus ist der Patron der Stadt Triest. (H)

Victorinus (Viktorin) (Bf. von Pettau, Märtyrer; um 230–um 303) – Markianos von Kyrrhos (Einsiedler; † um 387) – Malachias (Bf. von Armagh; um 1094–1148)

3. November

Hubert

Hubert (655–727) ist ein volkstümlicher Heiliger, über dessen Leben wenig bekannt ist. Nach der Überlieferung war er adeliger Abstammung. Sein Lehrer war der hl. Lambert *[18. 9.]*, Bf. von Tongern-Maastricht. Nach dessen Ermordung wurde er 705 dessen Nachfolger auf dem Bischofsstuhl. 715 übertrug er die Gebeine Lamberts nach Lüttich und verlegte auch seinen Bischofssitz dorthin. Hubert wirkte unermüdlich für die Verbreitung des christlichen Glaubens in Südbrabant und in den Ardennen, was ihm den Beinamen „Apostel der Ardennen" eintrug. Auf ihn wurde die ursprünglich dem hl. Eustachius *[20. 9.]* zugeschriebene Legende von der Erscheinung eines Hirsches mit einem leuchtenden Kreuz im Geweih übertragen. (B)

Er ist Patron der Jäger, Schützen, Kürschner, Metallarbeiter, Drechsler, Metzger und Optiker, der Jagdhunde und Schützengilden, gegen Schlaflosigkeit, Tollwut der Hunde, Hunde- und Schlangenbiss, Fieber, Zahnschmerzen, Kopfweh, Mondsucht sowie bei Wasserscheu. Für diesen Tag gibt es die Wetterregel: „Bringt St. Hubertus Schnee und Eis, bleibt's den ganzen Winter weiß."

Pirmin

Pirmin (um 690–753), dessen genaue Herkunft ungewiss ist, war Wander-Bf. und wurde 720 zur Mission nach Nordwest-Frankreich und an den Oberrhein gesandt. Er gründete zahlreiche Klöster, darunter vermutlich Reichenau, Murbach und Amorbach. Nach 728 reformierte er zahlreiche Klöster und führte dort die Regel des hl. Benedikt *[11. 7.]* ein. Außerdem versuchte er, den Klöstern eine möglichst große Selbstständigkeit gegenüber den Diözesanbischöfen und Grundherren zu geben. Die Stadt Pirmasens ist nach ihm benannt. (B)

Martin von Porres

Martin (1569–1639) lebte und wirkte in Lima, war der Sohn eines spanischen Edelmannes sowie einer Mulattin und wurde von seiner

Mutter christlich erzogen. Mit zwölf Jahren erwarb er sich als Gehilfe eines Arztes gute Kenntnisse als Wundarzt und Apotheker. 1592/94 trat er als Laienbruder in den Dominikanerorden von Lima ein und kümmerte sich fortan um die Armen und Kranken. Priester zu werden, war ihm nach den damaligen Regeln als Mischling versagt. Unter seiner Leitung als Krankenpfleger wurde aus dem Kloster bald ein Krankenhaus, in dem kein Unterschied nach Rasse und Hautfarbe gemacht wurde. Martin war von großer Frömmigkeit und Demut, mitfühlend und aufopferungsvoll zu den Menschen und wurde schon zu Lebzeiten geschätzt und verehrt. (B)

Valentin und Hilarius von Viterbo (Märtyrer; † um 303) – Silvia (Einsiedlerin; um 520–592) – Marian von Bardowick (Märtyrer; † 782) – Ida von Toggenburg (1156–1226)

4. November

Karl Borromäus

Karl Borromäus (1538–1584) ist eine bedeutende Gestalt der Katholischen Reform. Er war bekannt für seine bescheidene Lebensweise und seine große Liebe zur Kunst. Karl stammte aus vermögender, adeliger Familie und studierte 1552–1559 Jura in Pavia. 1559 ernannte ihn sein Onkel, Papst Pius IV., zum Geheimsekretär, 1560 zum Kardinaldiakon und kurz darauf zum Administrator für Mailand. 1563 empfing Karl die Priesterweihe und wenig später die Bischofsweihe. Karl war maßgeblich beteiligt an Wiedereröffnung, Durchführung und Abschluss des Konzils von Trient. Eine Kommission von vier Theologen erarbeitete unter seiner Leitung den vom Trienter Konzil beschlossenen *Catechismus Romanus*. 1565 verließ Karl Borromäus Rom, um als Ebf. von Mailand dort die Beschlüsse des Konzils umzusetzen. Ein besonderes Anliegen war ihm die Reform des Klerus und die geistliche Erneuerung des Volkes. In Erinnerung an seine volkserzieherische Wirkung wurde die 1844 in Bonn gegründete Organisation der katholischen Haus- und Volksbüchereien, „Borromäusverein“ genannt. Unermüdlich reiste Karl durch sein Btm., gründete Heime und Krankenhäuser, Schulen und Priesterseminare und ordnete das kirchliche Leben. Dabei half ihm u. a. die von ihm gegründete Priestergemeinschaft „Die Oblaten des hl. Ambrosius". Er führte eine unentgeltliche Rechtshilfe für sozial Schwache ein und bekämpfte den Wucher. Er setzte sein ganzes Familienvermögen zur Bekämpfung der Armut ein. Als 1576 in Mailand die Pest ausbrach, floh er nicht wie andere Würdenträger, sondern blieb in Mailand, um persönlich Hilfsmaßnahmen zu organisieren und tatkräftig mitzuhelfen. Zwar überstand Karl die Pest unbeschadet, doch starb er nur wenige Jahre später völlig entkräftet im Alter von nur 46 Jahren. (B)

Er ist Patron der Seelsorger, Katecheten, Katechumenen und der Seminaristen sowie gegen die Pest. An diesem Tag gibt es die Bauernregel: „Wenn's an Karolus stürmt und schneit, dann lege deinen Pelz bereit."

Vitalis und Agricola (Märtyrer; † um 304) – Modesta von Trier (Äbtissin; um 600–um 660) – Emmerich (Imré) von Ungarn (um 1007–1031) –

5. November

Bernhard Lichtenberg

Bernhard Lichtenberg (1875–1943) wurde als Sohn eines Kaufmanns in Ohlau, Schlesien (heute Oława in Polen), geboren und nach dem Theologiestudium in Innsbruck und Breslau 1899 zum Priester geweiht. Ab dem Jahr 1900 war er Kaplan in Berlin-Lichtenberg, ab 1913 Pfarrer in Charlottenburg. 1930 wurde er zum Domkapitular im neuen Btm. Berlin und 1932 zum Dompfarrer von St. Hedwig ernannt. Nach der Machtübernahme der Nationalsozialisten predigte er öffentlich gegen diese und überreichte 1935 dem nominellen preußischen Innenminister Hermann Göring eine Beschwerdeschrift zu den Morden im kurzzeitigen KZ Esterwegen (Emsland). 1938 wurde er zum Dompropst ernannt. Nach der Reichspogromnacht im November desselben Jahres betete er öffentlich für die Juden. 1941 protestierte er ähnlich wie Clemens August Graf von Galen *[22. 3.]* gegen die Euthanasie. Als Leiter des Bischöflichen Ordinariats gelang es ihm, mehrere Juden vor der Verfolgung zu retten, weswegen er posthum in Israel unter die „Gerechten unter den Völkern“ eingereiht wurde. Im Oktober 1941 wurde er von der Gestapo verhaftet und zu zwei Jahren Gefängnis nach dem sog. „Heimtückegesetz“ verurteilt. Nach Verbüßung der Haftstrafe wurde er in „Schutzhaft“ genommen. Auf dem Transport nach Dachau verstarb er in einem Krankenhaus in Hof. (H)

Bertilla (Äbtissin von Chelles; um 630–um 705 oder 713)

6. November

Leonhard

Über das Leben des Einsiedlers Leonhard (um 500–559?) wissen wir hauptsächlich aus Legenden. Danach soll er aus fränkischem Adel stammen und von Remigius *[13. 1.]* von Reims getauft und unterrichtet worden sein. Er soll sich besonders für Gefangene und deren Freilassung eingesetzt haben. Das mag ein Grund dafür sein, dass ihm geweihte Kirchen außen mit Ketten umspannt oder innen damit behängt sind. Weiter erzählt eine Legende, dass er die Bischofswürde abgelehnt, sich in die Einsamkeit des Waldes von Limoges zurückgezogen und dort das Kloster Saint-Léonard-de-Noblac gegründet habe. Dort habe er von seiner Zelle aus gepredigt und Kranke geheilt. Im süddt.-östr. Raum wurde er zu einem der beliebtesten Volksheiligen. (B)

Er ist Patron der Bauern und des Viehs, vor allem der Pferde, der Stallknechte, Fuhrleute, Schmiede, Obsthändler, Bergleute, der Wöchnerinnen, Gefangenen, für alle Anliegen der Bauern, gute Geburt sowie bei Entbindungen, gegen Kopfschmerzen, Geistes- und Geschlechtskrankheiten. Zu seinem Tag gibt es zahlreiche Wetter- und Bauernregeln, u. a.: „Wenn Sankt Leonhard schneit, ist der Winter nicht mehr weit“, „Nach der vielen Arbeit Schwere, an Leonhard die Rösser ehre“.

Iltut von Wales (um 450–um 530) – Protasius (Bf. von Lausanne; 7. Jh.) – Christine von Stommeln (Mystikerin; 1242–1312)

7. November

Willibrord von Echternach

Willibrord (um 658–739) trägt den Titel „Apostel der Friesen". Er war ein tatkräftiger Mann, streng gegen sich selbst und gütig zu seinen Mitmenschen. Willibrord stammte aus Nordengland und wurde schon früh in klösterliche Erziehung ins Benediktinerkloster Ripon unter die Obhut des hl. Wilfrid (Wilfrith) gegeben. Mit 30 Jahren empfing er die Priesterweihe und wurde 690 mit elf Gefährten als Missionar nach Friesland gesandt. Bei seiner Missionsarbeit ging er klug und planmäßig vor. Er stellte sich ganz unter den Schutz Pippins II., der das südliche Friesland erobert hatte. Gleichzeitig suchte er die Verbindung mit Rom und holte sich dort die Missionsvollmacht. 695 weihte ihn der Papst zum Ebf. der Friesen. Willibrord wählte Utrecht zu seinem Bischofssitz. Vom fränkischen Adel reichlich mit Gütern beschenkt, konnte er zahlreiche Kirchen und Klöster err. Auf Grund von Schenkungen war es ihm möglich, um 700 das Benediktinerkloster Echternach (Luxemburg) als Missionsstützpunkt zu gründen, wohin er sich immer wieder zurückzog. Mit dem Tode Pippins (714) brach die Missionsarbeit zunächst zusammen. Erst fünf Jahre später konnte er sie mit der Unterstützung von Karl Martell und Bonifatius *[5. 6.]* fortsetzen. Er starb im Kloster Echternach. (B)

Engelbert von Köln

Engelbert von Köln (um 1185–1225) entstammte dem Adelsgeschlecht der Grafen von Berg. Bereits mit 14 Jahren wurde er Dompropst von Köln, jedoch im Zuge der Thronstreitigkeiten zwischen Ks. Otto IV. und Kg. Philipp von Schwaben wieder abgesetzt und zeitweise exkommuniziert. Im Jahre 1216 wurde er zum Ebf. von Köln gewählt. In der Folge widmete er sich der Restrukturierung seines Btm., das durch die politischen Wirren in Mitleidenschaft gezogen worden war. Ks. Friedrich II. machte ihn zum Vormund seines dann früh verstorbenen Sohnes Heinrich und ernannte ihn 1220 zum Reichsprovisor, d. h. zum Vertreter des Ks, bei dessen häufiger Abwesenheit (in Italien). Durch seine Politik in seinem Btm. zog er sich jedoch den Hass des Adels zu. An einem nebligen Novembertag wurde er in einem Hohlweg in der Gegend des heutigen Gevelsberg (bei Wuppertal) meuchlings ermordet, wobei der Anführer des Mordtrupps sein Neffe zweiten Grades war. (H)

Karina von Angora (Märtyrerin; † 362) – Florentius (Bf. von Straßburg; † um 600) – Ernst von Zwiefalten (Abt, Märtyrer; † um 1147) – Gisbert von Bebenhausen (Prior; 12./13. Jh.)

8. November

Johannes Duns Skotus

Johannes Duns Skotus (1265/66–1308) stammte aus dem schottischen Ort Duns und ging auf eine Schule der Franziskaner, denen er dann beitrat. Er studierte Theologie in Oxford und wurde 1291 zum Priester geweiht. Danach war er Professor in Oxford, Paris und schließlich in Köln. Zusammen mit Thomas von Aquin *[28. 1.]* und Bonaventura *[15. 7.]* gehörte er zu den führenden Theologen der Scholastik des ausgehenden Hochmittelalters. Er entwickelte die Lehre von der Unbefleckten Empfängnis Marias. Er trägt den Ehrentitel *Doctor subtilis*, scharfsinniger Lehrer. Martin Heidegger bezeichnete ihn als einen „Denker der Zukunft". Er ist in der Kölner Minoritenkirche bestattet. (H)

Willehad (Bf. von Bremen; um 740–789) – Gottfried (Bf. von Amiens; um 1066–1115)

9. November

Weihetag der Lateranbasilika

Ks. Konstantin ließ die Lateranbasilika (San Giovanni in Laterano) err. und stellte sie mit dem gesamten Gebiet um den Lateran 324 dem Papst zur Verfügung. Die Kirche wurde zur Bischofskirche für die

Bischöfe von Rom, denen bis 1308 der angrenzende Lateranpalast als Residenz diente. Nach der Rückkehr aus dem Exil in Avignon wählten die Päpste den vatikanischen Palast als ihren Hauptsitz. Nach erforderlichen größeren Umbaumaßnahmen weihte Papst Benedikt XIII. die Basilika am 28. April 1726 neu ein und bestimmte den 9. November als Weihetag der Kirche, der heute in der gesamten katholischen Kirche als Festtag gefeiert wird. Zugleich können Kirchen, deren eigener Weihetag nicht mehr bekannt ist, diesen Tag auch für ihr Gotteshaus mitfeiern. (H)

Ursinus (Bf. von Bourges; 3./4. Jh.) – Erpho (Bf. von Münster; † 1097)

10. November

Leo der Große

Leo I. der Große (um 400–461) kann als der erste Papst in der Funktion als Leiter der gesamten abendländischen Kirche bezeichnet werden. Er stammte wahrscheinlich aus der Toskana. 440 wurde er zum Bf. von Rom gewählt. Schon bei seinem Amtsantritt beanspruchte er für den röm. Bf. als Nachfolger des Petrus den Primat über die ganze Kirche. In harten Auseinandersetzungen um den rechten Glauben bekämpfte er die zahlreichen Irrlehren seiner Zeit. Auf dem Konzil von Chalcedon (451) setzte sich die von ihm gegen weite Teile der Ostkirche vertretene Zweinaturenlehre durch. Leo stärkte die kirchliche Hierarchie und ordnete in vielen Ländern die zerrütteten kirchlichen Verhältnisse neu. Bezüglich der Bischofsbestellung vertrat er die Meinung: „Der, welcher allen vorstehen soll, soll von allen gewählt werden." Sein persönlicher Einsatz bewahrte 452 Rom vor den Hunnen. Beim Einfall der Vandalen in Rom konnte er zwar nicht die Plünderung verhindern, doch es gelang ihm, Rom vor Mord und Brand zu bewahren. Leo war ein Mann von tiefer Frömmigkeit und ein kraftvoller Prediger. 1754 wurde er von Papst Benedikt XIV. zum Kirchenlehrer erhoben. Bis zur Kalenderreform von 1969/70 war der 11. April sein Gedenktag. (B)

Die Lübecker Märtyrer: Hermann Lange, Eduard Müller und Johannes Prassek

Die drei Kapläne ***Hermann Lange*** (1912–1943), ***Eduard Müller*** (1911–1943) und ***Johannes Prassek*** (1911–1943), Priester des Btm. Osnabrück, zu der damals Schleswig-Holstein gehörte, bildeten zusammen mit dem evangelischen Pfarrer Karl Friedrich Stellbrink in Lübeck eine Widerstandsgruppe. Ihr Vorbild war der Bf. von Münster, Clemens August Graf von Galen, *[22. 3.]*. In gleicher Weise wie er hielten sie Predigten, die sie auch schriftlich verbreiteten und wo sie den Nationalsozialismus scharf kritisierten. Nach der Verhaftung des evangelischen Pfarrers wurden auch die drei Kapläne zusammen mit weiteren 18 Laien verhaftet und im Juni 1942 zu Tode verurteilt. Am 10. November 1943 wurden die drei Kapläne sowie der evangelische Pfarrer hintereinander in Hamburg-Holstenglacis mit dem Fallbeil hingerichtet, so dass ihr Blut ineinandergeflossen ist. Am 25. Juni 2011 wurden die drei Kapläne seliggesprochen, dabei wurde in einer ökumenischen Feier auch des evangelischen Pfarrers gedacht. (H)

Johannes Skotus (Bf. von Mecklenburg, Märtyrer; um 990–1066) – Andreas Avellino (Ordensgeneral; 1521–1608)

11. November

Martin von Tours

Martin (316–397) ist einer der ersten Nichtmärtyrer, die in der röm. Liturgie als Heilige verehrt wurden. Die Fakten über sein Leben sind z. T. umstritten. Martin wurde in Sabaria (Steinamanger, heute Szombathely, Westungarn) als Sohn eines röm. Tribunen geboren. Mit 15 Jahren trat er auf den Wunsch seines Vaters in den Heeresdienst bei der berittenen kaiserlichen Garde in Gallien ein. Nach einer Legende soll er am Stadttor von Amiens einem frierenden Bettler die Hälfte seines Umhangs gegeben haben. Daraufhin soll ihm Christus im Traum erschienen sein, um ihm für den Mantel zu danken. Mit 18 Jahren ließ sich Martin taufen. Nach der Beendigung seines Militärdienstes wurde er Schüler des Hilarius von Poitiers *[13. 1.]*. Der Versuch, in seiner Heimat zu missionieren, hatte wenig Erfolg. Darauf lebte er einige Jahre als Einsiedler. 360 ging er wieder nach Poitiers und gründete 361 in Ligugé das erste Kloster Galliens. 370/71 wurde er gegen seinen Willen zum Bf. von Tours gewählt. Es wird berichtet, Martin habe auf die Privilegien seines Amtes verzichtet und in einer der armseligen Holzhütten vor der Stadt gewohnt. Dort entstand das Kloster Marmoutier, das zu einem bedeutenden religiösen Mittelpunkt wurde. Martin missionierte mit großem Einsatz die heidnische ländliche Bevölkerung. Ihm gelang die seltene Verbindung asketischer Ideale mit großem apostolischem Sendungsbewusstsein. Er wurde zu einem volkstümlichen Heiligen, dessen Verehrung sich vor allem im letzten Drittel des 20. Jh. vor allem durch Bräuche bei Kindern (Martinszüge) steigerte. (B)

Er ist Patron der Soldaten und Reiter, Polizisten, Huf- und Waffenschmiede, Schneider, Gürtel-, Handschuh- und Hutmacher, Hoteliers und Gastwirte, Kaufleute, Bettler, Winzer, Müller, der Reisenden, Flüchtlinge und Gefangenen, der Gänse, gegen Ausschlag, Schlangenbiss und Rotlauf sowie für das Gedeihen der Feldfrüchte. Für seinen Tag gibt es zahlreiche Bauern- und Wetterregeln, u. a.: „Wenn um Martini Nebel sind, so wird der Winter meist gelind", „An Martini Sonnenschein, tritt ein kalter Winter ein", „Sankt Martin ist ein guter Mann – er bringt die Bratgans uns heran".

Menas (Märtyrer; † 295?) – Veranus (Bf. von Vence; um 400–um 475) – Bertuin von Malonne (Missions-Bf.; † 698?) – Theodor Studites (Abt; 759–826)

12. November

Josaphat

Josaphat Kunzewitsch (1580–1623) wurde als Sohn orthodoxer Eltern in Wlodzimierz (Ukraine) geboren. Als junger Mann trat er in Wilna zu der mit Rom unierten ruthenischen Kirche über. 1604 wurde er Basilianermönch und 1618 Ebf. von Polozk (damals Polen, heute Weißrussland). Er bemühte sich um Reformen in seinem Orden und um die Ausbreitung der ruthenischen Kirche. Josaphat wurde als Prediger und Beichtvater sehr geschätzt, machte sich aber unter den Orthodoxen viele Feinde, weil er sich für die Einheit mit der röm.

Kirche einsetzte. Auf einer Visitationsreise wurde er von fanatischen Gegnern ermordet. Bis zur Kalenderreform von 1969/70 war der 14. November sein Gedenktag. (B)

Arsacius (Bf. von Mailand; † um 400) – Ämilianus Cucullatus (Einsiedler; 473–574) – Kunibert (Bf. von Köln; um 590–um 663) – Lebuin (Liebwin) von Deventer († um 780) – Diego von Alcalá (Mystiker; 1400–1463) ·

Martin I.

Seit der Kalenderreform 1969/70 ist der 13. April sein Gedenktag. Für den 13. November gibt es die Wetterregel: „So wie Martin es will, zeigt sich dann der ganze April."

13. November

Stanislaus Kostka

Stanislaus Kostka (1550–1568) wurde auf Schloss Rostkow in Masowien (Mazowsze) in Polen als Sohn eines polnischen Adeligen geboren. Ab 1564 besuchte er mit seinem Bruder ein Jesuitenkolleg in Wien. Er wollte schon nach sechs Monaten an der Schule in den Jesuitenorden eintreten, aber sein Bruder wollte ihn daran hindern. Als auch die Jesuiten in Österreich die Aufnahme verweigerten, floh er 1567 als Bettler verkleidet nach Dillingen, von wo ihn Petrus Canisius *[27. 4.]* nach Rom zum Ordensgeneral Franz von Borja schickte. An seinem 17. Geburtstag wurde er dort dann als Novize aufgenommen. Seine Familie kündigte die Entführung und Einkerkerung von Stanislaus für jene Schande an, die dieser durch seine Entscheidung ihr zugefügt habe. Mit seiner fröhlichen und bescheidenen Art und seiner Frömmigkeit beeindruckte Stanislaus seine Mitbrüder. Durch die Umstände des letzten Jahres offenbar geschwächt, starb er mit nur 18 Jahren an heftigem Fieber. Sein Gedenktag ist der 15. August, im dt.-spr. Raum jedoch dieser Tag. (H)

Brictius (Bf. von Tours; † um 444) – Himerius (Himer) (Einsiedler; † 610) – Eugen II. (Ebf. von Toledo; um 600–657) – Nikolaus I. (Papst; um 800–867) – Homobonus von Cremona (um 1150–1197) – Carl Lampert (Märtyrer; 1894–1944)

14. November

Nikolaus Tavelić

Nikolaus Tavelić (um 1340–1391) wurde in der dalmatinischen Küstenstadt Šibenik (Sebenico) geboren, trat als junger Mann dem Franziskanerorden bei und wirkte zuerst als Missionar in Bosnien. 1385 ging er nach Jerusalem und lernte dort seine Ordensbrüder Deodatus Aribert, Stephan von Cúneo und Petrus von Narbonne kennen. Am 11. November 1391 baten sie den Kadi um Erlaubnis, in der Omar-Moschee in Jerusalem predigen zu können. Dieses Ansinnen empörte das Volk. Die vier Gefährten wurden von der Menge verprügelt, schließlich zum Tode verurteilt und enthauptet. Ihre Leichname wurden verbrannt, und ihre Asche verstreut. Nikolaus Tavelić wurde als erster Kroate überhaupt und zusammen mit seinen Gefährten 1970 heiliggesprochen. Er ist auch Patron von Kroatien. (H)

Alberich (Bf. von Utrecht; † 784) – Laurentius O'Toole (Ebf. von Dublin; 1128–1180) – Bernhard Letterhaus (Märtyrer; 1894–1944)

15. November

Leopold von Österreich

Leopold III., Mgf. von Österreich (1075–1136), wird als Landespatron von Niederösterreich verehrt. Er wurde von Bf. Altmann von Passau erzogen und übernahm 1095 nach dem Tod seines Vaters die Markgrafschaft Österreich. Er führte seine Regierungsgeschäfte mit großer Klugheit und lenkte sein Land geschickt durch die Wirren des Investiturstreites, bei dem er auf Seiten des Papstes stand. Aus seiner Ehe mit Agnes, einer Tochter Ks. Heinrichs IV., gingen 18 Kinder hervor. Zwei seiner Söhne wurden Bischöfe, nämlich Otto von Freising und Konrad II. von Salzburg. Seine besondere Sorge galt Klöstern und Stiften. So gründete er die Zisterzienserabtei Heiligenkreuz bei Wien, das Stift Klosterneuburg (als Säkularkanonikerstift mit Augustiner-Chorherren) und war wesentlich an der Err. der Benediktinerabtei Klein-Mariazell im Wienerwald beteiligt. 1125 lehnte er die röm.-dt. Königskrone ab. Er starb bei einem Jagdunfall. (B)

Er ist Patron von Niederösterreich und der Winzer. An diesem Gedenktag gibt es die Bauernregel: „Der heilige Leopold, ist dem Altweibersommer hold."

Albert der Große

Albert der Große, auch Albertus Magnus genannt, (um 1200–1280) gilt als der größte dt. Philosoph und Theologe des Mittelalters. Er studierte in Padua und trat in den Dominikanerorden ein. Nach Vollendung seiner Studien wirkte er als theologischer Lehrer an verschiedenen Schulen seines Ordens, u. a. in Köln, wo auch Thomas von Aquin *[28. 1.]* sein Schüler war. Von 1260–1262 ordnete er als Bf. von Regensburg die dortigen Verhältnisse und wirkte dann 1263/64 auf Wunsch des Papstes Urban IV. als Kreuzzugsprediger. 1270 kehrte er nach Aufenthalten in Würzburg und Straßburg wieder nach Köln zurück, wo er zehn Jahre später starb. Albert besaß umfassende theologische, philosophische und naturwissenschaftliche Kenntnisse und wurde schon zu Lebzeiten „der Große" genannt. Auf ihn geht im Wesentlichen die Einführung des aristotelischen Gedankengutes in die mittelalterliche Philosophie zurück. Aufgrund seines hohen Ansehens in Köln war er dort mehrfach Vermittler zwischen den Kölner Erzbischöfen und der Stadt. (B)

Er ist Patron der Theologen, Philosophen, Naturwissenschaftler, Medizintechniker, Studenten und Bergleute. An seinem Tag gibt es die Wetterregel: „An Albertus Sonnenschein – tritt ein harter Winter ein."

Desiderius (Bf. von Cahors; um 590–655) – Fintan (Findanus) von Rheinau (Einsiedler; um 803–um 878) – Rochus (Roque) González de Santa Cruz (Märtyrer; 1576–1628)

16. November

Otmar

Otmar (um 689–759) gilt als Erbauer des Klosters St. Gallen (Schweiz) und als dessen erster Abt. Er wurde später aufgrund von Verleumdungen abgesetzt und verurteilt, konnte jedoch entkommen. (H)

Er ist Patron der Winzer sowie gegen Kinderkrankheiten und Krankheiten allgemein. Für diesen Tag gibt es die Bauernregel: „Um Sankt Otmar, es gern schneien mag."

Margareta von Schottland

Margareta (um 1044–1093) war Kg. von Schottland und wird dort als Patronin verehrt. Sie wurde in Ungarn geboren und war die Tochter des aus England vertriebenen Eduard Atheling und der ungarischen Prinzessin Agatha. Mit zehn Jahren kam Margareta an den englischen Königshof und wurde dort erzogen. Nach der Eroberung Englands durch die Normannen floh sie nach Schottland und heiratete dort um 1070 den schottischen Kg. Malcolm III. Sie war eine gute Landesmutter, die sich für eine bessere Volksbildung einsetzte und die Armen unterstützte. Aus tiefem Glauben heraus reformierte sie das kirchliche Leben in Schottland, schaffte alte keltische Bräuche ab und förderte die christliche Erziehung. Auf sie geht die Gründung der Abtei Dumferline zurück. Bis zur Kalenderreform von 1969/70 war der 10. Juni ihr Gedenktag, für den es zahlreiche Bauernregeln gibt (siehe dort). (B)

Eucherius (Bf. von Lyon; um 380–um 450) – Edmund von Abingdon (Ebf. von Canterbury; um 1175–1240)

17. November

Salome

Salome, auch Salomea, (1210–1268) war die Tochter des Hz. von Krakau und ehelichte einen ungarischen Prinzen. Nach dessen Tod trat sie in ein polnisches Klarissenkloster ein, dessen Äbtissin sie wurde. (H)

Zu ihrem Tag gibt es die Wetterregel: „Sankt Salome – bringt Reif und Schnee."

Gertrud von Helfta

Gertrud von Helfta (1256–1302) gehört mit Mechthild von Magdeburg *[15. 8.]* und Mechthild von Hackeborn (1241–1299) zu den großen dt. Mystikerinnen. Seit ihrem fünften Lebensjahr lebte sie im Zisterzienserinnenkloster Helfta, wo sie von der Äbtissin Gertrud von Hackeborn (1231–1291), der Schwester der hl. Mechthild von Hackeborn, eine gute theologische Ausbildung erhielt. Die Christusverbundenheit Gertruds vertiefte sich seit 1281 durch mystische Erlebnisse, die sie ab 1289 aufzuschreiben begann. Sie sind (z. T. nach ihrem Tode) in den fünf Büchern des *Legatus divinae pietatis* („Gesandter der göttlichen Liebe") zusammengestellt. Ein anderes wichtiges Hauptwerk sind die *Exercitia spiritualia* („Geistliche Übungen"). Ihre Schriften enthalten zahlreiche Gedanken über das Geheimnis der Eucharistie und des Herzens Jesu. Auszüge davon fanden Aufnahme in das erbauliche Schrifttum und beeinflussten die katholische Frömmigkeit des 16. –19. Jh. Zahlreiche Anrufungen der heutigen Herz-Jesu-Litanei gehen auf sie zurück. Ihre Liebe zu Christus fand eine Entsprechung in ihrer Liebe zu ihren Mitmenschen, denen sie eine geduldige Zuhörerin, Ratgeberin und Trösterin war. Ihr Gedenktag ist eigentlich der 16. November (Todestag), im dt.-spr. Raum dieser Tag. (B)

Für diesen Tag gibt es die Bauernregel: „Tummeln sich an Gertrud Haselmäuse, so ist es weit mit des Winters Eise."

Gregor (Ebf. von Tours; 538/39–594) – Hilda von Whitby (Äbtissin; 614–680) –Florinus vom Vinschgau (6./7. Jh.) – Hugo (Bf. von Lincoln; um 1140–1200?)

18. November

Weihe der Basiliken St. Peter und St. Paul zu Rom

Die Basiliken St. Peter und St. Paul zählen zu den sieben Haupt-Pilgerkirchen von Rom. Im 4. Jh. begann Ks. Konstantin mit dem Bau der Basiliken über den Gräbern der Apostel Petrus und Paulus *[29. 6.]*. Im Laufe der Jahrhunderte wurden beide Kirchen mehrfach restauriert. Der Grundstein für den heutigen Petersdom wurde 1506 gelegt. Er wurde am 18. November 1626 von Papst Urban VIII. eingeweiht. Besonders beeindruckend ist die von Michelangelo entworfene hohe Kuppel des Petersdoms, die eines der berühmtesten Wahrzeichen Roms ist. Die alte St.-Pauls-Basilika lag außerhalb der Stadtmauer des antiken Roms. Sie fiel 1823 einem Brand zum Opfer, wurde dann aber wieder aufgebaut und 1854 von Papst Pius IX. *[7. 2.]* eingeweiht. Hier befinden sich die Portraits aller Päpste, hier kündigte Johannes XXIII. *[11. 10.]* am 25. Januar 1959, dem Fest der Bekehrung Pauli, die Einberufung des II. Vatikanischen Konzils an. Hier eröffnete Papst Benedikt XVI. am 28. Juni 2008 gemeinsam mit dem orthodoxen Patriarchen von Konstantinopel, Bartholomaios I., das Paulusjahr. (B)

Karolina Kózka

Karolina Kózka (Kózkówna) (1898–1914) wurde in Wał-Ruda bei Tarnów in dem damals zu Österreich gehörenden Königreich Galizien geboren. Ihre Eltern waren fromme Bauern. 1912 beendete sie die damals in Österreich vorgesehene achtjährige Volksschule und half in der Folge ihrem Onkel in einem Kulturzentrum. Zu Beginn des Ersten Weltkrieges wurde die österreichisch-ungarische Armee in Galizien von den Russen zurückgedrängt. Im November 1914 erreichte die Front die Gegend von Tarnów, wo sie sich dann stabilisierte. Ein russischer Soldat drang in das Haus der Familie Kózkówna ein und trieb Karolina und deren Vater in den Wald, ließ aber ihn laufen. Karolina rannte weiter in den Wald hinein, doch der Soldat holte sie ein. Beim Versuch, sie zu vergewaltigen, wehrte sie sich, wurde dabei schwer verletzt und stürzte zu Boden. Sie verblutete im Wald.

Ihre Leiche fand man erst zwei Wochen später. Sie wurde bald in der Region verehrt. Sie steht stellvertretend für die vielen Frauen, die ein ähnliches Schicksal damals und dann vor allem 1945 erleiden mussten. (H)

Romanus von Cäsarea (Märtyrer; † 303) – Odo (Abt von Cluny; um 878/79–942) – Gerung (Abt von Roggenburg; † 1170)

19. November

Elisabeth von Thüringen

Elisabeth (1207–1231), die Patronin konkreter Nächstenliebe, ist eine der volkstümlichsten unter den dt. Heiligen. Sie war die Tochter des Kg. Andreas II. von Ungarn und seiner Gemahlin Gertrud von Andechs. Bereits mit vier Jahren kam sie als Verlobte des Landgrafen von Thüringen auf die Wartburg, wo sie von ihrer späteren Schwiegermutter, der frommen Landgräfin Sophie, erzogen wurde. Mit 14 Jahren wurde sie mit Landgraf Ludwig IV. vermählt. Aus der glücklichen Ehe gingen drei Kinder hervor. Elisabeth kümmerte sich großzügig um Arme und Kranke. Während des Hungerjahres 1226 verteilte sie Güter und Getreide aus den eigenen Kornkammern an die Armen. Die Legende vom „Rosenwunder" erzählt, Ludwig habe sie auf einem Gang zu den Armen angehalten, um ihren Korb zu kontrollieren. Als sie das Tuch von dem Korb hob, seien aus dem Brot im Korb Rosen geworden. Diese Legende ist zwar sehr bekannt, aber wenig glaubwürdig, da Ludwig Elisabeth in ihrer Sorge für die Armen stets unterstützte. 1227 erlag er auf einem Kreuzzug einer Seuche. Aus ihrem Witwenerbe, das ihr Schwager Heinrich Raspe ihr zunächst verweigerte hatte, ließ Elisabeth in Marburg als Zufluchtsstätte für Kranke, Leidende und Hungrige ein Hospital bauen. Sie benannte es nach dem von ihr verehrten Franz von Assisi *[4. 10.]*. Hier verrichtete sie als Franziskaner-Terziarin die niedrigsten Arbeiten. Daneben unterwarf sie sich strengsten Bußübungen, die ihr Seelenführer und Beichtvater Konrad von Marburg, ein rauer Asket, ihr zeitlebens auferlegte. Völlig entkräftet starb sie mit 24 Jahren. Wegen ihrer großen Nähe zu Gott wird sie auch als Mystikerin verehrt.

Ihr Gedenktag ist eigentlich der 17. November, im dt.-spr. Raum ist es der 19. November. (B)

Sie ist Patronin der Witwen und Waisen, Bettler, Kranken, unschuldig Verfolgten und Notleidenden, der Bäcker, der Spitzenklöpplerinnen sowie der Caritas-Vereinigungen. Für diesen Tag gibt es die Wetterregel: „Sankt Elisabeth sagt an, was der Winter für ein Mann."

Mechthild von Hackeborn (Mystikerin; 1241/42–1299)

20. November

Bernward

Bernward (um 960–1022) entstammte einer sächsischen Adelsfamilie und wurde in der Domschule von Hildesheim erzogen. Nach seiner geistlichen Ausbildung wurde er zum Priester geweiht und in der Folge von der Kaiserin-Witwe Theophanu zum Erzieher des Kind-Königs Otto III. gemacht. 993 wurde er zum Bf. von Hildesheim gewählt. Er kümmerte sich um die Disziplin des Klerus, und sein Augenmerk galt besonders den Armen. Er war kunstbeflissen und förderte besonders die bildenden Künste. So legte er 1007 den Grundstein für die (nunmehr evangelische) St.-Michaelis-Kirche in Hildesheim, wo er auch begraben ist. Er gründete zahlreiche Klöster und andere Kirchen. Aufgrund seiner Herkunft war er auch in die Politik der sächsischen Ks. Otto III. und Heinrich II. involviert. (H)

Edmund von Ostanglien (Kg., Märtyrer; 841–um 870)

21. November

Gedenktag Unserer Lieben Frau in Jerusalem – Mariä Opferung

Der marianische Gedenktag „Unserer Lieben Frau in Jerusalem", wie er offiziell heißt, hat seinen Ursprung vermutlich in der Weihe der Kirche S. Maria Nova in Jerusalem am 21. November 543. Das spätere „Gedächtnis der Darstellung der sel. Jungfrau Maria" geht auf eine legendenhafte Erzählung im apokryphen Jakobusevangelium zurück. Dieser zufolge soll Maria mit drei Jahren durch ihre Eltern Anna und Joachim dem Tempel von Jerusalem übergeben worden sein, um für Tempeldienste ausgebildet zu werden. Seit dem 6. Jh. wird im Osten ein solches Fest gefeiert. In Rom wurde es in der Folge unter dem Titel „Mariä Opferung" (*In Praesentatione B. M. V.*) gefeiert, was historisch gesehen nicht nachweisbar ist. Die neue Bezeichnung „Gedenktag Unserer Lieben Frau von Jerusalem" erinnert an den Aufenthalt Marias in Jerusalem. (H)

Für diesen Tag gibt es zahlreiche Bauern- und Wetterregeln, u. a.: „Wenn an Mariä Opferung die Bienen fliegen, werden wir ein Hungerjahr kriegen", „Mariä Opferung klar und hell, naht ein strenger Winter schnell".

Rufus von Rom (1. Jh.) – Maurus (Bf. von Parenzo [Poreč], Märtyrer; † 313) – Gelasius I. (Papst; † 496) – Amalberga (Äbtissin von Susteren; † um 900)

22. November

Cäcilia

Über Cäcilia (um 200–230?) wissen wir nur aus Legenden. So soll sie im 3. Jh. mit ihrem Mann Valerian und dessen Bruder Tiburtius den Märtyrertod erlitten haben. Beide soll sie zuvor zum Christentum bekehrt haben. Weiter erzählt die Legende, dass sie zwar mit Valerian vermählt worden sei, dieser sich jedoch überzeugen ließ, ihr Gelöbnis der Jungfräulichkeit zu respektieren. Später wurde Cäcilia mit der Stifterin der Cäcilienkirche in Trastevere/Rom gleichgesetzt. Ihre Verbindung mit der Kirchenmusik entstand vermutlich durch einen Übersetzungsfehler, nach dem sie auf ihrer Hochzeit selbst die Wasserorgel gespielt oder gesungen haben soll. (B)

Sie ist Patronin der Kirchenmusik sowie der Organisten, Orgelbauer, Sänger, Musiker und Dichter. Für diesen Tag gibt es die Wetterregel: „Wenn's Sankt Cäcilia schneit, hält der Winter sich bereit."

Philemon von Kolossa (Märtyrer; 1. Jh.)

23. November

Clemens I.

Clemens (Klemens) I. (um 50–97 oder 101) war von 92–101 der vermutlich dritte Nachfolger des Petrus als Gemeindevorsteher von Rom und zählt zu den apostolischen Vätern. Nach der Überlieferung wurde er von Barnabas bekehrt und ist möglicherweise der im Philipperbrief (Phil 4,3) erwähnte Paulusschüler. Von den ihm zugeschriebenen Schriften ist wohl nur der 1. Clemensbrief echt, in dem er die Korinther zu Eintracht und Ordnung ermahnt. Dieser Brief, in dem Clemens nicht als Absender genannt wird, ist eine wichtige Informationsquelle über Leben, Lehre und Organisation der frühen Christenheit. Nach der Legende wurde Clemens von Ks. Trajan mit vielen anderen Christen zur Zwangsarbeit in die Marmorsteinbrüche auf der Krim verbannt und soll dort mit einem Anker um den Hals ins Meer gestürzt worden sein. (B)

Er ist Patron der Seeleute, Hutmacher, Bergleute, Steinmetze, der Kinder, bei Sturm und Gewitter sowie gegen Wassergefahren und Kinderkrankheiten. Zu diesem Tag gibt es die Bauernregel: „Dem heil'gen Klemens traue nicht, denn selten zeigt er mild's Gesicht.“

Kolumban

Kolumban (um 542–615) war ein irischer Wandermönch und Missionar. Er lebte 30 Jahre als Mönch der Klosters Bangor in Nordirland, wo er zunächst Schüler, später Lehrer war. 591 zog er mit zwölf Gefährten (darunter dem hl. Gallus *[16. 10.]*) nach Gallien. Überall, wo er wirkte, gründete er Klöster, u. a. das berühmte Kloster Luxeuil in Burgund, das für die weitere Entwicklung des abendländischen Christentums wichtig wurde. Er gab seinen Klöstern eine überaus strenge Regel, die vom Geist des irischen Mönchtums beeinflusst war und alle anderen Ordensregeln allmählich verdrängte. Später wurde diese Regel dann durch die mildere Benediktinerregel abgelöst. Da Kolumban an iroschottischen Kirchenbräuchen festhielt, kam es zwischen ihm und den burgundischen Bischöfen zu einem Streit über den Ostertermin. Als er den burgundischen Kg. Theuderich II. tadelte, weil dieser im Konkubinat lebte, wurde Kolumban des Landes verwiesen. Er zog weiter rheinaufwärts und wirkte zwei Jahre in Bregenz bzw. in der Gegend am Bodensee. Dann wanderte er weiter nach Oberitalien. Dort gründete er 612 die Abtei Bobbio, wo er bis zu seinem Tode lebte. (B)

Er ist Patron gegen Geisteskrankheiten und Überschwemmungen. An diesem Tag gibt es die Wetterregel: „Sankt Kolumban, kündigt den Winter an.“

Felicitas von Rom (Märtyrerin; † um 166) – Detlev von Parkentin (Bf. von Ratzeburg; † 1419)

24. November

Andreas Dung Lac und Gefährten

Andreas (um 1785–1839), der Patron Vietnams, ist ebenso wie seine Gefährten ein vietnamesischer Märtyrer. Als Sohn armer nichtchristlicher Eltern kam er mit zwölf Jahren nach Hanoi, wo er von katholischen Katecheten erzogen wurde. Später wurde er selbst Katechet, studierte Theologie und wurde 1823 zum Priester geweiht. Bei der Christenverfolgung unter Ks. Minh-Mang wurde er 1835 mit anderen Christen ins Gefängnis geworfen. Durch Lösegeldzahlungen seiner Gemeinde kam er frei und arbeitete unter anderem Namen in einer neuen Gemeinde. Er wurde erneut verhaftet, wiederum ausgelöst, dann aber endgültig inhaftiert, gefoltert und schließlich enthauptet. Ein ähnliches Schicksal erlitten 116 andere Märtyrerinnen und Märtyrer, derer ebenfalls an diesem Tag gedacht wird. (B)

Chrysogonus (Märtyrer; † 303) – Flora von Córdoba (Märtyrerin; 8. Jh.) – Albert (Bf. von Lüttich; um 1166–1192)

25. November

Katharina von Alexandria

Katharina († um 300) soll unter Ks. Maxentius in Alexandria das Martyrium erlitten haben. Mit der hl. Barbara *[4. 12.]* und der hl. Margareta *[20. 7.]* gehört sie zu den „Drei heiligen Jungfrauen". Außerdem zählt sie zu den Vierzehn Nothelfern. Von ihrem Leben und Sterben weiß man nur aus Legenden. Sie soll eine reiche, schöne und hochgebildete Frau gewesen sein, die sich mutig bei Ks. Maxentius für die Christen eingesetzt habe. Die Legende erzählt weiter, der Ks. habe die wortgewandte junge Frau, die sich weigerte, den Götzen zu opfern, in einem Disput gegen 50 heidnische Philosophen antreten lassen. Katharina sei dabei so überzeugend aufgetreten, dass die heidnischen Gelehrten sich allesamt zum Glauben bekehrt hätten und deshalb getötet worden seien. Katharina selbst habe der Ks. foltern und schließlich enthaupten lassen. Dann seien Engel gekommen, berichtet die Legende, und hätten sie zum Sinai getragen. Dort wurde später das weltberühmte Katharinenkloster erbaut. (B)

Sie ist Patronin der Jungfrauen, Nonnen, Ehefrauen, der Theologen, Lehrer und Studenten, Bibliothekare, Bäcker, Buchdrucker, Anwälte, Schuhmacher, Friseure, Näherinnen, der Hochschulen, bei Migräne, Kopfschmerzen und Krankheiten der Zunge sowie für die Auffindung Ertrunkener. Für diesen Tag gibt es zahlreiche Bauernregeln, u. a.: „Wie der Tag zu Sankt Kathrein, wird auch der Neujahrstage sein", „Sankt Kathrein, lässt den Winter rein", „Sankt Kathrein, stellt den Tanz ein".

Petrus (Bf. von Alexandria; † 311)

26. November

Konrad

Konrad (um 900–975) stammte aus dem Welfengeschlecht. Seine geistliche Ausbildung erhielt er an der Domschule zu Konstanz. 934 wurde er zum Bf. von Konstanz gewählt. An der Weihe nahm der hl. Ulrich von Augsburg *[4. 7.]* teil, mit dem ihn eine lebenslange Freundschaft verband. Konrad verwaltete sein Btm. klug und besonnen. Einen großen Teil seines Vermögens gab er zur Einrichtung von Kirchen und Hospitälern aus. Dreimal machte er eine Pilgerreise nach Rom. Er starb nach mehr als vierzigjähriger Amtszeit. (B)

Zu Konrad gibt es eine Bauernregel: „An Konrad steht kein Mühlenrad, weil der ja immer Wasser hat.

Siricius (Bf. von Rom; † 399) – Silvester Guzzolini (Abt; um 1177–1267)

27. November

Bilhildis von Altmünster

Bilhildis von Altmünster († um 734) wurde in Hochheim, heute Veitshöchheim, bei Würzburg als Tochter eines Grafen geboren. Nach der nach 1060 verfassten legendenhaften Lebensbeschreibung hat sie einen heidnischen Franken-Hz. geheiratet. Als dieser in den Krieg ziehen musste, sei sie zu ihrem Onkel, dem Ebf. von Mainz, gereist und hätte dort das Kind geboren, das aber schon bald verstorben sei. Auch nach der Rückkehr ihres Mannes blieb sie in Mainz. Nach dessen Tod verwendete sie das Erbe für die Armen und gründete das Benediktinerinnenkloster Altmünster, dem sie als Äbtissin vorstand. Ihr Tod ist von legendenhaften Wundererzählungen umrahmt. Ihre Verehrung in Mainz ist erstmals um 1000 bezeugt. In Mainz steht heute am Ort des ehemaligen Klosters die evangelische Altmünsterkirche. (H)

Jakob der Zerschnittene (Märtyrer; † 421) – Oda von Brabant (Einsiedlerin; † um 726)

28. November

Jacobus de Marchia

Jacobus de Marchia (Jakobus Picéni della Marca) (um 1394–1476) wurde in Monteprandone bei Ancona geboren. Er trat 1416 in den Franziskanerorden ein und wurde Schüler von Bernhardin von Siena *[20. 5.]*. Von 1426 an wirkte er als Volksprediger und gründete gegen den Wucher mehrere Darlehenskassen, sogenannte *Montes pietatis*. In Cardagnano bei Sarnano fällte er zwei alte Eichen eines heidnischen Kultes und ersetzte sie durch den Kult der Madonna der Eichen. Auch im damals ungarischen Großwardein (ungarisch Nagyvárad, heute Oradea in Rumänien) fällte er 1436 eine heidnische Kulteiche. 1437 wurde er Inquisitor und Ordenskommissar für Ungarn und Böhmen, wo er energisch gegen die Hussiten auftrat. 1462 führte die Osterpredigt von Jacobus zu einer theologischen Kontroverse, bei der Papst Pius II. vergeblich zu vermitteln versuchte. (H)

29. November

Saturnin(us)

Saturninus († nach 250) war der erste Bf. von Toulouse, wo er von einem wilden Tier zu Tode geschleift wurde. (H)

Er ist Patron gegen Kopfschmerzen, Blattern, Pest, Todesangst und Ameisenplage sowie für eine gute Sterbestunde. Zu diesem Tag gibt es die Bauernregel: „An Saturnin – zieht der Herbst dahin."

Friedrich von Regensburg

Friedrich († 1329) stammte aus Regensburg und trat dort als Laienbruder in das Augustiner-Eremitenkloster ein, wo er als Tischler arbeitete. Sein Leben ist nur in Legenden überliefert, jedoch wurde er schon zu seinen Lebzeiten von der Bevölkerung verehrt. Bald nach seinem Tod, vor allem dann im 15. und 16. Jh., wurde sein Grab Ziel zahlreicher Wallfahrten. (H)

Radbod (Bf. von Utrecht; um 850–917) – Jolanda von Aywières (Benediktinerin, † um 1246) ·

30. November

Andreas

Andreas gehörte zuerst zu den Jüngern von Johannes dem Täufer *[24. 6. und 29. 8.]* und kam über ihn zu Jesus. In der Folge brachte er seinen Bruder Simon Petrus *[29. 6.]* zu Jesus. Beide gehörten zum engeren Jüngerkreis. Später wirkte Andreas in den Gebieten um das Schwarze Meer und in Griechenland. Am 30. November 60 oder 62 soll er in Patras das Martyrium erlitten haben. Der Legende nach geschah das an einem X-förmigen Kreuz (Andreaskreuz). Im 4. Jh. wurden seine angeblichen Gebeine, die in Patras waren, in die Apostelkirche von Konstantinopel gebracht. Darauf beruht die Err. des Patriarchats von Konstantinopel. Das Haupt des Apostels kam 1462 nach Rom und wurde unter Paul VI. während des II. Vatikanums 1964 als Geste ökumenischer Verbundenheit nach Patras zurückgegeben. (H)

Er ist Patron der Fischer und Fischhändler, Bergleute und Metzger; für Eheglück und Kindersegen; gegen Gicht, Halsschmerzen und Rotlauf (Andreaskrankheit) sowie des Ordens vom Goldenen Vlies. Zu diesem Tag gibt es Bauernregeln, u. a.: „Andreas hell und klar, bringt ein gutes Jahr", „Andreasschnee – tut Korn und Weizen weh".

Letzter Sonntag im Kirchenjahr – Christkönigssonntag

Pius XI. führte 1925 dieses Fest ein, und zwar zuerst am letzten Sonntag im Oktober. Christus der König sollte einen deutlichen Kontrast zur staatlichen Macht darstellen. Vor allem in der Zeit des Nationalsozialismus war das Bekenntnis zu Christus als dem König eine klare Demonstration. Ein Grund, das Christkönigsfest im Heiligen Jahr 1925 einzuführen, war auch die Erinnerung an das Konzil von Nizäa im Jahre 325, also vor 1600 Jahren. Bei der Kalenderreform 1969/70 wurde das Christkönigsfest auf den letzten Sonntag im Kirchenjahr verlegt. (H)

Advent

Die Adventszeit – auch „kleine Fastenzeit" genannt – hat ihr Vorbild in der vorösterlichen Fastenzeit. Diese ist dem Hochfest Ostern gleichsam Vorbereitungszeit (Buße und Fasten) vorgeschaltet, wobei hier der 40-tägige Wüstenaufenthalt von Jesus die biblische Anregung lieferte. Der Advent (lat. *adventus* = Ankunft) entstand im 7. Jh. Die Festlegung auf vier Wochen bzw. Sonntage hat ihren Ursprung in der biblischen Berechnung, dass zwischen der Erschaffung der Menschen und der Geburt Jesu ca. 4000 Jahre liegen. Ursprünglich war die Adventszeit ebenfalls eine Fasten- und Bußzeit, doch dieser Charakter ist völlig verschwunden. Lediglich die liturgische Farbe violett und das Entfallen des Gloria in der Messliturgie erinnern daran. In den westlichen Industriegesellschaften ist die Adventszeit vom vorweihnachtlichen Kommerz geprägt. (H)

1. Dezember

Eligius

Eligius (um 588–660) war zuerst Goldschmied und Münzmeister bei den Merowingerkönigen. 639 wurde er Priester und kurz danach Bf. von Tours sowie 641 Bf. von Noyon. (H)

Er ist Patron der Knechte und Bauern, der Gold-, Silber- und Hufschmiede, Bergleute, Münzmeister, Uhrmacher, Graveure, Kutscher, Pferdehändler und Tierärzte, der Pächter sowie gegen Pferdekrankheiten. Zu diesem Tag gibt es die Wetterregel: „Hat Eligius kalt, wird der Winter alt.“

Charles de Foucauld

Charles Eugène Vicomte de Foucauld (1858–1916) wurde in Straßburg als Sohn eines frz. Adeligen geboren. Wegen seines ausschweifenden Lebenswandels musste er das Jesuitengymnasium in Paris verlassen. Danach besuchte er die elitäre Offiziersakademie in Saint-Cyr. 1880 wurde er nach Algerien versetzt, war tief beeindruckt von der Schönheit der Wüste und lernte Arabisch. Aber wegen seines Lebenswandels musste er die Armee verlassen. Er bereiste dann monatelang Marokko und Algerien, wobei ihn der Islam beeindruckte. Dadurch fand er zum Christentum zurück. 1890 trat er nach einer Pilgerreise ins Heilige Land ins Trappistenkloster Ikbis (Syrien) ein. Nach sieben Jahren trat er wieder aus und bereitete sich auf die Priesterweihe vor, die er 1901 erhielt. 1904 begab er sich in eine Oase an der algerisch-marokkanischen Grenze, wo er frz. Soldaten betreute und gegen die Sklaverei kämpfte. Ab 1905 lebte er in einer Hütte aus Lehm und Schilf. Von dort aus betreute er die Tuareg, unter denen er Nahrungsmittel und Medikamente verteilte. 1916 wurde er von aufständischen Senussi erschossen. Seine Pläne zur Gründung eines eigenen Ordens konnte er nicht mehr verwirklichen. Erst 1933 wurden die Gemeinschaften der „Kleinen Brüder Jesu“ und 1939 die der „Kleinen Schwestern Jesu“ gegründet. (H)

Nahum (AT) – Natalia (Natalie) von Nikomedien († nach 300) – Florentia von Comblé (Einsiedlerin; † nach 360)

2. Dezember

Habakuk

Habakuk heißt ein Prophet im Alten Testament und gehört zu den zwölf sog. Kleinen Propheten. Aufgrund sprachlicher und inhaltlicher Indizien dürfte er um 630 v. Chr. gewirkt haben. Bis zur Kalenderreform 1969/70 war der 15. Januar sein Gedenktag. Für diesen Tag gibt es Bauernregeln (siehe dort). (H)

Bibiana

Bibiana (um 352–367) erlitt als junges Mädchen unter Ks. Julian Apostata das Martyrium, nachdem sie monatelag gefoltert wurde. (H)

Sie ist Patronin gegen Kopfschmerzen, Epilepsie, Trunksucht und Unfälle. An diesem Tag gibt es die Wetterregel: „Gibt's Regen am Bibianatag, es noch vierzig Tage regnen mag."

Lucius

Lucius lebte vermutlich im 5./6. Jh. und missionierte in der Gegend um Chur. Der Überlieferung nach soll er der erste Bf. von Chur gewesen sein und das Martyrium durch Steinigung erlitten haben. Eine im 9. Jh. entstandene Legende hält ihn aufgrund einer Verwechslung für einen britischen Kg. Seine Gebeine ruhen in der ihm zu Ehren erbauten Ringkrypta von St. Luzi/Chur. Er ist der Patron von Chur. Sein Gedenktag ist eigentlich der 3. Dezember, dieser Tag aber im dt.-spr. Raum. (B)

Chromatius (Bf. von Aquileja; um 345–um 407) – Silverius (Papst; † 537)

3. Dezember

Franz Xaver

Franz Xaver (1506–1552) gilt als Begründer der Jesuitenmission. Er wuchs in Nordspanien auf, studierte in Paris Theologie und schloss sich dort 1533 Ignatius von Loyola *[31. 7.]* an. 1537 wurde er zum Priester geweiht und arbeitete 1539 mit Ignatius in Rom am Entwurf der Ordenssatzung für die Jesuiten. 1541 ging er als päpstlicher Legat nach Goa (Westindien). Dort missionierte er die einheimischen Perlfischer und erreichte eine Wiederbelebung des Christentums der portugiesischen Kolonialbevölkerung. Von 1549 bis 1552 missionierte er in Japan. Danach machte er sich auf, um in China zu missionieren, konnte aber nicht einreisen. Nach kurzer schwerer Krankheit starb er auf der Insel Sancian (Santschau) vor Kanton. Franz Xaver ist einer der Vorreiter neuzeitlicher christlicher Mission. Er lebte mit den Einheimischen, lernte ihre Sprache und passte sich ihren Lebensgewohnheiten und ihrer Kultur an. Mit den Briefen, in denen er nach Rom von seiner Arbeit berichtete, weckte er im ganzen Abendland Begeisterung für die Mission. (B)

Er ist Patron der Missionare, der Mission, besonders der im Osten, der katholischen Presse, der Seefahrer, gegen Sturm und Pest sowie für eine gute Sterbestunde. Zu seinem Tag gibt es die Bauernregel: „Franz Xaver – bringt den Winter her."

Cassian (Märtyrer; † 298) – Modestus von Kärnten (Chor-Bf. von Maria Saal; † 772) – Emma von Lesum (um 982–1038)

4. Dezember

Barbara

Barbara († 306?) wurde als jungfräuliche Märtyrerin in Nikomedien (heute İzmit in der Türkei) verehrt. Um ihre Gestalt ranken sich zahlreiche Legenden, es gibt jedoch keine historischen Belege über ihre Lebensgeschichte. Der Überlieferung nach lebte sie als Tochter einer reichen heidnischen Familie im 3./4. Jh. noch zur Zeit der Christenverfolgung. Wegen ihrer Schönheit und Klugheit soll sie von vielen Männern umworben worden sein. Sie habe sich auf der Suche nach dem Sinn ihres Lebens an die verborgene Christengemeinde gewandt und sei Christin geworden. Der Vater soll sie daraufhin in einen Turm eingesperrt haben. Da sie aber nicht von ihrem Glauben abließ, habe er sie vor Gericht gebracht. Nach schrecklichen Foltern sei sie dann schließlich durch die Hand des Vaters enthauptet worden. Daraufhin habe ein Blitz den Vater erschlagen. Barbara zählt zu den Vierzehn Nothelfern. Nach einem alten Brauch werden an ihrem Gedenktag kahle Zweige („Barbarazweige") ins Wasser gestellt, sodass sie zu Weihnachten blühen – vielfach als Symbol gedeutet für das Leben, das in Jesus aus der „Wurzel Jesse" aufgeblüht ist. (B)

Sie ist Patronin der Artillerie, der Bergleute, Architekten, Maurer, Dachdecker, Elektriker, Glockengießer, Feuerwehrleute, Totengräber, Hutmacher, Waffenschmiede, Buchhändler, Goldschmiede, der Mädchen, Gefangenen, für eine gute Todesstunde sowie gegen Gewitter, Feuersgefahren, Fieber, Pest und jähen Tod. Zu ihrem Tag gibt es zahlreiche Bauern- und Wetterregeln, u. a.: „Barbara im weißen Kleid, verkündet gute Sommerzeit", „Kirschenzweige schneiden an Barbara, Blüten sind zur Weihnacht da", „Wie der Barbaratag sich stellt, das Wetter sich am Christtag hält".

Johannes von Damaskus

Johannes von Damaskus (um 645–749) erwarb sich bei der Nachwelt einen Namen als Gelehrter, Theologe, Prediger und Dichter. Er stammte aus einer arabisch-christlichen Familie und war zunächst wie sein Vater im Dienst des Kalifen tätig. Dann zog er sich um 675 in das Kloster Mar Saba bei Jerusalem zurück und wurde Berater des Patriarchen von Jerusalem, der ihn auch zum Priester weihte. Als anerkannte theologische Autorität seiner Zeit verfasste er eines der ersten Standardwerke der ostkirchlichen Theologie „Quelle der Erkenntnis". Im Bilderstreit stand er auf der Seite der Befürworter der Verehrung der Ikonen. Bei seinem Tod soll er 104 Jahre alt gewesen sein. 1890 wurde er zum Kirchenlehrer erhoben. Bis zur Kalenderreform von 1969/70 war der 27. März sein Gedenktag. (B)

Adolf Kolping

Adolf Kolping (1813–1865), auch der „Gesellenvater" genannt, war der Gründer des später internationalen Kolpingwerks und ein bedeutender katholischer Volksschriftsteller. Kolping stammte aus einer kinderreichen Tagelöhnerfamilie in Kerpen bei Köln, deren religiös geprägtes Familienleben auf ihn einen bleibenden Eindruck machte. Nach einer Schuhmacherlehre kam er mit 18 Jahren als Geselle nach Köln. Die bedrückende Not der Handwerksgesellen bewog ihn, Schule und Studium nachzuholen und Priester zu werden, um helfen zu können. Als Kaplan in (Wuppertal-)Elberfeld wurde er Präses eines dortigen Gesellenvereins. In Anlehnung an dieses Vorbild gründete er 1849 als Domvikar in Köln einen Gesellenverein, der Grundlage und Modell aller späteren derartigen Einrichtungen wurde. Die Gesellenvereine sollten durch soziale Unterstützung sowie Freizeit- und Bildungsangebote für wandernde Handwerker eine Art Familienersatz werden. Es folgten zahlreiche Neugründungen, aus denen das Kolpingwerk entstand, das heute in zahlreichen Ländern vertreten ist. (B)

Heraklas (Bf. von Alexandria; † 247) – Sola (Solas, Sualo) († 794) – Osmund (Bf. von Salisbury; † 1099) – Bernhard (Bf. von Parma; um 1060–1133)

5. Dezember

Anno von Köln

Anno II. von Köln (um 1010–1075), einer der bedeutendsten Kölner Erzbischöfe, war der Sohn eines verarmten schwäbischen Ritters. Er war Schüler, später dann Leiter der Domschule in Bamberg, Propst in Goslar und Kaplan am Hofe Ks. Heinrichs III., der ihn 1056 zum Ebf. von Köln erhob. Nach dem Tod Heinrichs III. übernahm er nach einem Staatsstreich (1062) als Reichsverweser für den minderjährigen Heinrich IV. die Regierung. Er nutzte seinen Einfluss, um die königlichen Rechte zugunsten der Kurie zu beschneiden und das Papsttum zu stärken. Er wurde aber 1063 entmachtet, kehrte jedoch 1072 wieder zurück. Innerhalb seines Btm. förderte er das kirchliche Leben. Er erweiterte und sicherte das Ebtm. und stiftete Kirchen und Klöster. Armen gegenüber zeigte er sich großzügig, dagegen hart gegen die Kölner Bürger, die sich gegen ihn aufgelehnt hatten, sodass er 1074 aus der Stadt vertrieben wurde. Er wurde in der von ihm gegründeten nunmehr ehemaligen Benediktinerabtei in Siegburg beigesetzt. Der eigentliche Gedenktag ist der 4. Dezember, im dt.-spr. Raum ist es der 5. Dezember. (B)

Gerald

Gerald († 1109) stammte aus der Gascogne (Frankreich), trat in das Benediktinerkloster Moissac ein und wurde 1085 vom Ebf. von Toledo zu sich gerufen, um nach der Reconquista das kirchliche Leben wieder aufzubauen. 1096 wurde er zum Ebf. von Braga (Spanien). ernannt. (H)

Zu seinem Tag gibt es die Bauernregel: „Zu Sankt Gerald – wird es kalt."

Niels Stensen (Nicolaus Steno[nis])

Niels Stensen (1638–1686) wurde in Kopenhagen geboren sowie lutherisch getauft und studierte Medizin. Danach war er als Arzt und Naturforscher zuerst in Leiden (Niederlande) und dann in Paris tätig. Er war einer der angesehensten Wissenschaftler seiner Zeit und gilt als einer der Begründer der Paläontologie, Geologie und Mineralogie. Ein Jahr später konvertierte er zur katholischen Kirche, studierte Theologie und empfing 1675 die Priesterweihe. Danach war er in der Seelsorge tätig. 1677 wurde er auf Vorschlag des damals katholischen Herzogs von Hannover zum Apostolischen Vikar für die Nordischen Missionen in Skandinavien ernannt und im selben Jahr zum Weih-Bf. geweiht. Aus politischen Gründen gab er dieses Amt ab und war ab 1680 als Weih-Bf. in Münster tätig. Als 1683 die Wahl eines neuen FBf. von Münster anstand, lehnte er aufgrund seiner nicht zuletzt asketischen Lebensweise die damals üblichen Wahlkapitulationen und Ämterhäufung ab und ging als einfacher Seelsorger zuerst nach Hamburg-Altona und ein Jahr vor seinem Tod nach Schwerin. Er wurde in Florenz beigesetzt. Sein Gedenktag ist der

5. Dezember, das war sein Todestag nach dem Gregorianischen Kalender. In Norddtl. ist sein Gedenktag der 25. November, der Todestag nach dem damals dort noch im Gebrauch stehenden Julianischen Kalender. (H)

Crispina von Thagora (Märtyrerin; † 304) – Sabas (Abt von Mar Saba in Jerusalem; 439–532) – Reginhard (Reinhard) (Bf. von Lüttich; † 1037)

6. Dezember

Nikolaus

Nikolaus (270?–342?) wird im Osten und im Westen als einer der beliebtesten Volksheiligen verehrt. Über sein Leben wissen wir nur wenig Zuverlässiges, da Legenden, Brauchtum und Geschichte sich überlappen. Nach einer historisch nicht belegbaren Lebensgeschichte aus dem 6. Jh. war Nikolaus in der ersten Hälfte des 4. Jh. Bf. von Myra (heute Demre, Türkei). Während der Christenverfolgungen soll er gefangen genommen und gefoltert, später aber wieder freigelassen worden sein. Zahlreiche Legenden schildern ihn als Retter aus Notlagen. Während einer Hungersnot soll er Getreide beschafft haben. Nach einer anderen Legende hat er drei Mädchen zu einer Mitgift verholfen, indem er Geld in die am Kamin aufgehängten Strümpfe warf. Er wird in allerlei Notlagen angerufen und als Gabenbringer für die Kinder gefeiert. Noch mehr als der hl. Martin *[11. 11.]* ist Nikolaus ein fester Bestandteil des vorweihnachtlichen Brauchtums für Kinder geworden, der ihnen, von Haus zu Haus gehend, Gaben bringt, gelegentlich begleitet vom Knecht Ruprecht bzw. dem Krampus. In neuerer Zeit „degenerierte" er auch zum Weihnachtsmann. (B)

Er ist Patron der Kinder, der Jungfrauen, Frauen mit Kinderwunsch, der Ministranten, Feuerwehr, der Pilger und Reisenden, der Gefangenen, Diebe und Verbrecher, der Bettler; der Seeleute, der und Kaufleute, Bankiers, der Richter, Rechtsanwälte und Notare, der Apotheker, Bauern, Bäcker, Metzger, Bierbrauer, Wirte, Parfümhersteller und -händler, Schneider, Brückenbauer, Steinmetze, für glückliche Heirat und Wiedererlangung gestohlener Gegenstände sowie gegen Wassergefahren und Diebe. Zu seinem Tag gibt es zahlrei-

che Bauern- und Wetterregeln, u. a.: „Regnet's an Sankt Nikolaus, wird der Winter streng und graus", „Trockener Nikolaus, milder Winter rund um's Haus".

Asella von Rom (um 334–405) – Dionysia von Tunis (Märtyrerin; † 484)

7. Dezember

Ambrosius

Ambrosius (um 339–397) ist einer der vier großen lat. Kirchenväter. Er wurde als Sohn des röm. Präfekten in Trier geboren und trat zunächst ebenfalls in den staatlichen Dienst ein. Als er 374 nach dem Tod des Mailänder Bf. zwischen streitenden Parteien vermitteln wollte, wählte man ihn selbst zum Bf., obwohl er als Katechumene noch nicht getauft war. Fortan widmete er sich der Theologie, besonders dem Studium der griech. Väter. Er führte sein Bischofsamt mit großer Sorgfalt und Klugheit. Er erwies sich als guter Seelsorger und begnadeter Prediger, der den Glauben gegen den Arianismus verteidigte. Er dichtete Hymnen und führte sie in die Liturgie ein, um das Volk durch Wechselgesang stärker einzubinden. Er setzte sich dafür ein, dass die Kirche in Glaubensfragen unabhängig vom Staat war. Ambrosius gilt als geistiger Vater des Augustinus *[28. 8.]*, der sich auf seinen Einfluss hin von ihm taufen ließ. Partiell ist auch der 4. April (Todestag) als Gedenktag überliefert, an dem es Lostagsprüche gibt (siehe dort). (B)

Er ist Patron der Krämer, Imker, Wachszieher und Lebkuchenbäcker, der Bienen sowie des Lernens.

Sabinus (Bf. von Spoleto; Märtyrer † 303) – Fara (Burgundofara) (Äbtissin; 595–656) – Gerald (Bf. von Ostia; † 1077)

8. Dezember

Hochfest der ohne Erbsünde empfangenen Jungfrau und Gottesmutter Maria – Maria Unbefleckte Empfängnis

Im Dogma von der Unbefleckten Empfängnis Mariens (*immaculata conceptio*), das Papst Pius IX. *[7. 2.]* 1854 verkündete, heißt es, dass „vom ersten Augenblick ihrer Empfängnis an" von der Ursünde (Erbsünde) bewahrt blieb. Der 8. Dezember als Datum für dieses Fest bestimmte sich durch das Datum des älteren Festes Mariä Geburt am 8. September. Schon im 8. Jh. feierte man im Osten das Fest Mariä Empfängnis. Seit dem 11. Jh. übernahm man es von England her auch im Westen. Durchsetzen konnte sich der Festtag aber erst im 15. Jh. durch Papst Sixtus IV., der es 1477 als Hochfest einführte. (H)

Maria ist an diesem Tag Patronin der Tuchscherer, Böttcher und Tapezierer. Für diesen Tag gibt es die Wetterregel: „Maria im weißen Kleid, sagt an die Winterzeit."

Romarich (Abt von Remiremont; um 570–655) – Elfriede vom Hennegau (Märtyrerin; 8. Jh.–819)

9. Dezember

Johannes Jakob (Juan Diégo)

Johannes Jakob (Juan Diégo) Cuauhtatloatzin (um 1474–1548) wurde bei seiner Heiligsprechung (2002) von Papst Johannes Paul II. *[22. 10.]* ein „Protagonist der neuen mexikanischen Identität" genannt, der die Begegnung zweier Welten und Kulturen förderte. Juan Diégo wuchs in Mexiko als Sohn einfacher Indios auf. Nach der Christianisierung des Landes (ab 1521) ließ er sich 1524 taufen. Im Dezember 1531 erschien ihm vier Tage lang die Gottesmutter Maria in der Nähe eines von den spanischen Eroberern zerstörten Azteken-Heiligtums und ließ durch ihn den Bf. veranlassen, hier eine Kapelle zu bauen *[12. 12.]*. Ein Rosenwunder zerstreute die Zweifel des Bf. Diese Kapelle mit dem Gnadenbild der „Jungfrau von Guadalupe" wurde bald zum Ziel vieler Pilger. Von hier ging ein neuer starker Impuls für die Evangelisierung aus, in der die zentralen Elemente der einheimischen Kultur aufgenommen und mit der christlichen Botschaft verbunden wurden. Die letzten 17 Jahre seines Lebens verbrachte Juan Diégo als großer Beter, Büßer und eifriger Apostel der „Jungfrau von Guadalupe“ in einer kleinen Klause bei der Kapelle und gab den Pilgern unermüdlich Zeugnis von seiner Begegnung mit der Gottesmutter. (B)

Abel (AT) – Eucharius (Bf. von Trier; 3. Jh.) – Syrus (Bf. von Pavia; 4. Jh.) – Gorgonia von Nazianz (um 300–um 370)

10. Dezember

Gregor III.

Gregor III. († 741) stammte wahrscheinlich aus Syrien. Über sein Leben bis zu seiner Wahl zum Papst 731 gibt es keine gesicherten historischen Zeugnisse. In seiner Amtszeit eskalierte der Bilderstreit in der oström. Kirche. Ks. Leo III. hatte die Bilderverehrung verboten, Gregor III. forderte ihn auf, diese wieder zuzulassen. Das spitzte sich zu einem politischen Konflikt zu, in dem Teile Süditaliens von Ostrom besetzt wurden. Gregor wandte sich in der Folge dem Norden, d. h. den germanischen Völkern, zu. So ernannte er Bonifatius *[5. 6.]* zum Legaten für deren Mission und zum Ebf. (H)

Eulalia von Mérida (Märtyrerin; 292–304)

11. Dezember

Damasus I.

Damasus I. (um 305–384) war einer der bedeutendsten röm. Bischöfe der frühen Christenheit. Als er 366 zum Bf. von Rom gewählt wurde, bestimmte eine Minderheit gleichzeitig einen Gegenbischof: Ursinus. Die Auseinandersetzungen wurden mit Waffengewalt mit mehreren hundert Toten ausgetragen, und Ursinus wurde schließlich aus

Rom verbannt. Damasus bekämpfte Irrlehren und stärkte die Stellung der Kirche von Rom. Er strebte die Vorrangstellung des röm. Bf. vor allen anderen Bischöfen an, da er in diesem den legitimen Nachfolger des Apostels Petrus sah, dessen Grab in Rom war. Er verpflichtete als Verfechter des Zölibats verheiratete Priester zur Enthaltsamkeit. Er ließ den Kanon der neutestamentlichen Schriften festlegen und beauftragte Hieronymus *[30. 9.]* mit einer neuen lat. Bibelübersetzung (Vulgata), die bis heute maßgeblich geblieben ist. (B)

Er ist Patron gegen das Fieber. Für diesen Tag gibt es die Bauernregel: „Sankt Damasus, macht mit dem Nebel Schluss."

Sabinus (Bf. von Piacenza; † um 395) – Daniel Stylites (um 409–493) –

12. Dezember

Gedenktag Unserer Lieben Frau von Guadalupe

Gut zehn Jahre nach der Eroberung Mexikos durch die Spanier erschien dem bereits getauften Indio ***Juan Diégo*** *[9. 12.]* am 9. Dezember 1531 erstmals Maria als „dunkelhäutige liebe Frau" auf dem Berg Tepeyac, der inzwischen zum Großraum von Mexico-City gehört. Der zuständige Bf. bezweifelte zuerst die Echtheit der Erscheinung. Erst durch ein Rosenwunder am 12. Dezember wurde er überzeugt. Noch im gleichen Jahr ließ er eine Kapelle erbauen, in der das Gnadenbild Unserer Lieben Frau von Guadalupe verehrt wird. Wegen der vielen Pilgerströme wurde 1695 eine große Basilika err. Inzwischen ist Guadalupe mit jährlich ca. 14 Millionen Pilgern der meistbesuchter katholische Wallfahrtsort der Welt. Papst Johannes Paul II. *[22. 10.]* stellte Nord- und Südamerika unter den Schutz der Gottesmutter. Am 28. September 2002 erhob er den 12. Dezember zum Gedenktag für die gesamte Kirche. (H)

Vizelin (Bf. von Oldenburg; um 1090–1154)

13. Dezember

Luzia

Luzia (um 286–310?) zählte im Mittelalter zu den beliebtesten Heiligen. Dass sie tatsächlich gelebt hat, beweisen Grabfunde. Über ihr Leben gibt es aber nur Legenden. Sie wurde in Sizilien geboren. Der Legende nach hat sie schon sehr früh Jungfräulichkeit gelobt. Ihre Mutter habe sie aber mit einem heidnischen Mann verheiraten wollen und erst nach der wunderbaren Heilung von einer Krankheit auf Wunsch der Tochter davon Abstand genommen. Der enttäuschte Bräutigam soll das Mädchen deshalb beim Statthalter des Ks. Diokletian als Christin angezeigt haben. Nach grausamer Folterung habe sie dann den Märtyrertod erlitten. Luzia wird auch heute noch in einigen Ländern, darunter Italien und Schweden, besonders verehrt. Eine Legende erzählt, Luzia habe den Christen in den Katakomben Lebensmittel gebracht. Um beide Hände frei zu haben, habe sie auf dem Kopf einen Kranz mit brennenden Kerzen getragen. An diese Legende erinnert in Schweden am Luziatag der Brauch der Lichtträgerinnen. (B)

Sie ist Patronin der Armen, reuigen Dirnen, kranken Kinder; der Bauern, Schneider, Näherinnen, Kutscher, Dienerinnen, Notare, Anwälte sowie gegen Augenleiden, Halsschmerzen, Ruhr, Blutfluss, Infektionskrankheiten und Kinderkrankheiten. Luzia war bis zur gregorianischen Kalenderreform von 1582 der kürzeste Tag des Jahres (Wintersonnenwende), darauf spielen die nachstehenden Bauernregeln an:"Sankt Luzen – macht den Tag stutzen", „An Sankt Lucia, ist der Abend dem Morgen nah", „Von Luzia bis zur heiligen Nacht, der Tag sich einen Hahnenschrei länger macht".

Odilia (Ottilie)

Odilia (660–720) war die Tochter des elsässischen Herzogs Attich. Der Legende nach soll sie blind geboren worden sein und später bei der Taufe ihr Augenlicht wiedererlangt haben. Odilia wurde im Kloster Baumes-les-Dames erzogen. Mit ihrem Vater gründete sie am Beginn des 8. Jh. ein Kloster auf der Hohenburg bei Barr, das nach ihr benannte Kloster Odilienberg, dessen erste Äbtissin sie wurde. Später gründete sie am Fuße des Odilienberges die Frauenabtei Niedermünster, der ein Krankenhospiz angegliedert war. Odilias Grab am Odilienberg ist einer der bedeutendsten Wallfahrtsorte in Frankreich. Die dortige Quelle gilt als hilfreich bei Augenleiden. Zahlreiche katholische Blindeninstitute tragen noch heute ihren Namen. Sie ist Landespatronin des Elsass. (B)

Autbert(us) (Bf. von Cambrai; um 600–669) – Jodok (Jobst, Jost) (Einsiedler; um 620–um 669)

14. Dezember

Johannes vom Kreuz

Johannes vom Kreuz (1542–1591) gilt in der katholischen Kirche als wichtigster Vertreter der mystischen Theologie. Er stammte aus einem verarmten spanischen Adelsgeschlecht. 1563 trat er in den Karmeliterorden ein, studierte Philosophie und Theologie in Salamanca und wurde 1568 zum Priester geweiht. Teresa von Ávila *[15. 10.]* konnte ihn zur Mithilfe bei der Reform des Ordens gewinnen, dessen zunehmende Laxheit beiden missfiel. Daraus erwuchs eine lebenslange geistige Verbindung. Die strengen Reformvorstellungen stießen auf starken Widerstand und trugen Johannes Haft und Misshandlung ein. Auch die Trennung in „beschuhte" und den strengeren Zweig der „unbeschuhten" Karmeliten konnte die Auseinandersetzungen nicht endgültig beenden. Der Weg der Reform war zum Kreuzweg geworden, an dem er zum Heiligen heranreifte. Sein umfassendes Werk ist ein Spiegel der tiefen Erfahrungen des begnadeten Mystikers. Johannes vom Kreuz wurde 1926 zum Kirchenlehrer erhoben. Bis zur Kalenderreform von 1969/70 war der 24. November sein Gedenktag. (B)

Franziska Schervier

Franziska Schervier (1819–1876) wurde in Aachen als Tochter eines Stecknadelfabrikanten geboren. Bei einem Monarchentreffen in Aachen im Jahr 1818 übernahm Ks. Franz I. von Österreich die Patenschaft für das zu erwartende Kind. Daher erhielt sie den Namen

Franziska. Schon früh engagierte sie sich in Armenhäusern und Krankenstuben. Im Alter von 26 Jahren gründete sie 1845 die „Armen Schwestern vom hl. Franziskus". 1851 erfolgte die kirchliche Bestätigung, und bereits 1858 wurde die erste Niederlassung in den USA err. Sie wirkt in den Ordensfrauen der von ihr gegründeten Gemeinschaft in Dtl., in den USA, Belgien, Italien, in Brasilien und im Senegal weiter, in den sozialen Brennpunkten für alte Menschen, verwahrloste Kinder, Notleidende, Aids-Kranke und Obdachlose. (H)

Heron von Alexandria (Märtyrer; um 240–um 250) – Nikasius (Bf. von Reims; † 407/451) – Venantius Fortunatus (Bf. von Poitiers; um 535–605) – Folkwin (Folcuinus) (Bf. von Thérouanne; † 855)

15. Dezember

Carlo (Johannes Heinrich Karl) Steeb

Johannes Heinrich Karl Steeb (1773–1856) wurde in Tübingen als Sohn eines Wollhändlers geboren und war ursprünglich evangelisch. Um als Kaufmann ausgebildet zu werden, ging er mit 16 Jahren nach Paris, zwei Jahre später nach Verona. Dort konvertierte er zum Katholizismus, studierte Theologie und wurde 1796 zum Priester geweiht. Er kümmerte sich als Seelsorger um Arme und Kranke und unterrichtete am bischöflichen Seminar sowie an einer Mädchenschule Deutsch. 1840 gründete er zusammen mit Luigia Francesca Poloni die Kongregation der „Schwestern der Barmherzigkeit", die vor allem in der Krankenpflege und der Armenfürsorge tätig war. 1848 erhielt diese Kongregation die päpstliche Bestätigung. (H)

16. Dezember

Adelheid

Adelheid (931/32–999) war die Tochter Kg. Rudolfs II. von Hochburgund. Mit sechzehn Jahren heiratete sie Kg. Lothar II. von Italien, der jedoch drei Jahre nach der Hochzeit starb. Im Zuge von darauf einsetzenden Nachfolgestreitigkeiten wurde sie von Kg. Otto I. befreit, der sie 951 zur Ehefrau nahm (946 war seine erste Frau Edgitha verstorben). Zu Mariä Lichtmess des Jahres 962 wurde Adelheid zusammen mit Otto I. in Rom zur Ks. gekrönt und war damit *consors imperii.* Adelheid zog sich nach dem Tod Ottos I. und der Regierungsübernahme ihres Sohnes Otto II. vom politischen Geschehen zurück, wurde aber nach dessen Tod im Jahr 983 zusammen mit ihrer Schwiegertochter Theophanu Regentin für den minderjährigen Otto III. Als Theophanu 991 verstarb, übte sie bis 994, der Großjährigkeit Ottos III., allein die Regentschaft im Reich aus. Adelheid war eine große Förderin des Christentums. Sie gründete zahlreiche Klöster sowie Kirchen und kümmerte sich um Arme. In der Verehrung wurde sie bald zum Vorbild der christlichen Ehefrau. Sie starb in dem von ihr gegründeten Kloster Selz im Elsass, wo sie auch begraben wurde. (H)

Zu ihrem Tag gibt es zahlreiche Bauernregeln, u. a.: „Adelheid im weißen Kleid, verkündet gute Sommerzeit", „Um die Zeit von Adelheid, da macht sich gern der Winter breit", „Um Adelheid, da kommt der Schnee, der tut der Wintersaat nicht weh".

Noach (AT) – Haggai (Aggäus) (AT) – Tanko (Bf. von Verden; † 816/19) – Ado (Ebf. von Vienne; um 800–875) –

17. Dezember

Lazarus, Maria und Marta von Betanien

Seit der Kalenderreform 1969/70 ist der 29. Juli ihr Gedenktag (siehe dort). Für Lazarus gibt es die Wetterregel: „Ist Sankt Lazar nackt und bar, gibt's ein schönes neues Jahr." Für Marta: „Wie's an Agatha [5. 2.] wettert, das weiß die Marta."

Sturmius von Fulda

Sturmius (um 710–779) war adeliger Herkunft, stammte aus Bayern oder dem heutigen Oberösterreich (möglicherweise aus Lorch) und schloss sich Bonifatius *[5. 6.]* an, der ihn nach Fritzlar in das dortige Kloster zwecks Ausbildung brachte. Um 739/40 wurde er zum

Priester geweiht. Nach einer Zeit als Missionar und Einsiedler beauftragte ihn Bonifatius für die Mission im Gebiet des heutigen Hessen. Um 744 err. er in dessen Auftrag in Fulda ein Kloster auf einem Grund, den ihm Karlmann, ein Onkel Karls des Großen *[28. 1.]*, schenkte. Sturmius wurde dessen Abt und führte nach einer Reise im Jahr 747 nach Rom und Montecassino die Benediktinerregel ein. Im Jahr 751 wurde dieses Kloster exemt und direkt dem Papst unterstellt, damit es ein geistiges Zentrum in dieser Gegend werden konnte. Nach der Ermordung von Bonifatius bestattete er gegen den Willen des Mainzer Ebf. den Leichnam im Fuldaer Kloster, was dieses in der folgenden Zeit stärkte. Sturmius geriet nun in machtpolitische Auseinandersetzungen und wurde 763 sogar ins Exil geschickt, konnte dann aber nach zwei Jahren innerlich gestärkt zurückkehren. Zu Karl dem Großen, der ihn förderte, hatte er guten Kontakt. 779 begleitete er ihn sogar bei einem Feldzug gegen die Sachsen, aus dem er krank zurückkehrte und starb. (H)

Modestus von Jerusalem (6. Jh.–630/34) – Vivina von Brüssel (1109–um 1176) – Jolanda von Marienthal (1220–1283)

18. Dezember

Wunibald

Wunibald (701–761) entstammte einer bekannten englischen Familie, sein Onkel war Bonifatius *[5. 6.]*. Er trat 720 zuerst in das Kloster Montecassino ein, aber Bonifatius holte ihn 738 nach Dtl., weihte ihn zum Priester und setzte ihn bei der Mission zuerst in Thüringen und Bayern ein. 747 wirkte er für vier Jahre in Mainz. Danach gründete er in Heidenheim, das zum Btm. Eichstätt gehörte, wo sein Bruder Willibald *[7. 7.]* Bf. war, ein Benediktinerkloster, dem er zehn Jahre als Abt vorstand. Sein Gedenktag in Fulda ist der 7. Juli, in Eichstätt der 15. Dezember. (H)

Er ist Patron der Brautleute und der Bauarbeiter. Zu diesem Tag gibt es die Bauernregel: „Um Sankt Wunibald, wird es gerne kalt."

Maleachi (Malachias) (AT) – Gatianus (Bf. von Tours; † 301)

19. Dezember

Urban V.

Guillaume Grimoard (um 1310–1370) entstammte einer südfrz. Adelsfamilie. Er wurde Benediktiner und studierte in Toulouse und Paris. 1352 wurde er Abt des Klosters St-Germain in Auxerre und 1361 des Kloster St-Victor in Marseille. Er wurde 1362 zum Papst gewählt. Besonders achtete er auf die Disziplin im Klerus, bekämpfte die Simonie und die Häufung von Pfründen, sorgte für die Einhaltung der Residenzpflicht der Bischöfe und unterstützte die Reformen in den Orden. Da ihm die Priesterausbildung am Herzen lag, förderte er die Gründung der Universitäten von Krakau, Fünfkirchen (Pécs) und Wien. An sich wollte Urban seinen Sitz von Avignon wieder nach Rom verlegen und wurde dazu von Ks. Karl IV. und Birgitta von Schweden *[23. 7.]* bedrängt. Gegen den Widerstand des frz. Kg. und der frz. Kardinäle begab er sich 1367 nach Rom. Als 1370 in Rom und seinem weiteren Aufenthaltsort Viterbo Unruhen ausbrachen, kehrte er wieder nach Avignon zurück. (H)

Benjamin (AT) – Juda (AT) – Susanna (AT) – Anastasius (Bf. von Rom; † 402)

20. Dezember

Dominikus (Domingo) von Silos

Dominikus (Domingo) von Silos (um 1010–1073) wurde in Cañas bei Logroño (Spanien) als Sohn eines Großgrundbesitzers geboren und mit 26 Jahren zum Priester geweiht. Zwei Jahre später trat er in das Benediktinerkloster San Millán de la Cogolla in Logroño ein, wo er 1038 Prior wurde. Er geriet mit Kg. García I. von Navarra in Streit und floh nach Kastilien. Dort ernannte ihn Kg. Ferdinand I. 1041 zum Abt des Klosters Silos in der Nähe von Burgos, dem heute nach ihm benannten Santo Domingo de Silos. Domingo förderte die Kirchenreform in Spanien und entwickelte sein Kloster zu einem bedeutenden Zentrum. (H)

Zephyrinus (Bf. von Rom; † 217/18) – Ursicinus (Ursanne) (Einsiedler; um 522–620?) – Hoger (Ebf. von Hamburg; † 916)

21. Dezember

Thomas

Seit der Kalenderreform 1969/70 ist der 3. Juli der Gedenktag für den Apostel Thomas (siehe dort). Für den 21. Dezember gibt es die Wetterregel: „Wenn Sankt Thomas dunkel war, gibt's ein schönes neues Jahr."

Peter Friedhofen

Peter Friedhofen (1819–1860) wurde in Weitersburg bei Koblenz als Sohn eines Bauern geboren, war schon früh Vollwaise und erlernte den Beruf eines Rauchfangkehrers. Als einer seiner Brüder starb, versorgte er dessen Witwe und die elf Kinder. Daneben gründete er in mehreren Pfarreien Aloisius-Bruderschaften für Jugendliche. Sein Interesse für Kranke und Hilflose führte zur Gründung der „Kongregation der Barmherzigen Brüder von Maria Hilf" in Weitersburg zur Betreuung Kranker, die 1850 anerkannt wurde. 1851 verlegte er den Sitz der Gemeinschaft nach Koblenz. Es folgten weitere Gründungen in Trier und im Ausland. 1860 erkrankte er an Lungentuberkulose, an der er nach sechs Wochen verstarb. Gegenwärtig ist der Orden in Europa, Südamerika und Asien tätig. (H)

Debora(h) (AT) – Hagar (AT) – Micha (AT) – Glycerius von Nikomedia (Märtyrer; † 303)

22. Dezember

Franziska Xaviera Cabrini

Franziska Xaviera Cabrini (1850–1917) wurde in Sant' Angelo Lodigiano bei Mailand als jüngste Tochter eines Bauern geboren. Bereits in jungen Jahren kümmerte sie sich um bedürftige Kinder und wurde 1874 Leiterin eines Pensionats. 1880 gründete sie die Kongregation der „Missionarinnen vom Heiligsten Herzen", die schon im Jahr darauf anerkannt wurde. Auf Bitten von Papst Leo XIII. ging Franziska Xaviera 1888 in die USA, um die karitative und religiöse Arbeit unter den italienischen Einwanderern zu betreuen. Von New York aus gründete sie in Nord- und Südamerika zahlreiche Schulen, Krankenhäuser, Waisenhäuser und Klöster. Bis zu 20 Stunden täglich arbeitete sie unermüdlich und war ein großes Vorbild für die vielen jungen Frauen, die sich dem Orden anschlossen. In Chicago err. sie schließlich das Mutterhaus der Kongregation. (H)

Ischyrion (Märtyrer; † um 250) – Hungerus Frisus (Bf. von Utrecht; um 800–866)

23. Dezember

Hartmann von Brixen

Hartmann (1090–1164) wurde in Oberpolling bei Passau geboren und von den dortigen Augustiner-Chorherren erzogen. Er trat dann in diesen Orden ein. 1128 wurde er Propst des Chorherren-Stiftes Herrenchiemsee und 1133 auf Betreiben von Mgf. Leopold III. von Österreich *[15. 11.]* Propst von Klosterneuburg bei Wien. Er war u. a. auch Ratgeber von Ks. Friedrich I. Barbarossa. 1140 wurde er von Ebf. Konrad I. von Salzburg zum Bf. von Brixen ernannt und entfaltete dort eine rege Reformtätigkeit. 1142 gründete er das Chorherrenstift Neustift bei Brixen. In den Konflikten um die Papstwahl von 1159 stellte er sich gegen den Ks. und auf die Seite von Papst Alexander III. Hartmann führte selbst ein vorbildliches Leben, förderte die Disziplin im Klerus und half den Armen. Über sein Leben gibt es zahlreiche wundersame Legenden. Er ist in Neustift bei Brixen begraben. Der Gedenktag in den Diözesen Bozen-Brixen, Graz-Seckau, Wien und Passau ist der 12. Dezember. (H)

Johannes von Krakau

Johannes von Krakau, auch Johannes Cantius genannt (1390–1473), wurde wegen seiner tatkräftigen Nächstenliebe schon zu Lebzeiten als Heiliger verehrt. Nach seiner Priesterweihe 1416 und der Pfarrseelsorge wurde er Kanoniker am Krakauer Stift St. Florian und Professor für Theologie an der Universität in Krakau. Viermal pilgerte er zu Fuß nach Rom, einmal nach Jerusalem. Bis zur Kalenderreform von 1969/70 war der 20. Oktober sein Gedenktag. (B)

Theodoulos von Kreta (Märtyrer; † um 250) – Dagobert II. (Kg. von Austrasien; um 652–679) – Ivo (Bf. von Chartres; um 1040–1116) – Thorlak Thorhallsson (Bf. von Island; 1133–1193)

24. Dezember

Adam und Eva

Adam und Eva waren nach dem biblischen Schöpfungsbericht (Gen 2) die Stammeltern der Menschheit. Gottvater bildete den Adam aus Lehm und blies ihm den Lebensodem ein. Gott pflanzte dann den Garten Eden, das Paradies, mit dem Baum des Lebens und dem Baum der Erkenntnis. Nachdem unter den Tieren kein echter Gefährte für Adam zu finden war, erschuf Gottvater aus einer seiner Rippen Eva. In der Geschichte vom Sündenfall (Gen 3) überredet die Schlange Eva, gegen das Verbot eine Frucht vom Baum der Erkenntnis Adam zu reichen. Als er davon gegessen hatte, erkannten sie, dass sie nackt waren, und versteckten sich vor Gottvater. Dieser ließ sie durch einen Engel mit dem Flammenschwert aus dem Paradies vertreiben. Adam und Eva wurden Kain und Abel (Gen 4), Set und weitere Söhne und Töchter (Gen 5) geboren. Nach einer früh verbreiteten Legende wurde Adam auf Golgota in Jerusalem begraben, durch das Erdbeben beim Kreuzestod Christi wurde sein Schädel sichtbar. Daher ist bei vielen Kruzifixen und Kreuzigungsszenen ein Totenkopf oder ein ganzes Skelett zu Füßen des Kreuzes dargestellt. Die Kirche sieht in Adam einen Vorfahren Jesu. Daher ist sein Gedenktag am Vorabend des Festes der Geburt des Herrn. (H)

Adam und Eva sind Patrone der Gärtner und Schneider. Für diesen Tag gibt es die Wetterregel: „Wie's Wetter zu Adam und Eva war, so bleibt's wohl bis zum End' vom Jahr."

Tarsilla von Rom († um 565) – Irmina von Trier (Äbtissin; † un 710) – Hanno (Bf. von Worms; † 978) ·

25. Dezember

Weihnachten – Geburt des Herrn

Um 335 begann man in Rom, das Weihnachtsfest zu feiern, obwohl der eigentliche Geburtstag Jesu nicht bekannt und auch das Geburtsjahr nicht exakt zu datieren ist. Möglicherweise hat die Festtagsfestsetzung am 25. Dezember mit dem 21. Dezember, der Wintersonnenwende zu tun, dann dem der röm. Gott *sol invictus*, der unbesiegbare Sonnengott, gefeiert wurde. Während die lat. Kirche am 25. Dezember die Geburt Jesu feiert, ist für die Ostkirche am 6. Januar Weihnachten. Seit dem 6. Jh. kennt die päpstliche Liturgie für die Stadt Rom die Feier des Festes in drei Kirchen: die mitternächtliche Messe („Mette") in Santa Maria Maggiore, die Feier am Morgen in Santa Anastasia am Forum (sog. „Hirtenmesse") und den Hauptgottesdienst am Tag in der Petersbasilika. (H)

Für den Weihnachtstag bzw. Weihnachten allgemein gibt es zahlreiche Bauern- und Wetterregeln, so u. a.: „Weihnachten klar, gutes Weinjahr", „Grünen am Christtag Felder und Wiesen, wird sie zu Ostern der Frost verschließen", „Ist's ums Christfest feucht und nass, so gibt es leere Speicher und Fass". „Ist es Weihnachten kalt, kommt das Frühjahr bald", „Wenn das Christkind ist geboren, haben die Rüben den Geschmack verloren".

Eugenia von Rom († um 258) – Anastasia die Jüngere (Märtyrerin; † 304)

26. Dezember

Stephanus

In der Apostelgeschichte (6,1f.) wird berichtet, dass in Jerusalem sieben Männer als Diakone ausgewählt wurden, einer von ihnen war Stephanus. Er geriet um das Jahr 40 in den Streit zwischen dem etablierten Judentum und den Thora- und tempelkritischen Judenchristen aus der Diaspora, zu denen er gehörte. Im Zuge dessen hetzten seine Gegner das Volk auf und erwirkten das Todesurteil gegen ihn, das mit der Steinigung vollstreckt wurde. Stephanus war der erste christliche Märtyrer („Erzmärtyrer"). (H)

Er ist Patron der Pferde, Pferdeknechte, Steinhauer, Maurer, Zimmerleute, Weber und Schneider, gegen Besessenheit, Nierensteine, Seitenstechen und Kopfschmerzen sowie für einen guten Tod. An diesem Tag gibt es zahlreiche Bauern- und Wetterregeln, u. a.: „Bringt Sankt Stephan Wind, die Winzer nicht erfreuet sind", „Scheint am Stephanstag die Sonne, gerät der Flachs zur größten Wonne".

Ruben (AT) – Dionysius (Bf. von Rom; † 268) – Zosimus (Bf. von Rom; † 418)

27. Dezember

Johannes Evangelist

Johannes gehörte ursprünglich zu den Jüngern des Täufers, er und sein Bruder Jakobus der Ältere [25. 7.] schlossen sich dann Jesus an, wo sie zum engeren Jüngerkreis gehörten. In dem Johannes zugeschriebenen vierten Evangelium wird er als Lieblingsjünger bezeichnet. Sein Symbol ist der geflügelte Adler. Spätestens seit Irenäus von Lyon *[28. 6.]* (zweite Hälfte des 2. Jh.) wird der Apostel Johannes mit dem Evangelisten und dem Verfasser der Johannesbriefe sowie der Geheimen Offenbarung gleichgesetzt, was wohl nicht zutreffend ist. Wahrscheinlich wurden diese Schriften von Johannesschülern verfasst. Der Überlieferung zufolge soll Johannes in Ephesus gelebt haben, bis er während der Christenverfolgung unter Ks. Domitian (81–96) auf die Insel Patmos verbannt wurde, Um das Jahr 100 soll er hochbetagt in Ephesus gestorben sein. (H)

Er ist Patron der Bildhauer, Maler, Buchdrucker, Buchhändler, Schriftsteller, Beamten, Notare, Theologen, Winzer, Metzger, Glaser und Korbmacher; bei Brandwunden sowie für gute Ernte, gegen Vergiftungen, Fußleiden und Epilepsie. Zu diesem Tag gibt es Wetterregeln: „Kommt Sankt Johannes im Schnee, gefriert bald Feld und See", „Hat der Evangelist Eis, macht der Täufer [24. 6.] heiß".

Fabiola von Rom († 399)

28. Dezember

Unschuldige Kinder

Das Fest der Unschuldigen Kinder geht auf einen Bericht im Matthäusevangelium zurück (2,13–18). Kg. Herodes ließ aus Angst um seinen Thron den Kindermord von Betlehem anordnen, um einen möglichen Konkurrenten auszuschalten. Ob es sich hierbei um eine historische Begebenheit handelt, ist zweifelhaft. Seit dem 5. Jh. gibt es einen liturgischen Gedenktag für diese Kinder. Die Kirche verehrt die Unschuldigen Kinder als die ersten Märtyrer und feiert deshalb ihr Fest in unmittelbarer Nähe zu Weihnachten. (H)

Für diesen Tag gibt es die Wetterregel: „Haben's die unschuldigen Kindlein kalt, so weicht der Frost nicht so bald."

Gasparo (Kaspar) del Bufalo (1786–1837)

29. Dezember

Thomas Becket

Thomas Becket (1118–1170) war Ebf. von Canterbury und verteidigte beherzt die Rechte der Kirche gegen den englischen Kg. Zunächst war er Lordkanzler und Vertrauter Kg. Heinrichs II. von England, der seine Erhebung zum Ebf. von Canterbury und damit zum Primas von England (1162) veranlasste, weil er sich davon politischen Einfluss auf die Kirche versprach. Thomas nahm das Amt nur widerstrebend an, da er Konflikte voraussah. Er gab seine weltlichen Ämter ab und widmete sich mit großem Ernst seinen neuen Pflichten. Mit dem gleichen Eifer, mit dem er sich vorher für die Interessen des Kg, eingesetzt hatte, widersetzte er sich nun dessen Versuchen, in die Rechte der Kirche einzugreifen. 1164 musste er deshalb nach Frankreich fliehen. Nach zähen Verhandlungen konnte er 1170 nach England zurückkehren. Nach erneuten Streitigkeiten wurde er von vier Edelleuten, die glaubten, dem Kg. damit einen Gefallen zu tun, am Altar der Kathedrale zu Canterbury ermordet. (B)

Thamar (AT) – David (AT) – Jonat(h)an (AT) – Trophimus (Bf. von Arles; † um 250)

30. Dezember

Margherita Colonna

Margherita (1254–1284) wurde in Palestrina als Tochter des Grafen Odo aus dem berühmten Geschlecht der Colonna geboren. Sie verlor beide Eltern sehr früh und wurde von ihren Geschwistern erzogen. In der Folge zog sie sich als Einsiedlerin auf einen Berg bei Palestrina zurück und lebte nach der Regel der Klara von Assisi *[11. 8.]*. Da sie wegen Krankheiten nicht in den Klarissenorden eintreten konnte, gründete sie in Castel San Pietro Romano bei Palestrina den Orden bzw. das Kloster der „Armen Klarissen zum hl. Silvester". Dort pflegte sie Arme und Kranke. Diese Gemeinschaft wurde durch Papst Urban IV. anerkannt. Wegen ihrer dauernden Krankheiten konnte sie formell nicht in dieses Kloster aufgenommen werden. So machte ihr in ihren letzten Lebensjahren eine unheilbare Wunde zu schaffen. Ihr heiligmäßiges Leben brachte sie auch in den Ruf einer Wundertätigen. (H)

Felix I. (Bf. von Rom; um 210–274) – Germar (Abt von Fly; um 610–660?)

Sonntag nach Weihnachten

Fest der Heiligen Familie

Das Fest der Heiligen Familie ist jüngeren Datums. Im 19. Jh. nahm die Verehrung der Heiligen Familie, besonders von Kanada ausgehend, immer mehr zu. 1920 wurde es verbindlich eingeführt. Nachdem das Fest im Laufe der Zeit zu unterschiedlichen Terminen gefeiert wurde, legte die Kalenderreform von 1969/70 es auf den Sonntag in der Weihnachtsoktav fest. (H)

31. Dezember

Silvester

Silvester I. († 335) wurde in Rom geboren und erlebte die grundlegende Hinwendung des röm. Staates zum Christentum. Möglicherweise bewährte er sich in jungen Jahren während der diokletianischen Verfolgung als Bekenner. Sein späteres Pontifikat als Bf. von Rom (314–335) fiel in die Regierungszeit Ks. Konstantins, unter dem die Christenverfolgung ein Ende fand. So konnte mit Silvester erstmalig ein Bf. von Rom sein Amt als Vertreter der nunmehr mit dem röm. Staat verbundenen Christenheit wahrnehmen. Die religionspolitischen Impulse seiner Zeit gingen allerdings weniger von ihm als vom Ks. aus, der u. a. das Konzil von Nizäa (325) einberief, zu dem Silvester wegen seines Alters zwei Vertreter entsandte. Über Silvesters Leben ist außer einigen legendenhaften Erzählungen aus späterer Zeit wenig bekannt. Die „Konstantinische Schenkung“, nach der der Ks. ihm die Stadt Rom und das Abendland geschenkt haben soll, beruht auf einer Fälschung. Silvesters Todes- und Gedenktag (31. Dezember 335) ist besonders bekannt, da er dem letzten Tag des Jahres seinen Namen gab. (B)

Er ist Patron der Haustiere, für eine gute Futterernte sowie für ein gutes neues Jahr. Zu diesem Tag gibt es zahlreiche Bauern- und Wetterregeln, u. a.: „Silvester hell und klar – Glückauf zum neuen Jahr“, „Wind in St. Silvesters Nacht, hat nie Wein und Korn gebracht“.

Columba von Sens (Märtyrerin; † um 273) – Zoticus (Märtyrer; † um 340) – Melania (Melanie) die Jüngere (Äbtissin; 383–439) – Marius (Maro) (Bf. von Avenches-Lausanne; um 530–594)

Literatur

ABELN, REINHARD: Die Vierzehn Nothelfer. Ihr Leben und ihre Verehrung (= topos taschenbücher 840). Kevelaer 2. Auf. 2016.

BALTES, GISELA/HARTMANN, GERHARD/STRATMANN, MARIA ANDREAS: Mit den Heiligen von Tag zu Tag (= topos taschenbücher 771). Kevelaer 2011.

BIEGER, ECKHARD/ZIMMERMANN, HELMUT: Heilige und ihre Feste. Entstehung – Bedeutung – Brauchtum (= topos taschenbücher 514). Kevelaer 2004.

DERS.: Das Kirchenjahr. Zum Nachschlagen. Entstehung – Bedeutung – Brauchtum. Kevelaer 4. Aufl. 1997.

CLÉVENOT, MICHEL: Große Ordensleute. Prägende Gestalten des Christentums (= topos premium). Kevelaer 2018.

GELMI, JOSEF: Die Päpste in Kurzbiographien. Von Petrus bis Franziskus (= topos taschenbücher 552). 3. erg. Aufl. 2013.

HABERSTICH, KURT/HARTMANN, GERHARD: Wie Heilige unser Wetter bestimmen. Bauernregeln und Naturweisheiten im Jahreslauf (= topos premium). Kevelaer 2018.

HARTMANN, GERHARD: Daten der Kirchengeschichte. Wiesbaden 2. Aufl. 2013.

DERS.: Die Kaiser des Heiligen Röm. Reiches. Wiesbaden 4. Aufl. 2016.

Heilige in Europa. Kult und Politik. Katalog der gleichnamigen Ausstellung im Österreichischen Museum für Volkskunde. 26. Oktober 2010 bis 13. Februar 2011 (= Kataloge des Österreichischen Museums für Volkskunde. Band 92). Wien 2010.

HINKEL, HELMUT: Die Diözesanheiligen im deutschsprachigen Raum (= Topos-Taschenbücher Band 172). Mainz 1987.

DERS.: Die Heiligen im Regionalkalender des deutschsprachigen Raums. Mit einem Vorwort von Gerhard Ludwig Müller (=Topos-Taschenbücher Band 161). Mainz 1986.

Lexikon der Heiligen und der Heiligenverehrung. 3 Bände (= Lexikon für Theologie und Kirche kompakt). Freiburg/Br. 2003.

Lexikon der Heiligen und Namenstage. Hg. von ALBERT URBAN. Freiburg/Br. 2010.

MEIER, ESTHER: Handbuch der Heiligen. Darmstadt 2010.

Ökumenisches Heiligenlexikon. Hg. von JOACHIM SCHÄFER. www.heiligenlexikon.de

RODE, ANDREAS: Das Jahresbuch der Heiligen. Große Gestalten für jeden Tag. Leben und Legenden. Zuständigkeiten, Attribute und Erkennungsmerkmale. München 2008.

ROTH, PAUL W.: Soldaten-Heilige. Graz 1993.

SCHAUBER, VERA/SCHINDLER, HANNS MICHAEL: Heilige und Namenspatrone im Jahreslauf. Augsburg 1998.

SCHMOLDT, HANS: Kleines biblisches Lexikon der biblischen Eigennamen. Wiesbaden 1990

STROHMEYR, ARMIN: Glaubenszeugen der Moderne. Die Heiligen und Seligen des 20. und 21. Jahrhunderts. Mannheim 2010.

TORSY, JAKOB/KRACHT, HANS-JOACHIM: Der große Namenstagskalender. 3850 Namen und 1680 Lebensbeschreibungen der Heiligen und Namenspatrone. Neu bearbeitet, ergänzt und hg. von Hans-Joachim Kracht. Freiburg/Br. 2002.

WIMMER, OTTO/MELZER, HARTMANN: Lexikon der Namen und Heiligen. Bearbeitet und ergänzt von Josef Gelmi. Innsbruck 6. verb. u. erg. Auflage 1988.

Franz Xaver – 3. Dezember

Alphabetisches Register

Die fett ausgezeichneten Namen bedeuten Lebensbilder, die anderen Namen werden nur mit den Lebensdaten angeführt. Das angegebene Datum zeigt an, an welchem Tag der betreffende Name zu finden ist.

Vimius vom Altmühltal 12. 6.
Vinzenz von Agen 9. 6.
Vinzenz Ferrer 5. 4.
Vinzenz von Lerins 24. 5.
Vinzenz Pallotti 22. 1.
Vinzenz von Paul 27. 9.
Vinzenz von Saragossa 22. 1.
Viola 3. 5.
Virgil 24. 9.
Vitalis 4. 11.
Vitalis von Ravenna 28. 4.
Vitalis von Salzburg 20. 10.
Vitus 15. 6.
Vivina 17. 12.
Vizelin 12. 12.
Volker 7. 3.

Walarich 1. 4.
Walburga 25. 2.
Walter 23. 3.
Waltmann 15. 4.
Waltraud 9. 4.
Wandregisil 22. 7.
Wardo Famianis 8. 8.
Warin = Guarinus
Wendelin 20. 10.
Wenzel 28. 9.
Werenfried 14. 8.
Wezelin 29. 1.
Wiborada 2. 5.
Wido = Guido
Wiebke = Hedwig
Wigbert 18. 4.
Wigbert von Fritzlar 13. 8.
Wigfried 9. 7.
Wiho von Osnabrück 20. 4.
Wilfried 24. 4.
Wilhelm von Æbelholt 6. 4.
Wilhelm von Apor 2. 4.
Wilhelm von Aquitanien 28. 5.
Wilhelm von Dijon 1. 1.
Wilhelm von Donjeon 10. 1.
Wilhelm von Malavalle 10. 2.
Wilhelm von Vercelli 25. 6.
Wilhelm von Windberg 20. 4.
Willebold 25. 7.
Willehad 8. 11.
Willibald 7. 7.
Willibrord 7. 11.
Willigis 23. 2.
Wiltrud 6. 1.
Winand 1. 2.
Winfried s. Bonifatius 5. 6.
Wladimir 15. 7.
Wolfgang 31. 10.
Wolfhard 27. 10.
Wolfram 20. 3.
Wolfram von Wadgassen 25. 1.
Wolfsindis 2. 9.
Wulmar von Samer 20. 7.
Wunibald 18. 12.

Xaver, s. Franz Xaver

Yves = Ivo
Yvette von Huy 13. 1.
Yvonne = weibl. Ivo

Zacharias (AT) 8. 2.
Zacharias (NT) 23. 9.
Zacharias von Rom 15. 3.
Zeno 12. 4.
Zenobia 29. 10.
Zenobius 29. 10.
Zephyrinus 20. 12.
Zimius 12. 6.
Zita 27. 4.
Zoë 2. 5.
Zosimus von Antiochien 28. 9.
Zosimus von Rom 26. 12.
Zoticus 31. 12.